VAMPIROS PSÍQUICOS

Joe H. Slate

VAMPIROS PSÍQUICOS

Proteção contra predadores energéticos e parasitas mentais

Tradução

MARCELLO BORGES

Editora
Pensamento
SÃO PAULO

Título original: *Psychic Vampires*

Publicado originalmente em inglês por Llewellyn Publications, Woodbury, MN 55125-USA, www.llewellyn.com.

Dados Internacionais de Catalogação na Publicação (CIP)
(Câmara Brasileira do Livro, SP, Brasil)

Slate, Joe H.
Vampiros psíquicos : proteção contra predadores energéticos e parasitas mentais / Joe H. Slate ; tradução : Marcello Borges. – São Paulo: Pensamento, 2009.

Título original: Psychic vampires : protection from energy predators & parasites.
ISBN 978-85-315-1617-7

1. Autodefesa – Aspectos psicológicos 2. Força vital 3. Vampiros – Psicologia I. Título.

09-11784 CDD-133.8

Índices para catálogo sistemático:

1. Vampiros psíquico : Parapsicologia 133.8

O primeiro número à esquerda indica a edição, ou reedição, desta obra. A primeira dezena à direita indica o ano em que esta edição, ou reedição, foi publicada.

Edição	Ano
1-2-3-4-5-6-7-8-9-10-11	10-11-12-13-14-15-16-17-18

Direitos de tradução para o Brasil
adquiridos com exclusividade pela
EDITORA PENSAMENTO-CULTRIX LTDA.
Rua Dr. Mário Vicente, 368 — 04270-000 — São Paulo, SP
Fone: 2066-9000 — Fax: 2066-9008
E-mail: pensamento@cultrix.com.br
http://www.pensamento-cultrix.com.br
que se reserva a propriedade literária desta tradução.

SUMÁRIO

LISTA DE ILUSTRAÇÕES

AGRADECIMENTOS

ESTE LIVRO É O fruto de anos de pesquisa e colaboração com diversos colegas conscientes e firmemente comprometidos com a busca de novos conhecimentos. Por sua preciosa contribuição para este projeto, tenho para com eles uma enorme dívida de gratidão.

Além disso, agradeço em especial a todos os alunos que contribuíram para meus estudos de vampirismo psíquico. Serei sempre grato aos assistentes de pesquisa que ajudaram a planejar e organizar estudos experimentais, bem como a coletar e a processar dados de pesquisa. Foram mais do que assistentes; foram uma fonte valiosíssima de inspiração e de estímulo espiritual. Muitas de suas ideias criativas encontraram seu caminho no laboratório de pesquisas, e de lá para as páginas deste livro.

Um agradecimento muito especial aos sujeitos de pesquisa, tanto alunos como leigos, que se ofereceram voluntariamente para participar de meus estudos. Eles constituem o coração deste livro; sem sua cooperação, este esforço nunca teria sido concluído.

Finalmente, ao pessoal da Llewellyn Publications, expresso minha mais sincera gratidão por seu interesse em meu trabalho, e, mais do que isso, por sua dedicação à descoberta e à difusão de "novos mundos da mente e do espírito".

PREFÁCIO

ATÉ O MOMENTO, imaginava-se que os vampiros do tipo psíquico, não muito diferentes de seus equivalentes fictícios, fossem criaturas ameaçadoras das trevas, movidas por uma força repugnante e sinistra, que demandava a exploração e a luxuriante sedução de vítimas inocentes. Como consumidores de energia, e não de sangue, eram vistos como criaturas furtivas que atacam o sistema energético de terceiros, esforçando-se para satisfazer seu impulso insaciável. Infelizmente, essa visão estreita e estereotipada limitou seriamente nossa compreensão do vampirismo psíquico e prejudicou nosso esforço para idealizar estratégias de fortalecimento viáveis para rechaçar esse fenômeno altamente complexo.

Este livro apresenta uma abordagem totalmente nova para o estudo do vampirismo psíquico. Examina o vampirismo psíquico em suas diversas manifestações – da individual até a global – com ênfase em estratégias práticas e objetivas, a um só tempo reveladoras e fortalecedoras. Ele trata o vampirismo psíquico como algo multidimensional, formado por componentes mentais, físicos e espirituais, todos essenciais para a compreensão deste fenômeno ainda pouco conhecido. Ele explora fatores associados ao vampirismo psíquico, como ambiente, desenvolvimento e vidas passadas, e os incorpora em procedimentos de fortalecimento sensatos e graduais, que podem ser usados por qualquer um.

A expressão *vampirismo psíquico* usada neste livro indica a condição e a prática de se ser um vampiro psíquico, bem como conceitos associados às diversas formas desse fenômeno. Ao tratar esse tema, evitei cuidadosamente uma perspectiva estreita e crítica do vampirismo psíquico, preferindo uma abordagem mais funcional e objetiva, que explica o fenômeno e desenvolve formas produtivas para lidar com ele. Como o vampirismo psíquico é, basicamente, um fenômeno energético, ao tratar desse importante tema focalizei não apenas um, mas dois sistemas interativos de energia vital – um dentro da pessoa e o outro no plano superior. A percepção desses dois sistemas críticos e das formas para interligá-los é essencial para dominar as estratégias de fortalecimento e de proteção relacionadas a vampiros. Até mesmo vampiros psíquicos podem ser libertados e fortalecidos graças a procedimentos que desbloqueiam o fluxo de energias vitais, ligando-se o sistema energético interior ao sistema cósmico superior.

Entre meus principais objetivos ao escrever este livro, acha-se a exploração de certas formas de vampirismo psíquico que antes não eram conhecidas ou que eram, até o momento, quase ignoradas. Como exemplos, temos o vampirismo em grupo, que pode envolver os esforços vampíricos organizados de grandes números de pessoas, inclusive empresas ou instituições predadoras; o vampirismo parasitário, no qual um estado vampírico interior se nutre dos recursos internos de energia da própria pessoa; e o vampirismo global, no qual certas condições globais, bem disseminadas, corroem o potencial humano de crescimento e progresso universal. Em cada uma dessas formas, o vampirismo psíquico pode ser tão comum que nós o menosprezamos, ou então nos esquecemos de sua existência. Infelizmente, se o vampirismo energético se destaca em alguma forma, quase sempre surge também noutras formas.

As técnicas de fortalecimento apresentadas neste livro vão de elementos básicos comprovados, como visualizações e afirmações, até o uso de diversos estados alterados e de instrumentos psíquicos tangíveis. Cada estratégia, juntamente com o Plano de Proteção Psíquica de Sete Dias apresentado no final do livro, reconhece dois princípios essenciais: primeiro, o incomparável valor de todos os seres humanos; segundo, o potencial humano para o crescimento e a grandiosidade. Juntos, esses princípios inter-relacionados formam o componente central do livro e de todo procedimento de fortalecimento nele apresentado.

CAPÍTULO 1

VAMPIRISMO PSÍQUICO: UMA VISÃO ABRANGENTE

MEU INTERESSE PELO vampirismo psíquico começou há mais de 25 anos, quando firmei um contrato para pesquisar o sistema energético humano com um parceiro estranho, à primeira vista: O U.S. Army Missile Research and Development Command [Comando de Pesquisa e Desenvolvimento de Mísseis do Exército Norte-americano]. Embora o propósito desse projeto fosse investigar o campo de energia que envolve o corpo humano, ao longo dos treze meses de estudo foi ficando cada vez mais claro que o campo externo de energia do corpo, comumente chamado de *aura humana*, é a manifestação exteriorizada de um sistema dinâmico e interno de energia. Realizado no Athens State College (hoje uma universidade), o estudo, juntamente com diversos projetos de acompanhamento, descobriu que o sistema de energia humana é um fenômeno altamente sensível e complexo, afetado pelo estado mental e físico do indivíduo e por uma série de fatores externos. Nesse sistema, são particularmente importantes diversas influências sociais, inclusive nossas interações com outros sistemas humanos de energia.

Reunidas essas peças, tudo fica claro: o sistema humano de energia, com sua complexa estrutura e funções, é impecavelmente estruturado para impelir e sustentar nossa existência como entidade vital indestrutível. Ele transcende a biologia em essência, função e desenho. Sem dúvida, quanto mais a fundo compreendemos esse sistema energético e as forças que o afetam, mais rica a qualidade de nossa vida atual e maior nosso potencial de crescimento futuro.

Com seu desenho intricado, o sistema energético humano tem natureza flexível e desenvolvimentista. Descobrir modos de fortalecer esse sistema e de promover sua evolução é um de nossos maiores desafios. Sabemos agora que o sistema energético humano responde às mesmas condições que enriquecem nosso crescimento geral, como um ambiente mais produtivo, uma autoimagem positiva, a sensação de bem-estar e um estado de equilíbrio interior. De modo análogo, as condições que prejudicam nosso crescimento total também prejudicam o sistema energético e suas funções.

O vampirismo psíquico é um fenômeno humano muito disseminado mas pouco compreendido, e pode interromper nosso crescimento e impedir nosso progresso. Como já observei, ele se manifesta de diversas maneiras, e cada uma delas consome sutilmente a energia da vítima; com o tempo, corrói até o sistema energético. Embora nenhuma força conhecida possa destruir totalmente o sistema energético humano em virtude de sua constituição cósmica, o vampirismo psíquico pode prejudicar suas funções e danificar seriamente sua capacidade de energizar o crescimento. Consequentemente, a compreensão do vampirismo psíquico, e, igualmente importante, o domínio das estratégias de fortalecimento psíquico relacionadas a ele, serão cruciais no esforço para perceber nosso potencial de crescimento e atingir nosso mais elevado nível de autorrealização.

Embora o vampirismo psíquico exista em diferentes formas, a expressão, a menos que qualificada, denota tipicamente o vampirismo psíquico entre duas pessoas, uma sendo o vampiro psíquico e a outra a vítima inocente. Nesse contexto, o vampiro psíquico, que é carente em recursos energéticos, vale-se das reservas de energia de uma vítima com o propósito declarado de extrair suas energias. Os efeitos imediatos podem variar, mas geralmente incluem um novo surto de energia vital para o vampiro psíquico e um sério esgotamento de energia essencial para a vítima vampirizada.

Infelizmente, as consequências a longo prazo de repetidos ataques de vampirismo sobre o sistema energético podem ser extremamente danosas, não apenas para a vítima como também para o vampiro psíquico. Um curto-circuito do sistema energético interior prejudica o desenvolvimento pessoal do vampiro psíquico, impede um desenvolvimento salutar e torna necessárias novas interações vampíricas. O sistema energético da vítima inocente, por sua vez, fica estressado graças à drenagem de energia, e trabalha num nível acima do normal para gerar novas energias. Com ataques repetitivos, o estoque energético da vítima pode ficar esgotado de modo crônico, e o próprio sistema energético interior pode se danificar gravemente.

Apesar de o vampirismo psíquico entre duas pessoas ser bastante comum, ele existe, como já comentei, em diversas formas, algumas das quais serão exploradas em profundidade neste livro pela primeira vez. Incluem-se aqui diversos tipos de *vampirismo parasitário* ou autocontido, que é o vampirismo dirigido para si mesmo, bem como o *vampirismo em grupo*, uma forma coletiva de vampirismo psíquico social, geralmente encontrada em grupos informais e em organizações e instituições estruturadas. Como veremos depois, as diferentes formas de vampirismo psíquico são similares em alguns pontos; contudo, as táticas usadas pelos vampiros psíquicos variam muito, dependendo principalmente do tipo de vampirismo e do ambiente no qual ele se dá.

Meu principal propósito ao escrever este livro tem duas facetas: primeiro, facilitar a compreensão do atual vampirismo psíquico em suas múltiplas formas; segundo, oferecer estratégias relevantes, que podem ser usadas por quaisquer pessoas, para assumir o comando decisivo em qualquer situação de vampirismo psíquico. Para atingir essas metas, vamos antes examinar as raízes do vampirismo psíquico contemporâneo – inclusive na ficção e no folclore. Depois, analisaremos o sistema energético humano e exploraremos sua importância diante do vampirismo psíquico. Depois, vamos explorar formas de identificar o vampirismo psíquico e explicar as diferentes manifestações desse fenômeno interessante, mas ameaçador. Vamos apresentar procedimentos graduais, totalmente novos, para rechaçar o vampirismo psíquico e para nos proteger dele. Vamos mostrar ainda procedimentos bastante específicos que podem ser usados pelo vampiro psíquico para superar o impulso vampírico e reverter seus efeitos prejudiciais.

Os conceitos e estratégias apresentados ao longo deste livro não se baseiam em teorias ou especulações, mas em experimentos controlados de laboratório, realizados em ambiente universitário, com a ajuda de alunos e pesquisadores de diversas disciplinas. É fato que nossos estudos sobre vampirismo psíquico levantaram muitas dúvidas importantes que ainda precisam ser esclarecidas. Apesar disso, temos hoje conhecimentos sobre esse fenômeno complexo que nos permitem não apenas identificar sua ocorrência, como também tomar medidas imediatas e decisivas para enfrentá-lo e derrotá-lo.

Raízes na Ficção e no Folclore

O vampirismo psíquico tem uma história longa e pitoresca, com toques da ficção e do folclore. Ao longo da história, conceitos fictícios têm sido os precursores de importantes progressos culturais. Ganharam lugar em nossa cultura porque contribuíram, de algum modo, para a compreensão do mundo à nossa volta e para compreendermos quem somos. A ficção científica, em particular, fez com que o invólucro convencional explodisse, gerando novos conhecimentos e importantes progressos na ciência e na tecnologia. Um exemplo notável é a biometria. Apresentadas inicialmente como ficção, diversos aparatos biométricos, inclusive registradores eletrossensíveis e *scanners* da íris, são habitualmente utilizados em muitas instalações de segurança com o propósito de identificação. A recente decifração do código genético humano é um exemplo ainda mais notável do modo como a ficção científica introduziu novos conceitos e tecnologias que depois alimentaram o progresso científico.

Tão importantes quanto as contribuições da ficção científica para o progresso cultural foram os mitos e lendas imaginativos, que introduziram muitos elementos básicos que consideramos relevantes para a atual compreensão do comportamento humano. Incluem-se aqui os diversos conceitos baseados na mitologia grega que encontraram lugar na psicanálise, inicialmente, e depois no pensamento convencional. Entre os exemplos mais comuns temos os complexos de Édipo e de Electra, que representam respectivamente a atração que o menino e a menina sentem pelo progenitor do sexo oposto. Segundo muitos especialistas contemporâneos em desenvolvimento infantil, tais complexos, se não forem resolvidos, podem gerar sérios obstáculos ao crescimento, e podem causar problemas de ajuste na adolescência e na idade adulta. Na verdade, nossos estudos descobriram que o vampirismo psíquico costuma estar associado a impulsos não resolvidos desses dois complexos, de Édipo e de Electra. É claro que se pode dizer que os conflitos psíquicos ilustrados pela mitologia grega existiam como realidades culturais comuns muito antes que se tornassem mitos ou que recebessem a atenção da ficção. Porém, a mitologia conferiu-lhes substância e relevância. Com seus exemplos pitorescos de conflitos humanos fundamentais, a mitologia aumentou nossa percepção e compreensão acerca desses conflitos, uma contribuição que se reflete nos termos descritivos que ainda utilizamos para falar deles.

Tendo em vista as diversas e valiosas contribuições da ficção e da mitologia para nossa moderna compreensão do comportamento humano, não causa surpresa ver que o vampirismo fictício e folclórico emergiria como um importante precursor de seu equivalente na vida real – o vampirismo psíquico.

Segundo o folclore antigo, vampiros eram criaturas morto-vivas das trevas, que saíam de seus túmulos à noite para sugarem sangue dos vivos por meio de ferimentos pontuais infligidos por aguçados dentes incisivos, a arma predileta dos vampiros. Um par de ferimentos pontuais, especialmente na região do pescoço, era a evidência clara de um ataque recente de vampiros.

Nutrido com uma nova dose de sangue, o vampiro fortalecido ficava temporariamente energizado, enquanto a pobre vítima, enfraquecida pela perda de sangue, tornava-se mais vulnerável a futuros ataques. Na pior hipótese, a vítima tornava-se um hesitante vampiro, que, por sua vez, atacava outras pessoas, perpetuando a lúgubre cadeia de angústia do vampiro. Os vampiros mais ferozes e avançados, segundo se acreditava, possuíam poderes tão grandes que podiam assumir voluntariamente a forma de um animal selvagem, particularmente lobos ou morcegos.

À medida que as interessantes histórias de vampiros ganharam o folclore e passaram a fazer parte da estrutura de diversas culturas, o vampirismo – como personificação do terror – assumiu um papel literário bastante relevante. Depois que vários autores antigos, como Filóstrato e Flégon de Trales, escreveram sobre o assunto, o vampiro insaciável tornou-se tema de muitas obras notáveis, entre as quais o poema "A noiva de Corinto", de Goethe, e *The Vampyre* (1819), de Giovanni Polidori. A obra de Polidori foi muito importante, inspirando um melodrama francês no século XIX e duas óperas alemãs importantes, *Der Vampyre*, ambas produzidas em 1828.

Contudo, foi o fascinante e imensamente popular livro de Bram Stoker, *Drácula* (1897), que cativou leitores do mundo todo. Dramatizado e produzido pela primeira vez por John Balderston e Hamilton Deane em 1927, o espetacular romance gerou não apenas um enorme interesse pelo vampirismo, como trouxe fama mundial para o sanguinário déspota da Transilvânia. Mais recentemente, um dilúvio de livros e filmes para a tevê, bem como diversos filmes de grande sucesso, estrelados por atores experientes e por ótimos novatos, despertou um interesse ainda maior pelo vampirismo, e, em particular, pelo implacável Drácula. Com seu charme atemporal, a clássica lenda do Drácula ainda atinge um ponto nevrálgico, graças não apenas à importância universal de seus temas subentendidos, como também a tais filmes cativantes, com o extraordinário poder de interligar gerações.

Em essência, boa parte da lenda de Drácula baseia-se em fatos históricos, pois sua fonte na vida real foi o notório príncipe romeno Vlad Dracula (1431-1476), que ficou conhecido como Vlad, o Impalador, por executar seus inimigos enfiando-os sobre estacas numa morte lenta e agonizante. Em seu castelo da Transilvânia, na rústica região montanhosa da Romênia, o infame Drácula teria ordenado e participado ativamente da tortura e morte de incontáveis vítimas, inclusive muitos de seus próprios súditos. Embora sejam escassos os relatos sobre a vida de Drácula, seu reinado de terror parece ter findado violentamente em 1476, quando, segundo a lenda, teria sido assassinado e decapitado por seus inimigos políticos.

Mas para sermos justos com Drácula, seu papel na história como ícone do mal, sem grande suporte histórico a apoiar tal tese, pode ser imerecido. Segundo muitos historiadores contemporâneos, os duvidosos relatos das atrocidades de Drácula são mais do que contrabalançados por suas realizações. Citando um exemplo, ele repeliu corajosamente a invasão turca da Romênia, salvando o país e evitando a morte de milhares de pessoas. Até hoje, a Transilvânia continua a se beneficiar do nobre mundialmente famoso, reconhecido por muitos romenos como herói nacional e não como vilão desalmado. Gozando hoje de grande demanda, o turismo da Transilvânia inclui festivais do vampiro, conferências, seminários, simpósios e outros eventos celebrando Drácula, trazendo para a precária economia local um sensível aumento de receitas. Com efeito, o interesse contemporâneo por Drácula é tão grande que o governo da Romênia está planejando construir um parque temático chamado *Dracula Land* no lugar de nascimento do lendário conde. (Um comentário paralelo interessante: foi diretamente sobre a Transilvânia, durante um festival de vampiros em homenagem a Drácula, que o eclipse solar de 1999, um dos eventos mais belos e inspiradores da natureza, atingiu seu pico exato em sua breve fase total.)

Como o folclore, a literatura e os filmes de horror mostram de maneira típica, os vampiros lendários são astutas criaturas das trevas, que dormem durante o dia numa cripta e perambulam pelas ruas e pelo campo à noite, à procura de presas das quais podem extrair o sangue, seu alimento vital. Geralmente vestidos com uma capa preta forrada de vermelho, os vampiros costumam se comportar com um discreto senso de posse, e esperam obediência cega às suas exigências. Mostram-se ousados e sedutores, orquestrando ardilosamente as situações e manipulando arrogantemente suas vítimas inocentes e vulneráveis. Como criaturas complexas e sombrias, podem passar facilmente do charme compulsivo para um rude controle. Seu olhar é, ao mesmo tempo, penetrante e sedutor, e seu discurso calculado e hipnótico. Como ícones gélidos do mal, normalmente incutem nos outros uma inquietante mescla de atração, vulnerabilidade e medo. Quase nunca demonstram compaixão por suas desafortunadas vítimas, ou remorso por suas cruéis conquistas. Em algumas raras ocasiões, a vítima é um animal, mas apenas para os vampiros mais inexperientes e carentes de sangue.

Os poderes extraordinários dos vampiros lendários parecem não ter limites. Podem desafiar a gravidade, levitando e mantendo-se suspensos em pleno ar, sobrevoar edifícios, entrar e sair flutuando por janelas, escalar ou descer por paredes e deslizar sobre telhados. Podem, à vontade, aparecer instantaneamente do nada e sumir em meio a uma névoa vaporosa. Podem se comunicar mentalmente, ver o futuro e observar acontecimentos remotos enquanto estes ocorrem. Não têm reflexo nos espelhos, e, embora não projetem sombras, têm o poder de se transformar em sombras. Nas criptas, podem assumir um estado pleno de animação suspensa, extinguindo todo e qualquer sinal físico de vida.

Como seres sobrenaturais, os vampiros da ficção aprenderam desde o início os segredos do rejuvenescimento e da longevidade. Tendo o poder de deter e até de reverter o envelhecimento, praticamente dominaram a arte da vida eterna. Controlando as funções fisiológicas críticas, não conhecem doenças ou o desgaste biológico, desde que sua necessidade de sangue vital seja atendida. Embora o alho e certos objetos religiosos possam afastá-los, só a luz solar direta ou uma estaca de madeira enfiada em seu coração são fatais para eles, pelo menos no que diz respeito ao término da existência física. Procedimentos mais extremos, no entanto, são necessários para assegurar a morte total e irrevogável do espírito do vampiro – a cabeça do vampiro deve ser separada do corpo, e, igualmente importante, o coração deve ser retirado e queimado. Finalmente, a cabeça do vampiro deve ser enterrada a uma distância considerável do resto do corpo, e as cinzas do coração devem ser espalhadas sobre uma área remota e vasta. Sem essas medidas radicais, o vampiro pode sobreviver numa forma humana reanimada, como um morto-vivo.

Em tempos recentes, comédias e filmes de terror introduziram o vampiro em diversos ambientes contemporâneos, uma estratégia que aumentou visivelmente o interesse por essa lenda. Nos filmes de terror, os vampiros costumam ser vistos agachados nas sombras, ou espreitando suas vítimas, atacando-as subitamente para sugar sangue de seus corpos por meio de ferimentos feitos no pescoço. Livres de antigos estereótipos, as versões modernas do vampiro incluem tanto homens quanto mulheres, adolescentes e adultos, operários com capacetes, executivos de terno e, mais recentemente, ricos empresários da internet. Os atuais vampiros se mostram em filmes de grande horror como elegantes presidentes de empresas ou temperamentais caubóis americanos; sempre malvados, mas também atormentados, predadores de vítimas inocentes e ingênuas.

Como acontece com os filmes de terror que tratam de vampiros, as comédias cinematográficas sobre essa lenda encontraram um público bastante receptivo. Temperando a lenda com humor, o gênero de comédia horripilante criou vampiros muito simpáticos, ao mesmo tempo bizarros e deliciosamente sedutores, mas muito pouco perigosos. Como ícone célebre do terror e da comédia, o vampiro mostrou-se tão popular que acabou sendo entronizado como selo dos Correios norte-americanos, para deleite dos fãs de vampiros. De videogames infantis sobre vampiros a cursos universitários de literatura sobre vampiros, hoje, em nossa cultura, a lenda do vampiro está bem viva.

Tendo conquistado amplo reconhecimento como modelo de malevolência, o vampiro lendário pode, inadvertidamente, ter proporcionado a inspiração seminal para suas equivalentes benévolas, esses exemplares defensores da justiça – Batman e Super-Homem – que, por falar nisso, também usavam capas e desafiavam a gravidade. Como paradigmas do bem, e não do mal, suas lutas eram tão intensas quanto as do vampiro, e, como este, adaptavam-se com facilidade às tendências, alterações e mutações culturais.

A persistente popularidade do vampirismo na literatura e nos meios de entretenimento pode dever-se, pelo menos em parte, à relevância e apelo universais de seus temas subjacentes – bem versus mal, esperança versus desespero e, evidentemente, vida versus morte. Por mais desconcertante que seja, a luta do vampiro pela sobrevivência e pela significância é tão parecida com a nossa que o vampiro tornou-se um arquétipo dominante em culturas do mundo todo. Um parasita que se nutre do sangue dos vivos: essa enigmática criatura morta-viva está plenamente instilada em nossa consciência global como a mescla consumada da intriga, da lassidão e da imortalidade.

Vampirismo Psíquico

O vampirismo do tipo psíquico, como seu equivalente fictício, tem uma história longa e intrigante. Há, de fato, consideráveis evidências a sugerir que o vampirismo psíquico, em suas diversas formas, precedeu em muito as populares versões folclóricas do vampirismo. Assim, o vampirismo psíquico poderia ser visto como o verdadeiro precursor de seu par fictício, e não o contrário. Com efeito, é muito plausível aceitar que a difundida existência do vampirismo em forma psíquica tenha dado origem ao conceito folclórico dos vampiros como chupadores de sangue, e não como seres que sugam energias. Do ponto de vista meramente cronológico, nosso estudo do vampirismo poderia ter começado com uma avaliação do vampirismo psíquico, e não do fictício.

A apoiar a possibilidade de o vampirismo psíquico ter precedido seu equivalente folclórico, havia muitos ritos tribais e práticas beligerantes que continham sinais inegáveis de vampirismo psíquico. Muitos rituais tribais realizados antes de combates visavam especificamente tornar as forças inimigas impotentes, drenando-as de suas energias e ímpeto. Além disso, o uso de máscaras e de pinturas de guerra eram estratégias tribais comuns, procurando não só deixar os guerreiros mais ousados, como enfraquecer e desarmar seus oponentes, vampirizando-os basicamente pela intimidação e pelo medo.

Noutra linha, diversos relatos bíblicos sugerem o vampirismo psíquico ou, no mínimo, variações deste. Um exemplo familiar é a ardilosa sedução de Sansão por Dalila. Ao cortar os cabelos de Sansão – a fonte de sua energia – enquanto ele dormia, privou-o de sua força e tornou-o indefeso contra seus inimigos, os filisteus. Dalila, por sua vez, foi aparentemente energizada por seu gesto, completando assim a transação vampiresca. Outro relato bíblico interessante, com fortes indícios de vampirismo psíquico, é a descrição feita por Cristo dos escribas e fariseus como víboras e serpentes, "cheios de extorsão e excessos". Foram acusados de devorar casas e de impingir aos outros "pesados ônus, danosos até a medula", típicas impressões digitais do vampirismo psíquico, com um forte apetite pelo malefício ao próximo.

Numa linha completamente diferente, numerosos relatos bíblicos sugerem fenômenos energéticos com dinâmica semelhante à do vampirismo psíquico, mas com efeitos diametralmente opostos. Um exemplo familiar é dos incidentes mostrados numa versão bíblica da criação, na qual Deus criou primeiro Adão a partir do barro e depois dotou-o do sopro (energia) da vida. Uma costela (de energia) foi então tirada de Adão para a criação de Eva. Dotados de energia vital, Adão e Eva tornaram-se "almas vivas", ou seja, cosmicamente energizadas. Outro exemplo envolve Moisés, que, após descer do Monte Sinai com as duas lápides, irradiava o brilho da energia cósmica. Em outro exemplo, uma mulher que tocou a barra da veste de Cristo experimentou um influxo de energia, enquanto, ao mesmo tempo, Cristo sentia a energia deixar seu corpo. Hoje, fenômenos com curas psíquicas e espirituais costumam ser explicados como uma transferência de energia curadora de uma fonte energética para um receptor.

Apesar de a transferência fortalecedora de energia ser muito distante do vampirismo psíquico, a dinâmica subjacente é muito similar. Por sua própria natureza, a energia é fluida e transferível. Isso pode ser ilustrado na física com os princípios da entropia e da equivalência, nos quais dois corpos com cargas desiguais, postos em proximidade, tendem a doar e a receber energia até ambos atingirem um estado de equivalência. O vampirismo psíquico pode ser visto como uma variação desse processo espontâneo, pois um corpo de energia (o vampiro psíquico) liga-se a outro corpo de energia (a vítima) aproximando-se deste, com o propósito expresso de extrair sua energia à força.

Explicando o Vampirismo Psíquico

Como a maior parte dos comportamentos humanos, o vampirismo psíquico pode ser explicado sob diversos pontos de vista, e cada um deles pode nos ajudar a compreender melhor esse fenômeno complexo. Embora as perspectivas que se seguem focalizem basicamente o vampirismo psíquico entre duas pessoas, têm implicações noutras formas.

Uma óptica bastante simplista sugere que o vampirismo psíquico seria basicamente instintivo, um componente integral do impulso de sobrevivência. Como tal, estaria basicamente fora de nosso controle, e qualquer esforço para alterá-lo ou eliminá-lo seria inútil. Essa visão pessimista não leva em conta, porém, o fato de que o vampirismo psíquico, diferentemente dos instintos, costuma desenvolver-se gradualmente, oferecendo assim amplas oportunidades para alguma intervenção corretiva no meio do caminho.

Outra visão do vampirismo psíquico postula que somos, acima de tudo, seres biológicos, movidos por certos impulsos básicos – fome, sede, sexo, sono, atividade, conforto e energia. Aqui, o vampirismo psíquico é explicado simplesmente como um meio que conduz a uma finalidade – um modo de satisfazer a necessidade energética do ser humano. Diferenças individuais, experiências passadas e características pessoais singulares são vistas como itens relativamente sem importância. Uma importante contribuição dessa perspectiva é aceitar a energia como um impulso humano primário; sua principal limitação é não admitir a importância crítica da escolha responsável e da autodeterminação na satisfação desse impulso.

Outra visão do vampirismo psíquico baseia-se no conceito de que a busca do prazer e a repulsa à dor são os principais motivadores por detrás do comportamento humano. Segundo essa perspectiva, o vampirismo psíquico é um impulso rude e indômito que demanda gratificação e prazer instantâneos. É mais fácil e mais prazeroso valer-se do suprimento energético dos outros do que desenvolver seu próprio sistema energético. Essa óptica limitada abre as portas para que o vampirismo psíquico se desenvolva e passe a controlar nossa vida. Como as outras perspectivas discutidas, ela minimiza nossa capacidade de assumir o comando de nosso crescimento pessoal e de moldar nosso próprio destino.

O vampirismo psíquico também focaliza a natureza social de nossa constituição. Segundo essa perspectiva, interagimos com indivíduos e grupos consistentes com nossos papéis e necessidades como seres sociais. Normalmente, quando damos algo ao relacionamento, esperamos receber alguma coisa em troca. Num mundo ideal, as interações sociais seriam mutuamente satisfatórias, e todos receberiam em troca algo que fosse justo; no entanto, os investimentos e recompensas de muitos relacionamentos humanos são desiguais. No vampirismo psíquico, a interação é reduzida a um encontro desequilibrado e calculista, no qual o vampiro se beneficia e a vítima perde. Uma limitação dessa perspectiva é sua tendência a minimizar a importância de influências além da situação social, incluindo as diferenças individuais em valores, predisposições e interesses.

Outra visão do vampirismo psíquico enfatiza a percepção como o principal determinante do comportamento humano, e que os vampiros psíquicos são vítimas de sua própria percepção. Dedicam-se a comportamentos vampirescos por conta da maneira como se veem e como veem as situações, ou seja, comportam-se de maneiras que para eles têm sentido em virtude de suas percepções. Na verdade, eles não enxergam outra alternativa. Uma falha grave dessa perspectiva é que ela tende a rejeitar nossa capacidade de avaliar situações, fazer escolhas responsáveis, determinar resultados e acabar mudando a forma como nos vemos e como vemos as condições ao nosso redor.

Uma crença extremamente rudimentar mas popular sobre o vampirismo psíquico explica o fenômeno como sendo basicamente uma questão de bem *versus* mal. Diz que o vampirismo psíquico é mais do que um fenômeno energético; seria um encontro entre o vampiro, voltado para o mal, e a vítima inocente, ingênua. Movido por forças sinistras e maliciosas, o vampiro psíquico busca não só a energia como a dominação, e, em alguns casos, até a destruição da vítima. O combate ao vampirismo focaliza o afastamento e a derrota do vampiro, que então é forçado a encontrar uma vítima noutro lugar, uma estratégia que, infelizmente, perpetua o ciclo vampiresco. Focalizando apenas questões morais, essa crença simplista não leva em conta a natureza desenvolvimentista e as funções complexas do sistema energético humano. Atribui à vítima procedimentos que têm pouca importância em face do crescimento a longo prazo e do fortalecimento pessoal.

Analisar os vampiros psíquicos como agentes do mal ou vítimas desesperadas de alguma força negativa não lhes dá muitas expectativas, e muitos deles se esforçam para superar os conflitos profundamente arraigados que deram origem ao vampirismo psíquico. Deixa de levar em conta que o vampirismo psíquico, como outras características humanas, existe dentro de um *continuum*. Com efeito, nossos estudos mostram que o potencial para o vampirismo psíquico está presente em todos, em variados graus, dependendo de influências como experiências passadas e histórico de desenvolvimento. Como descobriremos num capítulo posterior, muitos de nós possuem ao menos algumas das características comportamentais e motivações associadas a esse fenômeno.

A Perspectiva do Fortalecimento Psíquico

Em contraste com as posições acima, a *perspectiva do fortalecimento psíquico* é uma abordagem esperançosa e positiva, que leva em conta o incomparável valor de cada ser humano como uma entidade vital dotada de ilimitadas possibilidades de crescimento, mudança e realização pessoal. Reconhece os componentes mentais, físicos e espirituais de nossa estrutura, e enfatiza a natureza interativa de cada componente. O foco primário dessa visão recai sobre a escolha responsável e a ação decisiva. Não somos máquinas biológicas ou sociais irremediavelmente programadas, mas seres em evolução, dotados com o poder de autodeterminação.

A perspectiva do fortalecimento psíquico considera a natureza do vampirismo psíquico como um processo de desenvolvimento. Como já disse, quase todos têm certas características associadas com o vampirismo psíquico. Temos, por exemplo, a insegurança, os conflitos, a frustração e o sentimento de inferioridade, todos presentes num *continuum* que vai do muito suave até o muito grave. Em níveis mais leves, essas características são normais e não interferem com nosso bem-estar ou crescimento pessoal. Em níveis mais intensos, porém, podem bloquear nosso progresso, consumir nossas energias e predispor-nos ao vampirismo psíquico.

Aplicado ao vampirismo psíquico, a perspectiva do fortalecimento psíquico é uma visão de esperança que rejeita todos os álibis e justificativas. O potencial para a grandiosidade existe em todos nós. Cabe a cada um de nós descobrir novas maneiras de fortalecer nossa vida, e, uma vez fortalecidos, devemos procurar fortalecer os outros. Até os vampiros psíquicos podem dominar seus impulsos autodestrutivos, caso se entendam consigo mesmos e assumam a responsabilidade por seus atos. Como veremos depois, existem estratégias práticas não só para proteger a possível vítima, como para libertar o vampiro psíquico.

Do ponto de vista do fortalecimento psíquico, a procura pelo significado é que diferencia os seres humanos de todas as outras criaturas. Só com a autopercepção e o discernimento psíquico é que podemos desenvolver nossos potenciais mais elevados e assumir o comando das forças que afetam nossa vida. Por si só, o autoconhecimento é enriquecedor e fortalecedor. Quase sem exceção, os vampiros psíquicos têm uma compreensão limitada de si mesmos e do significado de sua existência.

Segundo a perspectiva do fortalecimento psíquico, o vampirismo psíquico é mais do que um fenômeno energético. É um dilema desenvolvimentista de proporções cósmicas. É, em grande parte, um produto da insensibilidade, do desequilíbrio e da separação cósmica. Vampiros psíquicos, cosmicamente depauperados, estão alienados das duas principais dimensões da energia vital – *uma dentro deles mesmos, e outra no universo superior.* Com seus recursos interiores exauridos e seu crescimento pessoal praticamente desviado, ficam enfraquecidos e, em algumas circunstâncias, desesperados em busca de uma fonte alternativa de energia.

As estratégias pormenorizadas que apresento ao longo do livro adotam a perspectiva do fortalecimento psíquico. Elas focalizam a importância crítica do equilíbrio dentro de nós mesmos e da sintonia com as mais elevadas fontes cósmicas de energia e de poder. Elas reconhecem a dignidade e o valor de todos os seres humanos. Levam em conta o potencial para novas percepções intuitivas, para o crescimento e a grandiosidade em cada um. Elas enfatizam nossa ilimitada capacidade para superar barreiras ao crescimento e libertar novas energias para crescer. Desafiam-nos a vencer as adversidades e a atingir níveis mais elevados de iluminação. Em virtude de sua natureza avassaladora, são importantes para quase todas as metas pessoais. Espera-se que nos inspirem a aceitar com entusiasmo a mudança interior, e, ao mesmo tempo, a chegarmos a pontos além de nós mesmos, para encontrarmos novos modos de tornar o mundo um lugar melhor para todos.

O Vampirismo Psíquico Hoje

Historicamente, nossa compreensão de vampirismo psíquico tem sido limitada, e o alcance do vampirismo psíquico pelo mundo tem sido muito subestimado. Agora, sabemos que o vampirismo psíquico não só está muito disseminado, como sabemos que existe em muitas formas, algumas das quais já mencionamos de passagem. As categorias do vampirismo psíquico contemporâneo podem ser reunidas em três grupos:

1. **Vampirismo Psíquico Individual.** Esta categoria inclui qualquer forma de vampirismo psíquico entre duas pessoas, sendo uma o vampiro psíquico e a outra a vítima inocente. Num encontro típico do vampirismo psíquico individual, o vampiro psíquico se liga ao sistema energético da vítima passiva com a finalidade expressa de extrair energias. O episódio do vampiro pode ser consensual ou não, e pode ser deliberado ou espontâneo. Qualquer que seja a natureza do en-

contro vampiresco, os resultados serão os mesmos – um surto instantâneo mas transitório de energia para o vampiro e uma perda crítica de energia para a vítima vampirizada. Infelizmente, as necessidades energéticas do vampiro psíquico só são satisfeitas temporariamente, e por isso ele necessita atacar diversas vezes. Para a vítima de ataques recorrentes, as consequências a longo prazo podem ser extremamente nocivas.

2. **Vampirismo Psíquico em Grupo.** Esta categoria, que poderíamos chamar de vampirismo coletivo, inclui qualquer forma de vampirismo que envolve grupos, organizações ou instituições. Em sua forma mais insidiosa e destrutiva, pode envolver os esforços vampirescos organizados de um grande número de pessoas. Poder, riqueza e controle estão entre as principais metas do vampirismo em grupo. Seus sintomas mais amplos podem incluir atividades criminosas, poluição ambiental, a exploração irresponsável dos recursos naturais da terra e o abuso flagrante de direitos humanos. Quando suficientemente difundido e entranhado na cultura, o vampirismo psíquico em grupo pode ser tão poderoso que afeta as condições planetárias, com consequências que podem durar séculos.
3. **Vampirismo Parasitário.** Em flagrante contraste com outras formas de vampirismo psíquico, o vampirismo parasitário é uma forma interna de vampirismo psíquico voltado contra a própria pessoa. Tragicamente, os vampiros parasitários são duas vezes vítimas, sendo tanto vampiros quanto vítimas passivas. São movidos por mecanismos autodestrutivos, semelhantes a vampiros sanguinários com apetite demoníaco – quanto mais devoram, mais exigem. Os efeitos do vampirismo parasitário são implacáveis, restringindo e enfraquecendo a própria pessoa. Atacando desde o interior, o vampirismo parasitário drena seu hospedeiro das energias essenciais e enfraquece a capacidade de resistir mesmo ao menor stress. A longo prazo, o vampirismo parasitário acaba com o sistema energético da pessoa e prejudica seriamente sua capacidade de gerar novas energias. Quase sempre, o vampirismo parasitário gera um estado interior de vulnerabilidade que normalmente precede outras formas de vampirismo psíquico.

Em capítulos posteriores, vamos explorar mais a fundo cada uma dessas principais categorias de vampirismo psíquico. Nossa ênfase estará sempre nos recursos abundantes que temos à nossa disposição, tanto dentro como fora de nós mesmos. Ao longo do livro, nosso foco constante será a importância de novos discernimentos e de ações responsáveis.

Na maioria das vezes, o vampirismo psíquico caracteriza-se por certos itens em comum:

O vampirismo psíquico requer uma vítima. O resultado final é sempre prejudicial para o vampiro e a vítima.

Vampiros psíquicos não têm poderes especiais. Na verdade, sua motivação é a fraqueza, e não a força. Geralmente, sua capacidade de gerar energias para se sustentarem é subdesenvolvida ou prejudicada, e, desesperados, recorrem a outras estratégias a fim de satisfazer suas necessidades de energia.

Vampiros psíquicos não são criaturas malignas sem esperança. Como todos, eles são indivíduos dotados de significância e valor intrínseco. Infelizmente, seu crescimento foi distorcido e seu sistema energético interior é, até certo ponto, desajustado.

O vampirismo psíquico é um fenômeno cultural universal – existe, de um modo ou de outro, no planeta todo. Até as culturas mais avançadas mostram-se vulneráveis às diversas formas de vampirismo psíquico.

Uma ampla gama de condições pode proporcionar terreno fértil para o vampirismo psíquico. Como exemplo, podemos citar crises pessoais, crescimento prejudicado, conflitos não resolvidos e forte stress, bem como certas condições culturais, como inquietação social e ressentimentos entre classes.

O vampirismo psíquico ocorre com distintos graus de intensidade. Geralmente, surge como um impulso suave, aumentando progressivamente até tornar-se uma força dominante na vida do vampiro psíquico.

A longo prazo, as consequências do vampirismo psíquico são extremamente prejudiciais. Para o vampiro, podem incluir um rápido esgotamento dos recursos internos, e, eventualmente, o completo bloqueio do processo de crescimento. Para a vítima, podem incluir diversos sintomas mentais e físicos.

O ataque do vampiro psíquico pode ser deliberado ou espontâneo. Embora os episódios de vampirismo psíquico sejam intencionalmente iniciados pelo vampiro, no mais das vezes, podem ser espontâneos e, em algumas ocasiões, inconscientes. Por estranho que possa parecer, o vampirismo psíquico pode se tornar um componente consensual de certos relacionamentos sociais, um fenômeno de que falaremos mais adiante.

- Além de sua necessidade de energia, os vampiros psíquicos costumam ser impelidos por outros motivos. O indivíduo que explora ou arruína um ex-companheiro por vingança, por exemplo, pode ser considerado um vampiro psíquico. Empresas que poluem desavergonhadamente o ambiente em nome dos lucros podem ser consideradas organizações predadoras.
- Há estratégias de fortalecimento para rechaçar o vampirismo psíquico. Entre elas, há procedimentos destinados (1) a proteger uma possível vítima de ataques de vampiros psíquicos, (2) a deter um ataque enquanto este ocorre, (3) a libertar o vampiro psíquico ativo e eliminar o impulso vampiresco, e, finalmente, (4) a impedir o desenvolvimento do vampirismo psíquico, produzindo um sistema energético saudável e plenamente funcional no íntimo da pessoa.

Em minhas palestras e seminários, a simples menção ao vampirismo psíquico costuma desencadear discussões animadas. Quase todos conhecem o conceito, e são comuns relatos de episódios com vampiros psíquicos. Eis algumas das perguntas que costumam ser feitas pelo público com relação ao vampirismo psíquico.

1. Qual a diferença entre o vampiro psíquico e o vampiro do folclore ou das lendas?

Em contraste com o vampiro lendário ou folclórico, os vampiros psíquicos se nutrem de energia, não de sangue, e não possuem poderes sobrenaturais. Com deficiência de energia, e geralmente com seu sistema energético prejudicado, eles buscam outras opções de energia. Ao contrário dos estereótipos atuais, os típicos vampiros psíquicos não são agentes do mal, dispostos a destruir suas vítimas. Embora se saiba que certos "grupos de vampiros" alternativos pratiquem diversos rituais vampirescos folclóricos, não demonstraram nenhum dos poderes sobrenaturais atribuídos aos vampiros do folclore.

2. Qual a extensão do fenômeno do vampirismo psíquico?

Embora a extensão exata do vampirismo psíquico não seja conhecida, acredita-se que seja bastante difundido em suas diversas formas no mundo todo.

3. O que causa o vampirismo psíquico?

Embora as causas variem (dependendo da forma de vampirismo psíquico), geralmente incluem uma combinação de fatores de desenvolvimento e de situação. No caso do vampirismo individual e do vampirismo parasitário, experiências do início da infância, inclusive do relacionamento entre pais e filhos, são particularmente críticas. Crianças mimadas ou que mantêm um relacionamento frio e distante com um dos progenitores parecem especialmente propensas ao vampirismo psíquico. Além disso, certas características de personalidade, como conflito de identidade, autoimagem fraca e insegurança e complexo de inferioridade arraigados são comuns em vampiros psíquicos de ambos os sexos. O vampirismo psíquico pode ser ativado por fatores situacionais, como eventos gravemente traumáticos, problemas ocupacionais e crises familiares, só para mencionar algumas das possibilidades. Numa escala maior, o vampirismo psíquico em grupo costuma estar associado a motivos corruptos e ao abuso crescente de poder e de influência.

4. O vampirismo psíquico é um fenômeno recente?

As evidências sugerem que o vampirismo psíquico é bem anterior às versões folclóricas e fictícias do vampirismo. A história da civilização está repleta de casos de vampirismo psíquico em suas diversas formas.

5. Há vampiros e vampiras?

Os vampiros psíquicos, como os seus equivalentes folclóricos, podem ser homens ou mulheres. A proporção exata de cada sexo não é conhecida atualmente.

6. Qual o perigo de um único ataque de vampiro psíquico?

O episódio típico de vampiro psíquico é um fenômeno energético, no qual o vampiro recebe uma dose nova de energia à custa da vítima, ou doador. Embora a perda de energia do doador possa ser mínima, ou passe quase despercebida, até um único ataque de vampiro pode ter sérias consequências, dependendo das condições do ataque e do estado mental e físico da vítima. Um ataque de vampiro psíquico pode ser particularmente perigoso em situações que exigem atenção e concentração. Imagine, por exemplo, as consequências de um ataque de vampiro a um cirurgião durante uma operação, a um soldado em combate, ao piloto de um avião, a um operário em andaime alto, a um motorista no trânsito intenso, ou a um líder mundial durante uma negociação decisiva.

7. Quais são os efeitos de repetidos ataques de vampiros psíquicos a uma vítima?

Para a vítima de repetidos ataques de vampiros psíquicos, os efeitos típicos incluem uma significativa perda de energia e, a longo prazo, danos ao próprio sistema interno de energia. Outros efeitos comuns são fadiga crônica, dificuldade para se concentrar, sono conturbado, irritabilidade, menor tolerância a frustrações, estado geral deprimido, ansiedade excessiva, indiferença sexual e memória prejudicada. Uma exposição extrema e longa ao vampirismo psíquico pode resultar em desgaste biológico, acompanhado de uma série de sintomas físicos, inclusive um sistema imunológico comprometido e até doenças com risco de morte. Algumas evidências sugerem que certos problemas respiratórios crônicos e perturbações gastrointestinais estão associados a ataques recorrentes de vampiros psíquicos.

8. Quais os efeitos a longo prazo do vampirismo psíquico sobre o vampiro?

Com o tempo, o impulso do vampiro psíquico pode ficar tão forte que chega a dominar a vida da pessoa. Mais cedo ou mais tarde, praticamente cada aspecto da vida do vampiro acaba girando em torno da satisfação da necessidade crítica de energia. Infelizmente, com o aumento desse impulso, os mecanismos internos de energia do vampiro se deterioram lentamente, como músculos que nunca são usados. O sistema interno de energia do vampiro torna-se tão frágil que acaba sofrendo uma pane, tornando-se inoperante. Como um órgão físico essencial que não funciona mais, o sistema energético incapacitado exige suporte externo. No caso do vampirismo psíquico, esse suporte é o sistema energético de uma vítima.

9. Qual a relação, se é que existe, entre o vampirismo psíquico e a violência?

Se o vampiro psíquico não consegue satisfazer as suas necessidades pessoais de energia, pode ficar frustrado, irado, entrar em pânico e até ficar violento. Embora o comportamento violento não seja típico do vampirismo psíquico, nossos estudos de casos de agressores violentos indicaram um vínculo interessante entre comportamento agressivo e vampirismo psíquico plenamente desenvolvido. Frustrado em seus esforços para satisfazer suas necessidades de energia, os vampiros psíquicos podem recorrer a perigosos expedientes. Infelizmente, o risco de violência parece aumentar em situações prolongadas de vampirismo, inclusive em relacionamentos vampirescos consensuais, nos quais um dos parceiros decide encerrar o relacionamento.

10. Os vampiros psíquicos podem atacar à distância?

Os ataques de vampiros podem ocorrer durante um contato físico – como um aperto de mão ou toque no ombro – ou podem ocorrer à distância, que chega a muitos quilômetros. Ataques de vampiros a grandes distâncias, porém, costumam estar associados apenas ao vampirismo psíquico avançado. Costumam ocorrer no contexto de uma associação ou relacionamento em curso, embora não obrigatoriamente romântico. Os ataques de vampiros psíquicos também podem acontecer durante uma viagem astral, um fenômeno que discutiremos num capítulo posterior. Há algumas evidências a sugerir que o vampirismo psíquico pode envolver seres desencarnados, uma possibilidade que também iremos explorar.

11. Quais as estratégias de ataque adotadas por vampiros psíquicos?

As estratégias de ataque usadas por vampiros psíquicos variam, dependendo do tipo de vampirismo e da situação. O ataque deliberado de vampiro costuma consistir em (1) um estado mental focalizado, no qual a vítima é o objeto da atenção, (2) a forte intenção de se ligar ao sistema energético da vítima, e (3) a absorção forçada da energia da vítima. Entrevistas com vampiros psíquicos experientes mostraram que a imagem de um canal de energia ligando-os às suas vítimas durante o ataque é algo comum. No ataque espontâneo, as estratégias são similares mas sem esforço, e, às vezes, inconscientes. Geralmente, por trás do ataque de um vampiro psíquico há certos motivos ocultos, como dominação, punição e controle. Os efeitos energéticos de subjugar outras pessoas e extrair energia delas à força são secundários à recompensa representada pela conquista em si.

12. Existe alguma esperança para o vampiro psíquico?

Felizmente, estratégias avançadas, como as indicadas, estão disponíveis não apenas para proteger e fortalecer a possível vítima, como também para libertar o vampiro psíquico. Para o vampiro, o processo de recuperação deve incluir a aceitação da natureza debilitante do vampirismo psíquico, tanto para o vampiro como para a vítima, a firme resolução de desenvolver um sistema de energia interno mais funcional, e, por fim, o domínio de estratégias relevantes de recuperação.

Infelizmente, o conceito popular que associa o vampirismo psíquico a algo maléfico contribui para a tendência do vampiro rejeitar-se a si mesmo, e complica os esforços de recuperação. Ao mesmo tempo, atribuir o mal ao vampirismo psíquico prejudica os esforços da possível vítima para se proteger efetivamente e enfrentar eventuais ataques. Além disso, o rótulo "vampiro" em si pode estimular a rejeição do vampiro psíquico, que, geralmente, é visto como uma criatura depravada, transviada, que deve ser evitada a qualquer custo. Esses estereótipos exagerados podem mesmo aumentar nossa vulnerabilidade ao vampirismo psíquico. É possível que a pessoa se torne tão fóbica ao conceito do vampiro psíquico como ameaça maléfica que o medo, em si, consome imensas quantidades de sua energia, exaurindo, com isso, seus recursos de defesa e de resistência. A energia desperdiçada em falsas percepções e no medo exagerado pode ser usada de maneira bem melhor, como a energização de nosso desenvolvimento pessoal e até na ajuda aos outros.

13. Qual a melhor defesa contra o vampirismo psíquico?

A melhor defesa contra o vampirismo psíquico é um forte sistema energético interior, um estado de equilíbrio e sintonia interior, e o domínio de estratégias de fortalecimento psíquico importantes. Nos próximos capítulos, vamos apresentar maneiras bastante detalhadas de evitar um ataque de vampiros psíquicos ou de repelir prontamente um ataque em andamento. O objetivo permanente deste livro é promover a percepção do vampirismo psíquico em suas diversas formas, e apresentar estratégias práticas de prevenção e de intervenção que podem ser usadas por qualquer um.

Resumo

Sem dúvida, o vampirismo psíquico é um dos mais intrigantes fenômenos envolvendo o comportamento humano. É também um dos mais complexos. É fácil interpretar o vampirismo psíquico como uma ficção ou simplesmente como fruto do sensacionalismo, mas uma análise mais acurada mostra uma grave realidade, tão comum que quase todos já tiveram alguma experiência com ela, e, para alguns, é um problema repetitivo.

Embora a expressão "vampirismo psíquico" como costuma ser aplicada denote um fenômeno social, no qual o vampiro invade o sistema energético de outra pessoa com o propósito expresso de extrair sua energia, ele pode ir do vampirismo parasitário, autocontido, no qual a vítima é o próprio vampiro, até o vampirismo global, envolvendo injustiças sociais em escala maciça. Qualquer que seja a sua forma, o vampirismo psíquico pode ter consequências potencialmente devastadoras.

Embora o vampirismo psíquico contemporâneo costume ser visto como o equivalente moderno do vampiro do antigo folclore, há evidências indicando que o vampirismo psíquico é anterior ao folclore e que pode, na verdade, ter servido de inspiração para seu equivalente fictício e sanguinário. Qualquer que tenha sido a sequência dos eventos, vampiros do tipo fictício e psíquico têm certas características em comum. Ambos visam seu crescimento pessoal, ambos são desprovidos de satisfação pessoal, e ambos requerem vítimas das quais extraem um recurso imprescindível para a manutenção da vida.

A natureza do vampirismo psíquico está relacionada com o desenvolvimento. As mesmas condições que propiciam o crescimento mental e físico – a noção de valor pessoal, uma abordagem otimista, um conjunto interior de valores a seguir e a dedicação a importantes metas de vida – também propiciam um forte sistema energético interior. A ausência desses itens essenciais interrompe nosso crescimento e aumenta nossa vulnerabilidade ao vampirismo psíquico.

Compreender o vampirismo psíquico e dominar as técnicas necessárias para enfrentá-lo são vitais para nosso bem-estar e crescimento pessoal. Seja em nossa vida pessoal, seja no ambiente de trabalho, é importante sabermos que compreendemos as forças que influenciam nosso sucesso e nossa qualidade de vida. Um conhecimento prático do vampirismo psíquico permite-nos desenvolver técnicas de fortalecimento, e, ao mesmo tempo, ajuda-nos a nos compreendermos melhor e as nossas interações com os outros.

CAPÍTULO 2

AS ENERGIAS DA VIDA

O VAMPIRISMO PSÍQUICO é, basicamente, um fenômeno energético. Compreender o vampirismo psíquico, e, mais importante, dominar as estratégias de fortalecimento relacionadas com ele, exige uma análise mais acurada de dois sistemas críticos de energia, não apenas de um: um sistema dentro de nós e outro no universo superior. Juntos, esses dois importantes sistemas interagem constantemente para energizar nossa existência como entidade dotada de força vital.

As formas e manifestações da energia são infinitas. O próprio universo é feito de energia. Tudo o que existe – visível e invisível, tangível e intangível – é manifestação de energia. Quer percorramos os céus a olho nu, quer pesquisemos as maravilhas naturais da Terra à nossa volta, vemos energia. Quer sondemos o espaço exterior com um telescópio, quer observemos um organismo unicelular por meio de um microscópio, vemos energia. Cada obra da natureza sussurra aos nossos ouvidos, *Sou energia.* Num nível profundamente pessoal, quando olhamos para nós mesmos, vemos energia. Pensamento, sentimento, ação e a simples existência – tudo isso manifesta energia. A simples afirmação, *Sou energia*, está entre as mais elementares, porém profundas, observações que podemos fazer a nosso próprio respeito e ao da natureza de nossa existência no universo.

Como força vital fundamental, a energia não só sustenta a vida, como deu origem a ela no princípio. Como já disse, há dois sistemas importantes de energia vital: o *sistema energético interior*, que existe dentro de nós, e o *sistema energético cósmico*, que existe no universo conhecido e além dele. Idealizados para trabalhar em conjunto, esses sistemas energéticos vitais conferem a força propulsora que dota de energia a totalidade do ser – mental, física e espiritualmente. Entre os principais propósitos de nossa existência, temos: primeiro, o desenvolvimento de nosso potencial para um poderoso sistema energético interior; segundo, fazer com que esse sistema interno se equilibre e sintonize com o sistema energético cósmico, a origem energética de nossa existência. Só atingindo essas metas é que poderemos encontrar significado em nossa vida e, mais cedo ou mais tarde, chegar a nosso mais elevado destino. Na discussão a seguir, vamos examinar esses dois sistemas energéticos e explorar sua relevância para o vampirismo psíquico.

O Sistema Energético Interior

Um sistema energético interior vigoroso tem duas funções importantes relacionadas com o vampirismo psíquico: primeiro, assegura-nos um fornecimento abundante de energia essencial, eliminando a necessidade de táticas de vampirismo psíquico para a satisfação de nossas necessidades energéticas pessoais; segundo, repele qualquer ameaça externa de ataques de vampiros psíquicos ao nosso sistema energético.

O sistema energético interior, como outros aspectos de nosso ser, consiste em três componentes interativos essenciais – mental, físico e espiritual. Embora os aspectos mental e físico de nossa constituição tenham sido aceitos há muito pelo pensamento convencional como vitais para nosso bem-estar pessoal, só recentemente a ciência clássica começou a aceitar o componente espiritual e sua importância para a vida diária. Reflete essa tendência a recente lista de leituras recomendadas para psicólogos preparada pela American Psychological Association [Associação Americana de Psicologia], que incluiu, pela primeira vez, livros destinados a introduzir a espiritualidade na prática profissional da psicologia. É particularmente interessante um livro recomendado sobre "espiritualidade teísta", que diz que os seres humanos têm um espírito eterno e que Deus se comunica com eles por meio de canais espirituais.

A medicina moderna uniu-se à psicologia na demonstração de uma maior percepção e apreciação da natureza espiritual de nossa constituição. O valor terapêutico da fé, da prece e da meditação agora está sendo aceito em muitos cenários médicos. Na minha prática clínica, uso rotineiramente estratégias espirituais por causa de seus singulares benefícios terapêuticos. Na medicina do futuro, a promoção da cura, do equilíbrio e do bem-estar por meio de canais espirituais vai crescer, sem dúvida. Como veremos depois, uma característica importante encontrada entre vampiros psíquicos é a ausência de equilíbrio e de bem-estar interior. Do mesmo modo, um estado de equilíbrio e de bem-estar interior é uma das melhores defesas contra o vampirismo psíquico.

Ao aceitar, finalmente, a importância da espiritualidade, as modernas ciências curativas chegaram perto de reconhecer que um sistema energético cósmico superior é o equivalente vital do sistema energético interior individual. Consistente com esse reconhecimento, começa-se a aceitar nossa origem cósmica. A partir daí, não é preciso um salto quântico para concluir, com razoável certeza, a natureza indestrutível de nossa existência como entidade vital.

Cada aspecto de nosso ser é energizado e sustentado pelo fluxo constante de energia vital. Quando somos enriquecidos pela energia vital, nossas funções mentais, físicas e espirituais prosperam. Mas quando estamos deficientes em energia vital essencial, elas falham. O vampirismo psíquico, em qualquer de suas formas, vale-se de nossos recursos de energia e consome energia vital. No pior cenário, o sistema energético interior pode funcionar mal e recursos críticos podem ficar praticamente esgotados. Mais cedo ou mais tarde, o processo de crescimento pode parar completamente, especialmente em casos de graves e repetidos ataques de vampiros. Portanto, é plausível que o domínio de técnicas efetivas de proteção contra vampiros seja realmente fundamental para nosso crescimento pleno e evolução como seres humanos.

O fluxo da energia vital dentro de nós segue uma direção definida. Exercendo seus poderes energizadores, o sistema energético interior não apenas se mantém, como abre novos canais de crescimento e gera novas energias de crescimento. Deixar de exercer seu potencial energético, ou, pior ainda, expressá-lo negativamente por canais de autodestruição, leva a uma perda de energia, bloqueia o crescimento e, a longo prazo, causa danos ao próprio sistema. Decorre disso que um sistema energético interior forte não apenas é essencial para nosso crescimento pessoal, como é nossa primeira linha de defesa contra o vampirismo psíquico.

Felizmente, podemos assumir o comando do sistema energético interior ativando e dirigindo suas funções. Isso pode ser feito de modo análogo ao de um painel de controle elétrico que controla o fluxo da energia elétrica. Um poderoso *painel de controle de energia*, com comutadores e linhas, existe dentro de cada um de nós, esperando para ser usado. Podemos fechar canais de energia velhos e ineficientes, e abrir novos e mais eficientes. Podemos ativar canais mentais totalmente novos para enriquecer processos intelectuais ou estimular funções mentais totalmente novas – acelerar o aprendizado, melhorar a memória e aumentar a criatividade, apenas para mencionar algumas das possibilidades. Manipulando o painel interior de controle de energia, podemos fechar canais que energizam ansiedades destrutivas, depressão, inferioridade e conflitos interiores – todos aumentam nossa vulnerabilidade ao vampirismo psíquico em suas múltiplas formas. Podemos abrir novos canais físicos para energizar órgãos e sistemas biológicos. Podemos fortalecer o sistema imunológico do corpo, acelerar a cura e até retardar o processo de envelhecimento. Podemos fechar canais de energia que enfraquecem o corpo físico e tornam-no vulnerável ao vampirismo psíquico. Assumindo o controle do painel de energia interior, podemos abrir canais espirituais que nos ligam à mais elevada fonte cósmica de energia pura. Podemos redescobrir nossas raízes cósmicas e reconquistar nossa unidade com o universo. Podemos liberar um fluxo ilimitado de renovação espiritual. Dotados de novas energias espirituais, podemos emergir iluminados, fortalecidos, enriquecidos e plenamente dotados.

Além de seus importantes componentes mentais, físicos e espirituais, o sistema energético interior tem um *potencial de defesa energética* capaz de repelir qualquer energia invasora, inclusive o vampirismo psíquico. Essa capacidade funciona melhor quando nossos canais internos de energia estão abertos e operacionais. Mesmo assim, nossa intervenção proposital costuma ser necessária para ativar o potencial de defesa do sistema energético.

Felizmente, dispomos agora de estratégias para fortalecer o sistema energético interior e ativar cada uma de suas funções específicas. Além de abrir novos canais de energia e de fechar outros ineficientes, podemos:

- Reparar qualquer dano causado ao sistema energético interior e reforçar suas múltiplas funções.
- Integrar as fontes mentais, físicas e espirituais de energia dentro de nós.
- Fortalecer o potencial de defesa do sistema energético.
- Sintonizar e equilibrar o sistema energético com a mais elevada fonte cósmica de energia ilimitada.

Posteriormente, vamos apresentar procedimentos passo a passo, idealizados para realizar cada uma dessas metas de fortalecimento.

Como o sistema energético humano é mental, físico e espiritual, o vampirismo psíquico é mais do que um simples fenômeno físico. Ele também é mental e espiritual. Logo, para serem eficazes, as estratégias de defesa contra vampiros psíquicos precisam lidar com cada um desses componentes e as funções relacionadas. Os componentes mentais, por exemplo, podem incluir estratégias que ativem o poder da mente para confrontar e amenizar o ataque de vampirismo psíquico. Componentes físicos podem incluir estratégias que promovam um estado físico equilibrado, que repele espontaneamente o vampirismo psíquico. Finalmente, componentes espirituais podem incluir estratégias que nos liguem ao universo superior e criem um escudo protetor que nos envolva totalmente. Juntos, esses componentes mentais, físicos e espirituais, apropriadamente incorporados a procedimentos graduais, vão interagir e gerar energia abundante, bem como um sistema energético fortalecido, que simplesmente não falha.

Esses mesmos procedimentos que fortalecem o sistema energético acabam enriquecendo cada aspecto de nossas vidas. Por meio deles, descobrimos novos recursos para o crescimento; fortalecemo-nos e realizamos importantes metas na vida; aprendemos a lidar de modo mais eficiente com o stress; e, talvez o mais importante de tudo, tornamo-nos claramente cientes de nossa conexão com as mais elevadas fontes cósmicas de poder e iluminação. O sucesso e a realização pessoal podem se tornar realidades concretas, em vez de distantes possibilidades nebulosas.

O Sistema Energético Cósmico

O sistema energético cósmico, assim como o sistema energético dentro de nós, é um sistema interativo. É a fonte de energia vital em sua forma mais pura. Uma vez criada, a energia vital cósmica não pode ser destruída. Ela interage constantemente com nosso próprio sistema energético interior para sustentá-lo e assegurar nossa sobrevivência como entidade vital perpétua. Dito em termos simples, o sistema energético cósmico é nosso parceiro permanente no universo superior. Sem ele, não existiríamos.

Como seres energéticos de origem cósmica, cada um de nós é dotado de uma estrutura cósmica única, que chamamos de *genótipo cósmico*. Nosso genótipo cósmico é o equivalente espiritual de nosso *genótipo biológico*, ou constituição genética. Fazendo uma analogia, nosso genótipo cósmico está para o espírito assim como nosso genótipo biológico está para o corpo. Embora a constituição do corpo físico varie de vida para vida, a constituição de nosso corpo cósmico permanece inalterada, assegurando assim nossa individualidade e a singularidade de nossa identidade cósmica. Mesmo que demoremos muitas existências, com muitos papéis interativos diferentes, em muitas culturas distintas, para chegar a nosso mais elevado potencial de crescimento, cada vida mantém seu desígnio cósmico básico e indestrutível. Apesar da singular unicidade que proporciona a continuidade de uma vida para outra, cada existência oferece um novo genótipo biológico, com novos recursos e oportunidades para nosso desenvolvimento pessoal.

Como somos todos diferentes em nossas identidades e projeto cósmico (não há duas almas iguais), cada um pode contribuir para o mundo de maneira própria, diferente de todos os outros seres humanos. Hoje, talvez mais do que nunca, é vital aceitarmos a importância da diversidade, tanto em nós mesmos como no mundo. Em tempos recentes, líderes iluminados clamaram pela diversidade. Eles perceberam, desde cedo, que a solução para alguns de nossos principais problemas globais – guerra, fome, doenças, poluição ambiental e assim por diante – exige a habilidade e a cooperação das diversas culturas do planeta. Como esses líderes de visão global, adiantados com relação a seu tempo, muitas empresas e indústrias promovem ativamente a diversidade. Funcionários representando uma grande variedade de estilos de formação, especialização e orientação levam às empresas recursos valiosíssimos, que enriquecem a organização e promovem o progresso coletivo, algo particularmente crítico para empresas internacionais.

Assim como a diversidade e a unicidade individual são vitais para o progresso global, nossas similaridades como seres humanos são igualmente importantes. Seja qual for nossa formação e nossas diferenças individuais, somos mais parecidos do que diferentes. Aceitando nossas similaridades, compreendemo-nos melhor e trabalhamos em melhor harmonia na realização de nossas metas. Perceber nossas similaridades e, ao mesmo tempo, valorizar nossas diferenças individuais, é o sinal claro de progresso cultural e de interação social produtiva. Como descobriremos adiante, vampiros psíquicos costumam ser rígidos ao analisar outras pessoas, e intolerantes com relação a orientações e valores que diferem dos seus próprios, mesmo que a diferença seja pequena.

Como entidades vivas singulares, nosso crescimento pessoal existe num infindável continuum cósmico que se estende até nosso passado mais remoto e dali ao infinito. No princípio, não fomos criados para envelhecer e morrer, mas para viver e crescer. Todas as experiências acumuladas em nossas vidas passadas, juntamente com nossas experiências entre vidas, fazem parte de nossa existência cósmica, que é eterna. Até nossa existência antes de nossa primeira encarnação, que costumamos chamar de *vida pré-encarnada*, permanece como parte integrante de nosso ser total.

Apesar de muitas de nossas experiências passadas estarem armazenadas no subconsciente, e por isso ignoradas por nossa percepção consciente, elas se mantêm como parte integrante do ser. Como nossa identidade cósmica foi fixada no princípio de nossa existência, somos, em qualquer momento do tempo, a totalidade de nossas experiências: nada é perdido de modo permanente. Uma tarefa importante de cada vida consiste não apenas em descobrir novos conhecimentos, mas em recuperar o conhecimento profundamente embutido no subconsciente. Ao conhecermos nossas experiências em vidas passadas, podemos identificar e resolver os conflitos subconscientes originados nessas existências e que continuam a influir em nossa vida, e que, em muitas situações, impedem nosso crescimento. Podemos descobrir importantes recursos subconscientes e ativar potenciais adormecidos, necessários para solucionar problemas da vida atual. As possibilidades resultantes para a iluminação e o crescimento são simplesmente ilimitadas. No vampirismo psíquico, a tarefa de redescobrir o eu é quase sempre interrompida por alguma resistência ou simplesmente pela falta de motivação.

Os sistemas energéticos interno e externo que se encontram por trás de nossa existência podem ser vistos como fontes interativas de ilimitado potencial de crescimento. Embora tenham funções diferentes, essas duas fontes dão origem à energia que nos sustenta. A fonte cósmica superior, porém, se destaca – tem infinitos poderes energéticos e de sustentação. Mesmo quando os sistemas biológicos falham e a morte finalmente surge à porta, a fonte cósmica externa energiza nossa transição segura até o outro lado. Ela assegura nossa sobrevivência permanente como entidade consciente e vital. Ao passarmos para o outro lado, ela restaura instantaneamente nossos mais elevados picos de desenvolvimento anterior, e, a partir dali, energiza nosso crescimento futuro. Ficamos, a um só tempo, revitalizados, rejuvenescidos e renovados nessa dimensão superior, onde todos os abundantes recursos de que precisamos para dar continuidade a nosso crescimento acham-se sempre presentes.

Embora a fonte cósmica de energia esteja sempre disponível para nós, cabe a cada um de nós usá-la de maneira responsável. Ao acessar essa fonte e usar sua poderosa energia, podemos acrescentar significado e valor instantaneamente a nossa vida. Energizados pela fonte cósmica da vida, podemos superar as adversidades e encontrar novas esperanças e paz. Acessando tal fonte, podemos nos energizar e determinar nosso próprio destino, atingir nossas metas mais elevadas. Imbuídos de abundante energia cósmica, podemos acelerar nosso crescimento e experimentar um significado mais profundo em nossa existência. Numa palavra, ficamos *fortes*. Pode haver melhor defesa contra o vampirismo psíquico do que ser energizado pela mais elevada fonte de poder do universo?

Interagindo com o sistema energético cósmico, podemos fortalecer nosso sistema interno e maximizar sua capacidade de gerar poderosas energias.

Com isso, ficamos afinados e equilibrados, tanto interiormente quanto com o universo. Essa conexão cósmica dá origem a uma identidade pessoal mais positiva, um senso de valor pessoal e sentimentos de segurança e de bem-estar, e todos eles nos energizam. Imbuídos de energia positiva e revitalizados por ela, funcionamos com independência e autoconfiança, características de que o vampiro psíquico pouco dispõe ou não tem.

Um aspecto importante do sistema energético cósmico são seus múltiplos planos de energia, cada um com suas próprias características e funções. Uma vez ligados a esse sistema energético cósmico, podemos identificar os planos relevantes a nossas metas atuais, e depois valermo-nos de seus recursos especializados. Mais tarde, vamos explorar uma variedade de planos energéticos cósmicos e desenvolver estratégias avançadas, que nos permitirão ter acesso a seus poderes.

É verdade que realizar nossos potenciais mais elevados de crescimento ou nossas maiores metas de vida nem sempre é fácil. Em algum momento, vamos nos defrontar com condições que retardam nosso progresso e desafiam nossa determinação. Certas situações adversas da vida podem ser particularmente frustrantes. Podemos citar como exemplos doenças graves, sérios revezes financeiros e ameaças à nossa segurança ou bem-estar pessoal, todas elas situações que podem prejudicar áreas importantes de nosso funcionamento. Felizmente, a longo prazo, a adversidade não é páreo para o eu fortalecido pelo cosmos. Até a adversidade mais extrema não consegue destruir o potencial interior para a grandiosidade. Quando afinados, equilibrados e energizados, podemos aprender com a adversidade e superar as forças repulsivas que, a princípio, parecem além de nosso controle e impossíveis de se suportar. Enfrentar as adversidades da vida e superá-las com sucesso são alguns de nossos desafios mais difíceis, porém mais valiosos.

O Aperto de Mãos do Poder

Felizmente, o sistema energético de cada um de nós está sempre receptivo aos nossos esforços de fortalecimento. Podemos gerar deliberadamente um poderoso estado interior que protege o sistema e maximiza seu potencial de energização. Podemos reparar danos causados ao sistema, revitalizar mecanismos ineficientes e abrir caminhos de energia totalmente novos. Podemos sintonizar e equilibrar o sistema com a mais elevada fonte cósmica de energia pura. Podemos fortalecer o sistema para que ele resista ao ataque de qualquer força negativa, inclusive o vampirismo psíquico. O Aperto de Mãos do Poder visa à realização de cada uma dessas importantes metas.

Essa poderosa estratégia, que toma apenas alguns minutos, é uma de nossas melhores defesas contra o vampirismo psíquico.

Etapa 1. Varredura do corpo. Relaxe e, enquanto respira lenta e ritmicamente, faça uma varredura mental em seu corpo, começando pela cabeça e descendo, fazendo breves pausas nas áreas de tensão. Visualize a tensão como uma bruma sombria e sua consciência presente com um brilho luminoso. Permita que o brilho da consciência afaste a bruma sombria e substitua-a por uma nova energia radiante, luminosa. Dê tempo suficiente para que o brilho de sua consciência permeie plenamente o seu corpo físico.

Etapa 2. Foco. Focalize a percepção consciente em seu plexo solar, e pense nessa região como seu centro de controle de energia. Visualize sua consciência presente nesse centro como uma força luminosa e intensa, que ativa e fortalece todo seu sistema energético.

Etapa 3. Autoinfusão. Enquanto você se mantém conscientemente centrado, visualize caminhos de energia estendendo-se para fora de seu centro de controle interno. Agora, você pode identificar caminhos bloqueados e abri-los para liberar um fluxo totalmente novo de energia vital. Você pode substituir caminhos antigos e que não funcionam mais por novos e reluzentes caminhos de energia. Permita que o poderoso fluxo de energia ilumine seu ser total, por dentro e por fora.

Etapa 4. Infusão cósmica. Vire suas mãos para cima e sinta feixes radiantes de pura energia cósmica entrando pelas palmas, espalhando-se depois para dentro, banhando e energizando cada parte de seu ser. Sinta a vibrante energia cósmica fluindo por seu sistema energético, saturando-o totalmente com luminosa energia cósmica.

Etapa 5. Sintonia e equilíbrio. Junte suas mãos como símbolo de sua unidade com o universo. Afirme: *Agora, estou totalmente equilibrado e sintonizado com o universo superior.* Você pode usar o aperto de mãos à vontade para ativar os efeitos fortalecedores do procedimento como um todo.

Com a prática, esse procedimento fica cada vez mais eficiente na energização, equilíbrio e sintonização do sistema energético. Esse procedimento também promove a atenção e o raciocínio claro, além de proteger contra a invasão de qualquer tipo de energia negativa. É especialmente útil quando praticado antes de reuniões importantes, especialmente quando estas envolvem negociações complicadas e solução de problemas. Tendo praticado o procedimento completo, você pode usar em qualquer momento o discreto aperto de mãos. Ele pode ser usado durante conferências e apresentações públicas para aumentar instantaneamente sua eficácia e presença de espírito sobre a situação à sua frente. Muitos oradores e apresentadores usam rotineiramente esse instrumento, tanto antes como durante um evento público.

O Aperto de Mãos do Poder é uma estratégia básica e de múltiplas aplicações, que gera um poderoso estado energizado de prontidão para o crescimento dentro de nós. Se praticado regularmente, pode aumentar a eficiência de cada um dos procedimentos de fortalecimento apresentados ao longo do livro.

Resumo

Dois importantes sistemas energéticos interagem constantemente para sustentar nossa existência e energizar nosso crescimento. O infalível sistema energético do universo superior sustenta nossa existência e assegura nossa sobrevivência como entidade viva e consciente de uma vida para outra, e além. Seu equivalente, o sistema energético dentro de cada um de nós, destina-se a gerar um abundante fluxo interior de energia mental, física e espiritual. É nosso permanente vínculo com o universo superior.

Só quando nos equilibramos e afinamos nosso sistema energético interior com a mais elevada fonte cósmica de energia é que podemos atingir nosso ponto mais elevado de crescimento e grandiosidade. O vampirismo psíquico, em suas diversas formas, é uma ameaça para nosso bem-estar e realização pessoal. Felizmente, há procedimentos disponíveis para repelir o vampirismo psíquico, fortalecer nosso sistema energético interior e, finalmente, levar-nos à completa unidade com a fonte cósmica de nossa existência.

CAPÍTULO 3

VAMPIRISMO PSÍQUICO INDIVIDUAL

O VAMPIRISMO PSÍQUICO INDIVIDUAL é uma forma de vampirismo social no qual uma pessoa, tipicamente chamada de *vampiro psíquico*, extrai energia de outra pessoa, tipicamente chamada de *vítima*. O resultado é um surto temporário de nova energia para o vampiro psíquico e uma perda imediata de energia para a infeliz vítima.

Como ocorre com outros tipos de vampirismo psíquico, o vampirismo psíquico individual parece muito disseminado. Se você parar alguns instantes para refletir, pode se lembrar de ter passado por uma dessas desagradáveis experiências, drenando-o de energia e deixando-o mental e fisicamente exausto. Na verdade, você pode ter sentido a violação de seu espaço pessoal e a drenagem de energia de seu corpo à medida que ocorria o contato vampírico. Tendo percebido tais efeitos, você deve ter procurado formas educadas de encerrar a intrusão. Mesmo que não tenha atribuído a perda de energia e a fadiga resultante ao vampirismo psíquico, a experiência deve ter sido tão exaustiva que você se preparou para ficar mais alerta em situações semelhantes no futuro, ou simplesmente as evitou. É interessante perceber que alguns dos termos que usamos para descrever tais encontros sociais desagradáveis sugerem claramente o vampirismo psíquico: "um porre", "fiquei arrepiado", "senti-me esgotado" são exemplos.

Felizmente, para a maioria de nós, nossas interações sociais costumam dar energia, e são recompensadoras de diversas maneiras. E embora muitas de nossas interações envolvam uma troca mútua de energias, não sugerem necessariamente a ação do vampirismo individual, mesmo quando os benefícios da interação não são iguais. Provavelmente, todos nós participamos de interações sociais que eram, em boa parte, unilaterais. De fato, a manipulação ou o controle de interações sociais a fim de se obter uma meta ou vantagem específica costumam ser tolerados em nossa cultura, e, em muitas situações, é algo até esperado. Exemplos comuns são o bombardeio de comunicações persuasivas, encontrado regularmente na política, na religião, na propaganda e para angariar fundos. Talvez com certa relutância, poderíamos acrescentar a essas nossas próprias experiências, em que orquestramos situações e interações que nos beneficiaram social ou profissionalmente. Mas embora esses exemplos, isoladamente, não indiquem vampirismo psíquico, sugerem certas inclinações que, se cultivadas, podem levar ao vampirismo ativo. Vampiros psíquicos experientes costumam apresentar um longo histórico de manipulação de pessoas e situações para progredir na carreira ou obter outras vantagens, um padrão que vai ficando dominante e acaba levando ao vampirismo psíquico pleno.

Num esforço para determinar a frequência de interações sociais assemelhadas ao vampirismo, alguns alunos matriculados num curso de psicologia da Athens State College (hoje uma universidade) realizaram um estudo no qual entrevistaram 100 frequentadores de um shopping center durante um feriado movimentado. Para controlar inclinações e aprimorar a validade da pesquisa, o Guia de Entrevista sobre Interações usado para esse estudo omitiu propositalmente termos tendenciosos, como "vampiro psíquico" e "vampirismo psíquico". Abaixo, vemos o guia de entrevista com doze itens, mostrando também o percentual de respostas obtidas em cada item.

Guia de Entrevista sobre Interações

Sou um estudante matriculado num curso de psicologia social da Athens State College. Para poder atender aos créditos do curso, estou realizando uma pesquisa sobre interações sociais. Você poderia reservar alguns instantes para responder a algumas perguntas sobre suas próprias interações sociais?

1. *Você se considera uma pessoa socialmente extrovertida?* 82% Sim; 5% Não; 13% Indecisos.

2. *Normalmente, suas interações com outras pessoas são satisfatórias?* 84% Sim; 12% Não; 4% Indecisos.
3. *Você vê suas interações com um determinado indivíduo ou alguns indivíduos como particularmente satisfatórias?* 80% Sim; 20% Não; 0% Indecisos.
4. *Às vezes, você se sente plenamente energizado ou cheio de energia após interagir com certa pessoa ou pessoas?* 92% Sim; 6% Não; 2% Indecisos.
5. *Às vezes, você se sente cansado ou com pouca energia após interagir com certa pessoa ou pessoas?* 97% Sim; 2% Não; 1% Indecisos.
6. *Na sua opinião, certas pessoas tendem a contribuir com outras pessoas ou "doar" energia para elas por meio de suas interações com elas?* 79% Sim; 10% Não; 11% Indecisos.
7. *Na sua opinião, certas pessoas tendem a captar energia de outras por meio de suas interações com elas?* 85% Sim; 2% Não; 13% Indecisos.
8. *Às vezes, você energiza outras pessoas, dando-lhes energia durante suas interações com elas?* 40% Sim; 21% Não; 39% Indecisos.
9. *Você às vezes fica energizado recebendo energia de outras pessoas durante suas interações com elas?* 80% Sim; 11% Não; 9% Indecisos.
10. *Você interage regularmente com alguém que drena energia de você?* 24% Sim; 42% Não; 34% Indecisos.
11. *Às vezes, você evita interagir com certas pessoas porque elas parecem drenar sua energia?* 88% Sim; 5% Não; 7% Indecisos.
12. *Você interage regularmente com alguém que energiza você, transmitindo-lhe forças?* 10% Sim; 88% Não; 2% Indecisos.

Obrigado por sua participação nesta pesquisa.

A grande maioria dos participantes da pesquisa se via como extrovertidos em sociedade (82%). Um número levemente maior via suas interações sociais como satisfatórias ou gratificantes (84%), embora muitos tenham qualificado suas respostas com expressões como "Mais ou menos", ou "Acho que sim". Um percentual bastante elevado de participantes (97%) afirmou já ter tido interações sociais que os deixaram cansados ou com pouca energia. Oitenta e cinco por cento dos participantes acharam que certos indivíduos tendem a drenar energia de outros em suas interações. Um número levemente menor (79%) acredita que certos indivíduos tendem a doar energia para os outros. Muitos participantes (88%) disseram que às vezes evitam o contato com certos indivíduos que, segundo acreditam, drenam energia deles. Só 40% dos participantes acreditam que deram energia para outros em suas interações com eles; e 80% acreditam ter recebido energia de outras pessoas em suas interações. Vinte e quatro por cento dos participantes admitiram ter interagido regularmente com pessoas que os privaram de energias; e apenas 10% dos participantes admitiram interagir regularmente com pessoas que lhes deram energias.

Reunidos, os resultados dessa pesquisa indicam que interações sociais semelhantes a aquelas mantidas com vampiros são comuns, e quase todos passaram por uma experiência de troca de energias na qual foram privados de recursos energéticos. Do mesmo modo, quase todos disseram ter recebido uma infusão de energia como resultado de alguma interação social. Naturalmente, é concebível que flutuações em nossos níveis de energia possam ser explicadas exclusivamente por conta do sistema energético interior, e não como resultado do vampirismo psíquico. Mas embora possam ocorrer mudanças nos níveis internos de energia de uma pessoa, independentemente do vampirismo psíquico, muitos dos participantes desse estudo disseram que estavam conscientes de que foram drenados durante sua interação com outras pessoas – uma clara sugestão de que o vampirismo psíquico estava em ação.

Uma das formas mais sutis de vampirismo psíquico parece ocorrer durante interações sociais envolvendo comunicação interpessoal. Seja verbal, seja não verbal, o processo de comunicação pode ser visto como uma interação energética com consequências fortalecedoras ou debilitantes. Normalmente, comunicações positivas geram interações fortalecedoras. Por exemplo, mensagens de esperança, aceitação e amor costumam fortalecer tanto o emissor como o receptor. Mensagens negativas, por sua vez, tendem a gerar interações que enfraquecem as pessoas. Mas até mensagens negativas podem ser fortalecedoras, caso administradas adequadamente pela pessoa que as recebe. Citando um exemplo, quando evitamos mensagens preconceituosas, falsas, odiosas, as funções de resistência de nosso sistema energético se fortalecem, e a mensagem potencialmente debilitante é neutralizada. Além disso, o sistema energético do emissor, inclusive sua capacidade de enviar itens negativos, não é reforçado. Em escala global, decorre disso que só com a resistência ativa numa escala maciça é que o vampirismo da intolerância e da injustiça pode ser desenergizado e finalmente banido do planeta. Entretanto, tal resistência deve incluir esforços para infundir o mundo com as energias fortalecedoras da tolerância e da justiça.

Os Mecanismos do Vampirismo Psíquico Individual

O vampirismo psíquico individual é movido por um sistema energético interior inadequado, que demanda energia vital de uma vítima. Sua natureza é desenvolvimentista, e costuma se manifestar espontaneamente em seus estágios iniciais de desenvolvimento. Mas em sua forma plena, costuma consistir em técnicas adquiridas e propositalmente usadas para abastecer o suprimento interno de energia do vampiro. Infelizmente, a simples reposição da energia não é suficiente para reparar o sistema energético interior em si. Por isso, o vampirismo psíquico torna-se uma força controladora que leva o vampiro a invadir os sistemas energéticos das vítimas selecionadas. Mais cedo ou mais tarde, o impulso do vampiro fica tão compulsivo que parece adquirir vida própria.

Só recentemente é que começamos a compreender os complexos mecanismos envolvidos no vampirismo individual como fenômeno energético. Como eu disse antes, a energia é mais do que física – ela também é mental e espiritual. Como força vital multidimensional, ela sustenta nossa existência consciente, não apenas no mundo físico como também no pós-vida. Como comentado, os desafios mais importantes que enfrentamos na vida são: primeiro, desenvolver progressivamente um sistema energético vital mais poderoso em nosso íntimo; segundo, manter esse sistema constantemente sintonizado e equilibrado com o universo superior. O vampiro psíquico fracassou nessas duas coisas. Movido por um sistema deficiente, incapaz de corrigi-lo ou não querendo mesmo fazê-lo, o vampiro psíquico recorre ao sistema energético dos outros para atender às suas necessidades energéticas. As desafortunadas consequências abrangem todos os aspectos do crescimento e do desenvolvimento do vampiro. O sistema energético interior vai ficando cada vez mais fraco, as interações sociais sofrem problemas e os recursos de ajustes acabam se exaurindo.

Nossos estudos do vampirismo psíquico individual focalizaram primeiro a identificação e medição das características pessoais associadas com o fenômeno e, em segundo lugar, a formulação de técnicas de fortalecimento viáveis e graduais, não só para dar energias à vítima (ou vítima em potencial) do vampirismo psíquico, como também para libertar o vampiro psíquico do debilitante estilo de vida do vampirismo psíquico. Com estrutura multidimensional, nossa pesquisa incluiu entrevistas pessoais, questionários, estudo de casos, testes psicológicos, registros eletrofotográficos (fotografia Kirlian) e análise de aura humana, tratada no capítulo seguinte. Em alguns casos, usamos análise de sonhos e hipnose, incluindo regressão a vidas passadas. Nossos métodos de investigação evitaram constantemente termos carregados como "vampiro", "vítima" e "vampirismo", preferindo o uso de termos menos ameaçadores mas operacionais, como "receptor de energia", "doador de energia", "interação energética", "deficiência energética" e "processo de transferência de energia".

Tendo em vista as diversas variações do vampirismo individual, bem como sua natureza desenvolvimentista, a identificação das características associadas com o fenômeno e sua medição precisa foram tarefas árduas. O tempo todo, nossa abordagem enfatizou o vampirismo psíquico como uma constelação de características de intensidade variável, e não como uma aberração sinistra.

Com base nas primeiras descobertas de nossos estudos, desenvolvemos dois testes objetivos para medir a tendência ao vampirismo psíquico individual. Revisado recentemente, o primeiro teste, Questionário Interativo IR (ver páginas 51 e 52), mede o vampirismo individual nas interações da pessoa com as demais. Também revisado recentemente, o segundo teste, Questionário Interativo IIR, mede o vampirismo individual no relacionamento entre a pessoa e um parceiro específico. Como você vai perceber, nenhum teste menciona as expressões *vampiro* ou *vampirismo*, num esforço proposital para tornar os testes menos ameaçadores e mais precisos, tanto quanto possível.

Usando o índice de pontuação, quanto mais elevado o resultado nesse teste, maior a tendência ao vampirismo psíquico da pessoa com as outras de modo geral. Uma pontuação entre 21 e 25 sugere uma séria tendência ao vampirismo psíquico. Uma pontuação entre 16 e 20 sugere uma acentuada tendência ao vampirismo psíquico. Uma pontuação entre 11 e 15 sugere uma tendência moderada ao vampirismo psíquico. Uma pontuação com 10 pontos ou menos sugere que não existe tendência significativa ao vampirismo psíquico.

Para avaliar a tendência ao vampirismo psíquico no relacionamento mantido com um parceiro específico, formulamos o Questionário Interativo IIR, apresentado nas páginas 52-54. Assim como o Questionário Interativo IR, quanto maior o resultado, maior a tendência ao vampirismo psíquico no relacionamento com uma pessoa específica. Uma pontuação entre 21 e 25 sugere uma séria tendência ao vampirismo psíquico. Uma pontuação entre 16 e 20 sugere uma acentuada tendência ao vampirismo psíquico. Uma pontuação entre 11 e 15 sugere uma tendência moderada ao vampirismo psíquico. Uma pontuação com 10 pontos ou menos sugere que não existe tendência significativa ao vampirismo psíquico.

Num estudo sobre vampirismo psíquico individual realizado entre estudantes universitários, apresentamos o Questionário Interativo IR a 400 voluntários saídos da população universitária. Mais da metade deles (57%) mostrou a tendência ao vampirismo psíquico em seus relacionamentos com as pessoas em geral. Desse total, 28% mostraram uma tendência moderada ao vampirismo psíquico, 18% uma tendência acentuada ao vampirismo psíquico e 11% uma séria tendência ao vampirismo psíquico.

Questionário Interativo IR (Pessoas em Geral)

Nome: ________________________________ Idade: ____ Sexo: ____

Instruções: Este questionário destina-se a medir certos aspectos de suas interações com as pessoas em geral. Leia cada frase cuidadosamente. Se a frase se aplicar a você, assinale V (verdadeira). Se a frase não se aplicar a você, assinale F (falsa).

V F 1. Geralmente, dependo dos outros para fazerem coisas para mim que eu poderia facilmente fazer sozinho.
V F 2. Acredito que as pessoas são basicamente honestas.
V F 3. Costumo agir por impulso, sem pensar muito nas consequências.
V F 4. Costumo sentir uma conexão fascinante com pessoas absolutamente desconhecidas.
V F 5. Sou uma pessoa afável.
V F 6. A maioria das pessoas sai em busca daquilo que pode obter da vida.
V F 7. Geralmente, encontro um modo de evitar tarefas desagradáveis ou cansativas.
V F 8. A maioria das pessoas faz amizades porque, de algum modo, estas lhes são úteis.
V F 9. Costumo fazer coisas arriscadas só pela emoção que sinto.
V F 10. Costumo ser determinado a conseguir aquilo que quero, de um jeito ou de outro.
V F 11. Quando alguém me trata mal, costumo descobrir um modo de dar o troco.
V F 12. Tendo a usufruir da energia das pessoas que me rodeiam.
V F 13. A maioria das pessoas está disposta a usar as outras para progredir na vida.
V F 14. Geralmente, sou direto em meus relacionamentos.

V F 15. Preocupo-me muito com problemas globais, como poluição, fome e pobreza.

V F 16. Gosto de tirar proveito de pessoas que ficam abertas para isso.

V F 17. Geralmente, sou aberto e honesto em meus relacionamentos.

V F 18. Aprendi, a duras penas, a não confiar nas pessoas.

V F 19. Geralmente, ajudo pessoas menos afortunadas do que eu.

V F 20. Às vezes, parece que tiro energia das pessoas à minha volta.

V F 21. Quando faço um favor para alguém, geralmente espero algo em troca.

V F 22. Geralmente, faço amizades porque de algum modo elas me são úteis.

V F 23. A maioria das pessoas trapacearia ou trairia os demais se soubessem que ninguém iria descobrir.

V F 24. Basicamente, estou satisfeito com minha vida.

V F 25. Minha vida é plena de significado.

Pontuação: Atribua um ponto para cada uma das seguintes respostas: Item 1(V), 2(F), 3(V), 4(V), 5(F), 6(V), 7(V), 8(V), 9(V), 10(V), 11(V), 12(V), 13(V), 14(F), 15(F), 16(V), 17(F), 18(V), 19(F), 20(V), 21(V), 22(V), 23(V), 24(F), 25(F).

Questionário Interativo IIR (Relacionamento com Parceiro)

Nome: ______________________________ Idade: ____ Sexo: ____

Instruções: Este questionário destina-se a medir certos aspectos de suas interações com seu (sua) parceiro(a). Leia cada frase cuidadosamente. Se a frase se aplicar a você, assinale V (verdadeira). Se a frase não se aplicar a você, assinale F (falsa).

V F 1. Meu (minha) parceiro(a) normalmente fica alerta e cheio(a) de energia quando estamos juntos.

V F 2. Sou muito exigente em meu relacionamento com meu (minha) parceiro(a).

V F 3. Em meu relacionamento com meu (minha) parceiro(a), recebo bem mais do que dou.

V F 4. Tomo a maioria das decisões importantes envolvendo nosso relacionamento.

V F 5. No nosso relacionamento, meu (minha) parceiro(a) costuma se submeter às minhas exigências.

V F 6. Meu (minha) parceiro(a) e eu crescemos juntos no nosso relacionamento.

V F 7. Meu (minha) parceiro(a) é uma pessoa forte e independente.

V F 8. Quando discordamos, meu (minha) parceiro(a) geralmente acaba aceitando minhas opiniões.

V F 9. Normalmente, sou direto no relacionamento com meu (minha) parceiro(a).

V F 10. Sou bastante manipulador no relacionamento com meu (minha) parceiro(a).

V F 11. Geralmente, estou cheio de energia, mesmo quando estou distante de meu (minha) parceiro(a).

V F 12. Dependo da energia que recebo no relacionamento com meu parceiro (minha parceira).

V F 13. Se o relacionamento com meu (minha) parceiro(a) terminar, vou procurar imediatamente outra pessoa.

V F 14. Meu (minha) parceiro(a) investe bem mais energia em nosso relacionamento do que eu.

V F 15. Agrada-me exercer certo poder sobre meu (minha) parceiro(a).

V F 16. Meu (minha) parceiro(a) costuma se mostrar hesitante ou com dúvidas sobre nosso relacionamento.

V F 17. Meu (minha) parceiro(a) raramente reclama de cansaço ou de estar com pouca energia.

V F 18. Tenho a impressão de que tiro regularmente energia de meu (minha) parceiro(a).

V F 19. Costumo pedir ajuda a meu (minha) parceiro(a), mesmo em coisas que eu poderia fazer facilmente sozinho.

V F 20. Sou a força dominante no relacionamento com meu (minha) parceiro(a).

V F 21. Meu (minha) parceiro(a) parece ter mais energia graças ao nosso relacionamento.

V F 22. Meu (minha) parceiro(a) e eu temos um relacionamento mutuamente gratificante.

V F 23. Normalmente, irrito-me e reajo agressivamente em minhas interações com meu (minha) parceiro(a).

V F 24. Costumo tirar proveito de meu (minha) parceiro(a) a fim de realizar meus objetivos ou satisfazer minhas próprias necessidades.

V F 25. Meu relacionamento com meu (minha) parceiro(a) é de confiança e respeito mútuos.

Pontuação: Atribua um ponto para cada uma das seguintes respostas: Item 1(F), 2(V), 3(V), 4(V), 5(V), 6(F), 7(F), 8(V), 9(F), 10(V), 11(F), 12(V), 13(V), 14(V), 15(V), 16(V), 17(F), 18(V), 19(V), 20(V), 21(F), 22(F), 23(V), 24(V), 25(F).

Dos 400 estudantes que responderam ao Questionário Interativo IR, 183 disseram que se relacionavam com alguém, e receberam o Questionário Interativo IIR para se avaliar a presença de vampirismo psíquico no relacionamento com os parceiros. Os resultados revelaram uma relação intensa entre os dois questionários. Pessoas que demonstraram tendências ao vampirismo psíquico em seus relacionamentos com as pessoas em geral tendiam a demonstrar tendências similares no relacionamento com os parceiros.

Estudos posteriores feitos com voluntários saídos da população em geral revelaram uma distribuição das tendências ao vampirismo psíquico individual muito semelhante à encontrada na população universitária. Nossos estudos revelaram que tanto estudantes como não estudantes que responderam a um dos testes acabavam mostrando pelo menos algumas das características associadas ao vampirismo psíquico individual.

Como medida de cautela, quando usar esses instrumentos para testar outras pessoas ou a si mesmo, interprete os resultados levando em conta a natureza desenvolvimentista do vampirismo psíquico e o continuum no qual essa condição existe. Mesmo uma tendência séria ao vampirismo psíquico, seja junto às pessoas em geral, seja junto a um parceiro específico, num ou noutro momento, não assinala conclusivamente a condição plena de vampiro psíquico. Só quando a tendência é tão intensa que interfere no próprio bem-estar ou no bem-estar dos demais é que deve ser considerada vampirismo psíquico ativo. Quase sempre, o vampirismo psíquico pleno está associado a dificuldades em áreas como trabalho, vida doméstica e, naturalmente, relacionamentos sociais. Infelizmente, o vampirismo psíquico não costuma ser visto como fonte potencial dessas dificuldades, mesmo quando outras explicações foram descartadas.

Uma das descobertas mais notáveis de nossos estudos foi a ampla gama de características pessoais e de padrões de comportamento associados ao vampirismo psíquico individual. Embora alguns dos sujeitos com pontuação na faixa da tendência séria ao vampirismo psíquico fossem amáveis e extrovertidos, outros eram frios e reservados. Muitos se viam como pessoas avançadas e superiores às outras. (Essa superioridade manifestada pode, naturalmente, ser uma reação a sentimentos reprimidos de inferioridade.) Em contraste, outros se viam como inferiores e fracos. Muitos tendiam a ser imaturos e egocêntricos. Outras características pessoais encontradas nos sujeitos com pontuação na faixa da séria tendência foram dúvidas quanto a si mesmos, desconfiança quanto aos demais, impulsividade, baixa tolerância à frustração e hostilidade. Ciúmes misturados com o medo do abandono caracterizariam bem seus relacionamentos amorosos.

Reunidos, nossos estudos identificaram oito categorias de estilo dos vampiros psíquicos individuais, apresentadas a seguir:

1. **O Vampiro Narcisista.** Como grupo, os vampiros narcisistas têm um senso grandioso de importância pessoal, bem como necessidades de atenção e de admiração que costumam datar do início da infância. Veem-se como pessoas superiores, mas sua autoestima costuma ser baixa. Sua necessidade de aceitação e reconhecimento impele-os a superestimarem suas realizações, diminuindo o trabalho dos outros ou assumindo o crédito por feitos alheios. No ambiente de trabalho, costumam tentar controlar o processo decisório, demonstrando poucas das qualidades necessárias para tomar decisões com responsabilidade. Sem muita empatia, os vampiros narcisistas não levam em conta os sentimentos dos outros, mas esperam que estes se preocupem com seu bem-estar. Como grupo, não são muito confiáveis e demonstram desdém pelos demais, entretidos consigo mesmos e promovendo-se a todo momento. Pouco disciplinados, abusados, não hesitam em tirar vantagem dos demais para atingir seus objetivos. Normalmente, são pseudointelectuais ou enganadores, com um charme superficial que pode encantar temporariamente. São,

como grupo, críticos e pessimistas. Simplistas e imaturos em suas posições sobre o que é certo e o que é errado, são rápidos para julgar os outros. Autoritários e controladores em seus relacionamentos sociais, têm sérias dificuldades para trabalhar com outras pessoas. Seus talentos para administrar ou supervisionar são extremamente limitados. Geralmente, desconfiam de colegas e superiores, e isso se reflete em suas meticulosas exigências (querem tudo documentado "por escrito"), mesmo quanto a questões triviais. Normalmente são encontrados no ambiente acadêmico, e costumam se exibir agressivamente, falseando e exagerando suas credenciais como "membros do corpo docente". Dizem-se "pensadores céticos", mas isso quase sempre visa chamar a atenção ou então é uma reação à sua insegurança e a seu raso intelecto. Tipicamente, reagem à sua própria falta de integridade questionando a integridade dos outros. O prognóstico para o vampiro narcisista é extremamente pobre.

2. **O Vampiro Esquizoide.** Em contraste com o vampiro narcisista, os vampiros esquizoides mostram-se normalmente retraídos e apáticos. Tendem a ser emocionalmente desapegados e se sentem pouco à vontade em interações sociais, exceto durante seus episódios isolados de vampirismo. Costumam ser solitários, com poucos amigos íntimos, se é que chegam a tê-los. Seus relacionamentos afetivos são turbulentos, frágeis e transitórios. Aparentam a frieza emocional, mas sob esse verniz de indiferença social há a dolorosa sensação de insegurança e de isolamento.
3. **O Vampiro Paranoico.** Uma característica importante deste estilo de vampiro é a suspeita e a desconfiança. Vampiros paranoicos costumam esperar o pior das pessoas. Costumam achar que estão fazendo planos contra eles, ou que os estão explorando. Excessivamente desconfiados e hostis, os vampiros paranoicos avaliam os outros em busca de sentidos ocultos por trás de seus comentários e ações. Guardam rancor e demoram para desculpar críticas ou erros, mesmo que insignificantes. Como sua paranoia consome imensas quantidades de energia, estão entre os vampiros psíquicos mais ativos. Geralmente, por trás de seus ataques vampíricos contra outras pessoas, há a intenção de controlar ou punir alguém. São rápidos para usar ataques vampíricos como vingança ou como contra-ataque a pessoas que os irritaram ou que, em sua opinião, trataram-nos mal. Embora sejam insensíveis aos problemas alheios, os vampiros para-

noicos costumam exagerar seus próprios problemas – que eles costumam descrever como "horríveis".

4. **O Vampiro Antissocial.** O vampiro antissocial tem um longo histórico de desrespeito ou violação dos direitos alheios. Como grupo, não hesitam em usar ardis e manipulações para lograr êxito em suas metas vampíricas. Normalmente são homens que costumam violar regras, importunar e mentir. Irresponsáveis e sem percepção acurada, tendem a culpar os outros por seus problemas. Atritos com a lei não são incomuns entre os vampiros psíquicos antissociais mais avançados.
5. **O Vampiro Viciado.** Vampiros viciados costumam preocupar-se com a reativação de antigos episódios vampirescos e o planejamento de novas conquistas. No vampirismo como vício, a compulsão vampírica não tem por motivo apenas a necessidade urgente de energia, mas também o desafio e a excitação da conquista. De certo modo, são similares aos jogadores patológicos: começam cedo seus ataques, ou em períodos de stress excessivo – inclusive na crise da meia-idade – com o aumento progressivo na frequência dos episódios de ataques. Como no caso dos jogadores patológicos, a sensação de poder e de controle costuma acompanhar o vampiro viciado. O sexo como vício também aparece no estilo de vida desses vampiros. Como o vampiro viciado centraliza sua vida em torno de suas conquistas energéticas, o prognóstico para alguma mudança é muito ruim.
6. **O Vampiro Socializado.** Pelo menos superficialmente, o vampiro socializado mostra-se em flagrante contraste com a maioria das outras formas de vampirismo psíquico individual. Com traquejo social, os vampiros socializados quase sempre se apresentam como confiáveis, amistosos, cooperativos e responsáveis. Superficialmente, parecem respeitar os direitos, sentimentos e desejos dos outros, e normalmente demonstram compreender e apoiar as pessoas com quem se relacionam. Na maioria, parecem emocionalmente estáveis, e tendem a se adequar às normas sociais vigentes. No entanto, não relutam em se valer do sistema energético dos outros, drenando energias alheias. Como outros vampiros psíquicos, normalmente mostram-se defensivos quanto às suas tendências vampirescas. Tendem a minimizar a seriedade de suas conquistas como vampiros, justificando-as como simples encontros divertidos ou distrações inofensivas. Como seria de esperar, os vampiros socializados raramente se dispõem a buscar ajuda para mudar seu estilo de vida.

7. **O Vampiro do Ciberespaço.** A internet pode ser vista como um cano que une as pessoas, e, em algumas situações, o cano é usado para drenar energia. Vampiros do ciberespaço, como são chamados, normalmente são vampiros psíquicos socializados que procuram expandir suas conquistas vampirescas por meio da internet. A sala de bate-papo do ciberespaço proporciona um santuário seguro no qual vampiros psíquicos, caso queiram, podem se manter totalmente anônimos enquanto exercem seus impulsos vampirescos impunemente. Por incrível que pareça, porém, vampiros sofisticados do ciberespaço costumam dar pistas de sua identidade e motivação. Sabe-se, por exemplo, que usam nomes fictícios que começam com a letra *V*, como Vicente, Val, Vanessa, Vanda e até Vamp. O uso dessas pistas por experientes vampiros do ciberespaço sugere a necessidade de brincar com a revelação de sua natureza, talvez até para dar mais tempero às suas conquistas. No entanto, isoladamente, essas pistas não indicam vampirismo psíquico de modo conclusivo.
8. **O Vampiro Ambivalente.** Esta categoria compõe-se primariamente de vampiros inexperientes, inseguros e estressados. Com uma típica falta de autoconfiança, os vampiros ambivalentes esforçam-se por se libertar de uma compulsão que supera seu impulso de independência e autossuficiência. Receiam ser incapazes de funcionar sem a energia de apoio dos outros. Relutantes e geralmente com remorso, vampirizam suas vítimas porque não veem alternativas para satisfazer suas necessidades energéticas. O prognóstico para essa categoria de vampirismo é bastante bom.

Além de identificar estilos específicos de vampirismo psíquico, nossos estudos revelaram grandes diferenças no nível de percepção entre vampiros psíquicos e suas vítimas durante o ataque propriamente dito. Embora o episódio de vampirismo psíquico possa ocorrer de modo subconsciente, tanto para o vampiro quanto para a vítima, os vampiros psíquicos mais experientes encontrados em nosso estudo mostraram-se conscientes do processo de infusão de energia que, normalmente, foi iniciado por eles. Mesmo quando o ataque vampírico parece se dar sem nenhum esforço, o vampiro psíquico experiente esteve consciente do processo. A vítima atacada, por sua vez, normalmente não se mostra consciente do ataque vampírico senão após considerável perda de energia. Mesmo assim, muitas vítimas atribuem a fraqueza e desgaste resultantes a outros fatores, como stress, problemas de saúde e falta de descanso ou de sono.

Como grupo, os vampiros psíquicos de nossos estudos mostraram-se muito hábeis no uso de todas as opções disponíveis para iniciar e manter suas interações vampíricas individuais. Ironicamente, as energias que muitos deles gastam para satisfazer suas necessidades vampíricas poderia ser mais bem direcionada para o fortalecimento de seu sistema interno de energia, restaurando suas funções energéticas. Infelizmente, quase sempre os vampiros psíquicos são motivados por mais do que a mera necessidade de energia. Parece que, para muitos vampiros psíquicos experientes, o desafio e a excitação da conquista são tão importantes quanto as recompensas energéticas. Além disso, muitas estratégias vampíricas parecem se concentrar mais nas necessidades sociais do que na energia. O vampiro experiente, em especial, costuma ser hábil na manipulação da situação social, estabelecendo um relacionamento de confiança que aumenta a vulnerabilidade de sua presa almejada e cria o cenário para uma invasão sutil do sistema energético da vítima. Por incrível que possa parecer, diversos vampiros psíquicos encontrados em nossos estudos acreditavam que aumentavam seu status social valendo-se das energias de uma vítima de status superior.

Mas se muitos vampiros psíquicos parecem precisar tanto da interação social quanto da infusão de energia, outros vampiros demonstram pouco interesse por situações sociais. Eles admitem o uso das situações sociais como simples meio – seu objetivo principal não é socializar-se, mas vampirizar. Com efeito, eles podem escolher deixar de lado a interação social, ligando-se diretamente ao sistema energético de sua vítima. Uma vez ligados às suas vítimas, eles extraem sua energia de modo sutil e num ritmo quase imperceptível, até suas necessidades vampirescas serem satisfeitas. Às vezes, escolhem como vítimas pessoas absolutamente desconhecidas.

Normalmente, por trás do vampirismo individual avançado, encontramos uma evidente falta de consideração pelos direitos alheios, juntamente com a vontade de violar esses direitos. Muitos vampiros psíquicos inescrupulosos mostram um charme superficial, mas por trás disso tendem a ser rudes e arrogantes. Podem ser, ao mesmo tempo, atraentes, intrigantes e desconcertantes. A exploração e a falsidade são estratégias comuns. Perguntam, "O que posso obter com essa interação?", ou "Como posso usar essa interação em meu benefício?" Quando ajudam os outros, geralmente é porque esperam receber alguma coisa em troca. Geralmente, elogiam e encantam os outros para se promoverem. Podem chegar a se rebaixar para obter das pessoas alguma coisa. Superficialmente, parecem confiáveis e sinceros, mas por baixo da superfície são egocêntricos e pouco confiáveis. Quando é para obter algum proveito, não hesitam em trair os outros, uma característica encontrada em quase todos os vampiros psíquicos mais avançados.

Como seu foco primário está em si mesmos e em seus interesses, é extremamente difícil para os vampiros psíquicos estabelecerem e manterem relacionamentos duradouros. Como seu equivalente folclórico, suas necessidades vampíricas são uma força contra a qual eles têm pouco controle, ou nenhum. Se frustrados, ou diante de situações altamente ameaçadoras, podem ser intrometidos, indiferentes e, às vezes, perigosamente agressivos.

Vampiros psíquicos mais avançados do tipo individual, preocupados com suas próprias necessidades, não se mostram sensíveis às necessidades alheias. Geralmente, falta-lhes integridade, bem como valores espirituais, que para eles podem ser irracionais ou um sinal de fraqueza. Costumam ser instáveis, egocêntricos e prontos para mentir a fim de se proteger, obter favores ou progredir em suas atividades. Normalmente, não têm princípios e são imprevisíveis em seus esforços para satisfazer suas necessidades energéticas.

É comum um histórico de exploração sexual entre vampiros psíquicos mais experientes. Seus relacionamentos costumam incluir uma sucessão de parceiros sexuais que são vistos por eles como "objetos descartáveis". Um professor universitário admitiu que sentia um surto de rejuvenescimento graças às suas constantes relações sexuais com parceiras mais jovens, geralmente suas alunas.

O aumento temporário de energia vivenciado pelo vampiro psíquico durante um ataque muito severo pode resultar numa perda crítica de energia para a vítima vampirizada, esgotando gravemente a reserva normal de energia. Mais sério ainda é o fato de as funções autoenergizantes da vítima poderem ficar tão gravemente interrompidas que a recuperação espontânea torna-se difícil, aumentando assim a vulnerabilidade a ataques adicionais. Em casos com ataques repetitivos, o sistema energético interior da vítima pode sofrer danos estruturais suficientes para prejudicar sua capacidade de repor a energia perdida.

Nas vítimas, os primeiros sinais de ataque de um vampiro psíquico são, quase sempre, fraqueza e fadiga, as quais podem ser instantâneas ou aumentar gradualmente, dependendo da natureza do ataque. Não é à toa que as vítimas de um ataque grave costumam dizer que se sentiram "completamente esgotadas", mental e fisicamente. Entre outras reações físicas comuns, há a tontura, batimentos cardíacos irregulares, e às vezes enjoo. As vítimas costumam descrever suas reações como sendo semelhantes àquelas associadas à perda de sangue, vertigem, náusea ou sono irregular.

Embora os sintomas associados com um único ataque de vampiro sejam breves, tendem a persistir em situações envolvendo interações regulares com um vampiro psíquico ativo. Os efeitos desgastantes de ataques repetitivos podem incluir ansiedade e depressão graves. Sintomas comuns incluem perturbação do sono, dificuldade de concentração, esquecimentos, irritabilidade, sensação de se estar no limite e perda de interesse pelas atividades cotidianas.

Dependendo da gravidade do ataque, as vítimas de um ataque de vampiros psíquicos costumam sentir-se violadas durante e logo após o evento. É interessante observar que as mulheres que são vítimas de vampiros do sexo masculino sentem um leve odor semelhante a água sanitária ou a cebolas logo antes e durante o ataque – um fenômeno que poderia estar relacionado com a ideia folclórica do alho como repelente de vampiros. Em contraste, homens que são vítimas de vampiros do sexo masculino costumam sentir um odor que descrevem como de "mofo" ou "bolor". Tanto homens como mulheres que são vítimas de ataques psíquicos de vampiras, por outro lado, dizem sentir um leve aroma de menta. Em nossos estudos, vítimas masculinas e femininas de ataques psíquicos muito graves costumam relatar boca seca e um gosto que descreveram como "amargo". Entre outras reações físicas associadas com um ataque muito intenso, temos formigamento, breves zumbidos nos ouvidos e rosto e pescoço vermelhos, para listar apenas alguns. Embora tais sintomas sejam fortes indícios de episódio de vampirismo psíquico, nenhum deles, isoladamente, indica um ataque de vampiro psíquico pendente ou em curso.

Nossos estudos mostraram que a maioria dos vampiros psíquicos experientes prefere uma posição próxima e frontal para seus ataques, normalmente focalizando a região do plexo solar da vítima. Decorre disso que, ciente de um possível ataque, a vítima em potencial poderia evitar a "mordedura" do ataque vampírico virando-se e se afastando. Embora a mera distância espacial não proporcione proteção completa, pode limitar a gravidade do ataque. Mais adiante, vamos discutir certas estratégias infalíveis que, com a prática, oferecem proteção plena, mesmo quando a fuga não é uma opção.

Os episódios de vampirismo psíquico costumam acontecer espontaneamente, sem que o vampiro ou a vítima tenham consciência do ataque, particularmente quando ele é suave e a quantidade de energia transferida é mínima. Mesmo quando a perda de energia é substancial, o conceito de vampirismo psíquico não é, via de regra, tão conhecido pela vítima quanto o é pelo vampiro. Sem conhecer o fenômeno, a vítima acaba procurando outras explicações plausíveis para os efeitos do ataque. O vampiro psíquico, nessas situações espontâneas, pode até presumir que as interações são mutuamente recompensadoras. O vampiro alienado pode atribuir o novo surto de energia após um ataque a uma interação social agradável, enquanto a vítima, sem suspeitar de nada, pode atribuir a perda de energia a uma interação anódina, entediante ou tola. Mesmo quando o conceito de vampirismo psíquico é do conhecimento do vampiro e da vítima, o vampiro pode negar qualquer tendência vampiresca pessoal; a vítima, por sua vez, pode negar qualquer noção de vulnerabilidade pessoal. Seja espontâneo, seja deliberado, consciente ou inconsciente, o episódio do vampiro psíquico é sempre unilateral, e o vampiro se beneficia da experiência à custa da vítima vampirizada.

Ao estudar o vampirismo individual, fiquei particularmente interessado em isolar algumas das estratégias usadas por vampiros psíquicos experientes para iniciar e manter propositalmente seus episódios de ataques. Aparentemente motivado pela baixa energia e por um sistema energético deficiente, os vampiros psíquicos de nosso estudo costumam procurar, sem sucesso, maneiras práticas de atender às suas carências energéticas. Seja homem, seja mulher, acabam criando, geralmente por tentativa e erro, estratégias vampirescas que parecem adequadas para eles.

Embora não se deem conta, muitas das estratégias adquiridas por vampiros psíquicos altamente experientes, vistas em nossos estudos, também estavam sendo usadas por outros vampiros experientes. Suas estratégias foram particularmente similares no início dos primeiros ataques. Aparentemente, os ataques posteriores à mesma vítima exigiram menos esforços. Descobrimos que o vampiro experiente costuma orquestrar o ataque por meio da intenção mental de extrair energias de uma vítima selecionada, seguido de esforços para controlar a distância espacial. Embora não seja necessário o contato físico, uma distância espacial reduzida entre vampiro e vítima parece facilitar o ataque. Em reuniões sociais, o vampiro experiente costuma identificar uma vítima, aproximar-se lentamente e depois virar brevemente de lado antes de se aproximar ainda mais para o ataque vampírico em si, um processo tão comum que nós lhe demos o nome de manobra vampiresca preliminar.

Para nossa surpresa, em nossos estudos, vampiros psíquicos experientes costumam lançar energia para suas vítimas-alvo pouco antes do ataque em si. Isso pode ajudar a explicar o surto de energia que costuma ser sentido por vítimas de ataques pouco antes de surgirem a fadiga e outros sintomas. Sentindo-se bem e à vontade, a vítima fica desguarnecida e por isso mais vulnerável ao ataque que se seguirá. Embora as técnicas de energização usadas pelos vampiros antes de um ataque não sejam bem conhecidas, geralmente envolvem o esforço de conexão mental com a vítima em potencial. Estratégias comuns incluem um sorriso desconcertante, interação verbal positiva, rápido contato visual e, se conveniente, um leve contato físico, particularmente quando o alvo desejado é do sexo oposto. Em discussões em grupo, os vampiros psíquicos mais experientes de nosso estudo mencionaram a expressão *preliminares de vampiro* para descrever o processo que reduz a resistência e ativa o evento vampiresco.

Muitos dos vampiros experientes de nossos estudos viam o ataque vampírico como um processo energético que pode ser iniciado pela simples permissão ou "concessão" da vítima. Para facilitar o processo de transferência de energia, eles costumam visualizar um canal que os une à vítima. Geralmente, mantêm a infusão de energia até esta atingir o pico, ou até a energia da vítima chegar a um nível criticamente baixo. Eles tomam cuidado para não esgotar o suprimento energético da vítima, o que pode prejudicar interações futuras. Uma vez iniciado, o ataque dura entre poucos segundos a vários minutos. Normalmente, ele termina graças à mesma estratégia que o iniciou – a intenção mental.

Reunidas, essas descobertas sugerem uma importante função de sobrevivência do sistema energético humano. Privado de recursos essenciais, o sistema energético interior da pessoa busca outras opções de sobrevivência. Em vez de corrigirem seu deficiente sistema energético interior, os vampiros psíquicos recorrem a fontes de energia externa – os sistemas energéticos de suas vítimas. Essa solução paliativa é temporária, naturalmente. Não só não corrige o sistema energético do vampiro, como prejudica o processo de crescimento, e, ao mesmo tempo, interfere seriamente no bem-estar da vítima escolhida.

Vampirismo em Geral versus Vampirismo em Casais

Como indicado pelos Questionários Interativos I e II, apresentados anteriormente, o vampirismo individual ocorre em duas formas principais, dependendo da vítima designada. A primeira forma, que vamos chamar de *geral*, seleciona vítimas em meio à população em geral, enquanto a segunda forma, que chamamos de *casais*, seleciona vítimas que são parceiros num relacionamento em andamento.

Em sua forma geral, o vampirismo psíquico pode envolver considerável complexidade. Exceto após um longo período de privação energética, vampiros e vampiras tendem a ser seletivos na escolha de suas vítimas. Enquanto vampiros experientes costumam escolher vítimas do sexo oposto, vampiras experientes tendem a selecionar tanto homens como mulheres, mas só se tais vítimas forem consideradas pessoas receptivas. Vampiros inexperientes de ambos os sexos, porém, tendem a buscar homens ou mulheres vistos como receptivos ou vulneráveis. É muito raro os vampiros psíquicos se valerem de crianças como vítimas.

Segundo nossos estudos, vampiros psíquicos experientes costumam desenvolver um padrão fixo de preferências ao escolherem suas vítimas. Embora haja muitas exceções, os homens geralmente selecionam vítimas um pouco mais jovens do que eles mesmos, e as mulheres tendem a escolher vítimas de sua própria faixa etária ou um pouco mais velhas. Entre os homens, em especial, o processo de seleção parece ser fortemente influenciado pelos atrativos físicos da vítima em potencial. Muitos desenvolvem uma preferência por vítimas com determinada característica física, das quais a cor do cabelo tem particular importância para os homens. No que diz respeito ao vampirismo, os homens realmente preferem as loiras.* No caso das vampiras, a altura de suas vítimas do sexo masculino parece ser levada em consideração. Comparadas com os vampiros, porém, as vampiras tendem a ser mais flexíveis e variadas em sua seleção de vítimas, com a seleção baseada numa combinação de características e não apenas numa única.

Nossos estudos de casos de vampiros psíquicos ativos indicam que modelos parentais costumam influenciar o processo de seleção da vítima. Uma vampira que estudamos, por exemplo, alegava que suas "conquistas" vampirescas, como ela as chamava, eram limitadas a homens que, segundo dizia, tinham cabelos grisalhos. Noutro caso, um vampiro, segundo seu relato, selecionava apenas mulheres altas e assertivas. Descobrimos que sua mãe era tanto mais alta quanto mais assertiva do que seu pai. Essas observações, embora específicas do vampirismo psíquico, refletem a importância, a longo prazo, do relacionamento entre progenitores e filhos, juntamente com a possibilidade de questões edipianas não resolvidas.

Em contraste com o vampirismo em geral, o vampirismo em casais ocorre entre os parceiros num relacionamento. O vampirismo em casais pode ocorrer no início do relacionamento, como parte da interação, ou em qualquer momento posterior. Mesmo quando começa mais tarde, sinais de vampirismo psíquico já eram evidentes nos primeiros estágios do relacionamento. Eis alguns tipos de relacionamento entre parceiros que são particularmente sujeitos, se não fadados, ao vampirismo psíquico.

---

* Referência ao filme *Os homens preferem as loiras*, musical de 1953 com Marilyn Monroe no principal papel feminino (N. do T.).

O Relacionamento Dependente. Neste relacionamento, um parceiro é emocionalmente inseguro e muito dependente do outro. Nesse contexto, o parceiro dependente costuma se comportar de forma excessivamente protetora ou possessiva a fim de manter o relacionamento. O parceiro dependente e superprotetor, sem querer, prepara o cenário para o vampirismo psíquico, tornando-se uma vítima voluntária e reforçando as primeiras manifestações de vampirismo no relacionamento. Por outro lado, esse parceiro dependente e excessivamente possessivo costuma tornar-se o vampiro do tipo "unha-de-gato", como uma erva trepadeira que se aferra ao parceiro e cujas estratégias sufocantes drenam energia do parceiro mais seguro e sugam a vitalidade do relacionamento. Qualquer um desses relacionamentos com dependência unilateral predispõe ao vampirismo psíquico desde o início.

O Relacionamento Codependente. Infelizmente, este é um padrão comum nos relacionamentos de casais em que ambos os parceiros dependem excessivamente um do outro. Esse relacionamento patológico é mantido enquanto as necessidades pouco salutares de dependência dos dois parceiros forem, até certo ponto, satisfeitas. Não é incomum que relacionamentos codependentes sejam especialmente propensos ao vampirismo psíquico, pois a dinâmica subjacente é bem similar em ambos os casos. Com efeito, o relacionamento codependente pode ser entendido como o cenário ideal para o desenvolvimento do vampirismo codependente, no qual os parceiros não só tiram energia um do outro, como também do próprio relacionamento. Nos primeiros estágios do vampirismo codependente, a vítima costuma ser aquele que cede primeiro sua energia voluntariamente ao parceiro dependente, mas esses papéis são trocados em pouco tempo e ambos os parceiros tiram energia um do outro, possivelmente por causa do desgaste que o relacionamento provoca no sistema energético de cada um deles. Apesar dos efeitos devastadores do vampirismo codependente, os parceiros tendem a caracterizar a interação vampiresca como um "relacionamento amoroso", e por isso hesitam em modificá-lo ou em encerrá-lo.

O Relacionamento Abusivo. Relacionamentos abusivos entre parceiros proporcionam terreno fértil para o surgimento de vampiros psíquicos. Como muitos vampiros psíquicos, aquele que abusa ou maltrata o outro, seja homem ou mulher, não leva em conta os sentimentos, direitos e desejos do parceiro que sofre os abusos. Nos relacionamentos abusivos, os vampiros costumam mostrar-se arrogantes e manipuladores, sendo o domínio sobre o parceiro sua meta principal. Demonstram pouco ou nenhum remorso por seu comportamento abusivo – pelo contrário, costumam culpar suas vítimas, alegando que receberam o que mereciam. Geralmente, são insensíveis, agressivos e extremamente irresponsáveis. Sua preocupação primária é "quem mais interessa", ou seja, eles mesmos. Paradoxalmente, em relacionamentos abusivos os vampiros apresentam um histórico em que foram vítimas de abusos e podem até ter sido vítimas de vampirismo psíquico.

O Relacionamento "Perfeito". Outro padrão de relacionamento particularmente vulnerável ao vampirismo psíquico é o chamado "relacionamento perfeito", no qual os parceiros negam que haja qualquer falha no relacionamento. Como "parceiros perfeitos", eles suprimem seus sentimentos negativos e produzem uma fachada de perfeição no relacionamento. Exauridos pelas exigências de serem companheiros "perfeitos" e mantendo o tênue verniz que mantém o relacionamento em ação, os parceiros voltam-se curiosamente para o vampirismo mútuo, no qual drenam energias um do outro. Cada parceiro torna-se, ao mesmo tempo, vampiro e vítima. Ironicamente, quanto mais eles tentam manter o relacionamento "perfeito", mais o relacionamento se enfraquece. Tornam-se cada vez mais irracionais em suas crenças sobre o relacionamento – *preciso manter o relacionamento perfeito; preciso fazer o que for necessário para manter este relacionamento perfeito; pertenço totalmente a meu parceiro; não sou nada sem meu parceiro; meu parceiro é perfeito em tudo, e por isso eu preciso ser perfeito; nada sou sem esse relacionamento.* A longo prazo, os esforços excessivos para preservar esse relacionamento acabam por impor um custo elevado, que pode incluir um enorme stress e uma série de problemas físicos. Não é à toa que a maioria dos relacionamentos "perfeitos" acaba se autodestruindo.

O Relacionamento Competitivo. Geralmente, estes relacionamentos são formados com base nas necessidades egoicas de sucesso, reconhecimento, status e riqueza dos parceiros. O relacionamento pode começar competitivo mas de maneira produtiva, com ambos os parceiros buscando independentemente importantes realizações pessoais ou profissionais. Mas o relacionamento pode ficar desnecessariamente estressante quando aumenta a lacuna entre os sucessos dos dois, especialmente em casais em que a mulher se realiza mais do que o homem, que se mostra inseguro. Com a deterioração do relacionamento, os dois parceiros podem passar por conflitos, culpa, frustração, insegurança e vulnerabilidade – todas estas, condições seminais para o vampirismo psíquico. Com o enfraquecimento do relacionamento, o parceiro menos destacado acaba se valendo do sistema energético do parceiro realizado. Embora os resultados de tal interação vampiresca possam ser temporariamente fortalecedores para o parceiro inseguro, isso pode significar um desastre para o relacionamento. O parceiro realizado, que costuma sentir a natureza vampiresca da interação, começa a ver que o relacionamento não é mais viável, ou, pior ainda, é obstrutivo. Surge um padrão de ressentimento de ambos os lados, que aumenta o vampirismo do relacionamento. Na falta de intervenção, o relacionamento ameaçado pode enfraquecer ainda mais, acabando por desmoronar.

O Relacionamento Arranjado. Relacionamentos propositalmente arranjados costumam basear-se em certos fatores situacionais, que podem incluir conveniência e considerações econômicas. Por exemplo, pode ser financeiramente viável repartir um apartamento com um colega, ou, noutro nível, formar uma parceria para criar uma empresa. Embora o relacionamento arranjado possa ser produtivo e compensador, ele pode se deteriorar, especialmente se as expectativas dos parceiros não se concretizarem ou se os esforços forem conflitantes. Quando o relacionamento arranjado fica tenso, geralmente surge um padrão de dominação vampiresca, no qual qualquer dos parceiros pode assumir o papel ativo de vampiro psíquico. O parceiro mais dominador pode drenar as energias do parceiro menos dominador como demonstração de poder, ou, por outro lado, o parceiro menos dominador pode assumir o papel de vampiro como forma de compensação da falta de controle no relacionamento. Sensações como ressentimento, sufocação e medo de perda pessoal costumam ativar a interação vampiresca. Quando o vampirismo psíquico entra no cenário, o relacionamento costuma se tornar cada vez mais tenso, até terminar.

Estes são apenas alguns exemplos de situações em que há vulnerabilidade ao vampirismo psíquico. No entanto, é importante perceber que relacionamentos sociais produtivos, seja entre parceiros, seja com pessoas em geral, são vitais, pois preenchem uma série de necessidades sociais e enriquecem a qualidade da vida. Podem fortalecer nossa capacidade de tolerância, conduzir a melhoria na autoestima e reduzir a depressão e a ansiedade. Podem acrescentar significado à nossa existência e ajudar-nos a enfrentar os desafios da vida cotidiana. O vampirismo psíquico, por outro lado, é nocivo e potencialmente devastador para qualquer relacionamento. Pode enfraquecer o relacionamento e acabar retirando dele sua vitalidade e significado.

Por incrível que possa parecer à primeira vista, o vampirismo psíquico pode acontecer até num relacionamento entre almas gêmeas, considerado a forma mais elevada de interação entre duas pessoas. Descrito às vezes como destino, um relacionamento entre almas gêmeas caracteriza-se por uma sensação de continuidade relacional na qual relacionamentos muito significativos de vidas passadas continuam além da morte e tornam a surgir em vidas futuras. Ironicamente, a natureza duradoura do relacionamento entre almas gêmeas, juntamente com a proximidade obrigatória entre essas almas (que às vezes é descrita como "estado de unidade"), pode gerar expectativas pouco realistas e certa vulnerabilidade no relacionamento. A meta de cada vida, para todos nós, é crescimento e mudança. Embora o relacionamento entre almas gêmeas possa, a longo prazo, promover crescimento e proporcionar certo conforto e estabilidade, também pode fomentar a exploração e limitar as opções de crescimento que poderiam surgir por meio de outros relacionamentos. A sensação de limitação, para não dizer de aprisionamento, pode surgir e dar margem a ressentimentos, o que pode privar o relacionamento de sua vitalidade. Infelizmente, almas gêmeas que são parceiras há muito tempo costumam ter pouca experiência em lidar com a deterioração do relacionamento. Quando começam a se distanciar, o parceiro menos seguro tende a se prender possessivamente ao sistema energético do parceiro que se afasta, num esforço de restabelecer a interação antiga. A possessividade que resulta do medo do abandono num relacionamento entre almas gêmeas é o primeiro sintoma do vampirismo psíquico. A menos que seja controlada, a possessividade pode se tornar o golpe fatal em qualquer relacionamento.

É espantoso, mas o vampirismo psíquico entre parceiros pode envolver o consentimento mútuo de ambos, um fenômeno chamado *vampirismo consensual*. Essa forma de vampirismo interativo costuma ser vista no frágil relacionamento romântico que envolve um parceiro dominante (e às vezes dominador), que assume o papel de vampiro, e um parceiro mais fraco, que se dispõe a ser a vítima, geralmente num esforço bizarro para fortalecer ou salvar o relacionamento. O parceiro vampiro, por sua vez, costuma racionalizar a interação como algo "mutuamente gratificante".

Entre casais mais jovens de vampiros consensuais, incluindo aqueles encontrados na população universitária, geralmente o vampiro é o homem; em casais de vampiros consensuais mais velhos, normalmente o vampiro é a mulher. Essas descobertas podem ser explicadas por duas perspectivas, pelo menos: uma baseia-se nas tendências relacionadas com a idade, e outra nas expectativas quanto aos papéis. Apoiando a perspectiva da idade, nossos estudos encontraram importantes diferenças de idade em tendências vampirescas de homens e mulheres, com homens mais jovens e mulheres mais velhas mostrando-se mais propensos ao vampirismo psíquico do que mulheres mais jovens e homens mais velhos. Do ponto de vista da expectativa de papéis, podemos presumir que homens mais jovens e mulheres mais velhas sejam mais assertivos na expressão de tendências vampirescas do que homens mais velhos e mulheres mais jovens. Com base nessas explicações, o vampirismo romântico envolvendo uma mulher mais velha e um homem bem mais jovem provavelmente seria bastante competitivo, por causa de sua mútua assertividade na expressão das tendências vampirescas. Em última análise, o parceiro mais velho, seja homem, seja mulher, tem maior probabilidade de assumir o papel assertivo de vampiro psíquico.

Um comentário interessante: nossos estudos de diferença de idade em casamentos mostraram que homens e mulheres mais velhos (com 40 anos ou mais) que têm parceiros bem mais jovens costumam dizer que se rejuvenesceram graças ao relacionamento conjugal. A apoiar essa afirmação, algumas pesquisas mostram que homens ou mulheres mais velhos que se casam com parceiros mais jovens têm expectativa de vida mais longa. Essas descobertas podem sugerir que homens e mulheres mais velhos, que buscam relacionamentos longos com parceiros bem mais jovens, são motivados pelo impulso vampiresco de se valer da energia jovial de seus parceiros. Ao contrário do parceiro vampiro mais velho nesses relacionamentos com diferença de idade, a vítima (vampiro mais jovem) não tem vida mais longa do que o normal. Em resumo, podemos concluir, com certa cautela, que interações vampirescas de longa duração em casais com diferença de idade podem rejuvenescer, mas apenas o parceiro vampiro mais velho. Não deve surpreender, pois, que os relacionamentos de vampiros psíquicos sempre têm suas complicações. Relacionamentos vampirescos envolvendo diferença significativa de idade são particularmente frágeis, e raramente duram.

Embora o vampirismo psíquico individual seja comum, é pouco conhecido, ou, se conhecido, é mal compreendido por profissionais da área de saúde. Por isso, os sintomas do vampirismo psíquico, sejam do vampiro, sejam da vítima, quase nunca são identificados no ambiente clínico como tendo origem no vampirismo. Numa pesquisa recente realizada pelo autor com 82 profissionais da área de saúde, inclusive psicólogos clínicos, conselheiros, assistentes sociais e médicos no sudeste dos Estados Unidos, apenas oito conheciam a expressão *vampiro psíquico*, e apenas um (um psicólogo clínico) disse ter tratado de uma vítima de vampirismo psíquico. Nesse caso, a paciente já tinha um diagnóstico de seu estado antes de procurar a terapia; e o tratamento psicológico consistiu basicamente em uma terapia apetecível, destinada a ajudá-la a se sentir melhor. Nenhum dos profissionais pesquisados disse ter tratado de um vampiro psíquico, e nenhum recebeu treinamento para diagnosticar ou tratar de vampirismo psíquico. Excetuando-se os procedimentos de avaliação desenvolvidos em nossos laboratórios e apresentados neste livro, parece que não existe atualmente nenhum exame objetivo para medir o vampirismo psíquico.

Como a tendência ao vampirismo psíquico individual é muito comum, quase todos podem se beneficiar dos procedimentos destinados a combatê-lo e a proteger o sistema energético interior. Os dois procedimentos apresentados a seguir foram especificamente estruturados para essa importante meta. O primeiro procedimento concentra-se no fortalecimento do sistema energético individual, e o segundo procedimento focaliza o fortalecimento das interações com o universo superior. Os dois procedimentos são apropriados para vampirismo psíquico que envolva pessoas em geral ou casais em relacionamentos.

Procedimento de Ativação Energética

O Procedimento de Ativação Energética foi idealizado para promover um sistema energético interior plenamente funcional, que atenda a nossas necessidades mentais, físicas e espirituais. A natureza do sistema energético interior é considerada dinâmica e desenvolvimentista. O procedimento especifica técnicas mentais e físicas que não apenas reforçam as funções existentes do sistema, como também promovem o desenvolvimento contínuo do próprio sistema. Eis o procedimento.

Etapa 1. O Centro Interior de Energia. Lembre-se, você é uma entidade vital permanente, com um poderoso centro de energia dentro de você. Com os olhos fechados, visualize esse centro como o núcleo vibrante e luminoso de seu ser, com o poder de gerar e distribuir energia mental, física e espiritual. Pense em si mesmo, bem como em seu centro energético interior, como uma criação cósmica em constante evolução.

Etapa 2. O Poder da Consciência. Focalize sua consciência no brilhante núcleo de energia situado em seu plexo solar. Permita que as energias de sua percepção consciente se fundam suavemente com seu núcleo de energia interior e ativem seus poderes, gerando novas e abundantes energias. Sinta a força vibrante da energia acumulando-se em seu plexo solar e irradiando lentamente novas energias para cada célula e fibra de seu corpo.

Etapa 3. Toque de Energização. Coloque as pontas dos dedos das duas mãos sobre o núcleo de energia, na região de seu plexo solar, para estimular ainda mais o fluxo equilibrado de energia revitalizante ao longo do corpo. Mantendo esse toque, perceba a sensação de formigamento nas pontas dos dedos, uma manifestação da energia vital que flui de seu sistema central de energia e permeia todo o seu ser.

Etapa 4. Afirmação de Fortalecimento. Afirme: *Agora, tenho força em minha mente, corpo e espírito. Estou energizado, protegido e seguro. Estou forte para repelir o vampirismo psíquico ou qualquer outra ameaça a meu bem-estar.* Você pode acrescentar, em suas próprias palavras, outras afirmações específicas e relacionadas com suas metas pessoais ou sua presente situação de vida.

Etapa 5. Gesto de Fortalecimento. Quando desejar, use o toque energizador apresentado na Etapa 3 para ativar instantaneamente todos os efeitos de fortalecimento desse procedimento.

Em virtude dos efeitos fortalecedores desse procedimento sobre o sistema energético como um todo, ele possui uma gama quase ilimitada de aplicações para fortalecimento. Na minha atividade profissional, usei o procedimento com adaptações mínimas no tratamento de vítimas de vampiros psíquicos e dos próprios vampiros psíquicos. Praticando regularmente esse procedimento, as vítimas de vampiros psíquicos descobrem seu poder de afastar ataques sobre seu sistema energético, e os vampiros psíquicos descobrem sua capacidade de gerar a energia necessária para satisfazer suas próprias necessidades de energia, tornando desnecessário o vampirismo. Esse procedimento é especialmente efetivo se aplicado a relacionamentos entre parceiros com histórico de vampirismo psíquico.

Numa linha completamente diferente, esse procedimento foi bastante eficaz num ambiente universitário, usado, nesse caso, para melhorar o desempenho acadêmico. Revisando o procedimento para incluir afirmações específicas sobre suas metas acadêmicas, os estudantes universitários que o usaram regularmente aumentaram sensivelmente suas médias. O procedimento também foi eficiente no ambiente clínico, em especial em situações em que era necessário controlar alguma dor. Praticado regularmente, ele reduziu dores crônicas e, em alguns casos, extinguiu-as completamente. Qualquer que seja o ambiente onde é aplicado, o procedimento tende a produzir efeitos gerais de fortalecimento, inclusive (mas não limitados a) autoestima, uma postura mais otimista e interações sociais mais produtivas. Esses benefícios refletem a importância crítica de um sistema energético fortalecido e revitalizado.

Estratégia de Ativação das Antenas

Nossas mãos são mecanismos fundamentais para a interação com nosso ambiente físico. Por isso, não é à toa que alguns de nossos procedimentos de autofortalecimento mais eficientes usem as mãos como poderosos instrumentos de interação com outras dimensões da realidade. A Estratégia de Ativação das Antenas usa as mãos como antenas do corpo, com o poder de nos unir aos recursos mais ilimitados dos reinos superiores do poder. Parecida, de certo modo, com o Aperto de Mãos do Poder, tratado anteriormente neste livro, a Estratégia de Ativação das Antenas destina-se a fazer com que o sistema energético da pessoa atinja um estado de completa congruência com o sistema cósmico externo, de ilimitado poder. Nesse estado de unidade com o universo, temos pleno acesso aos ilimitados recursos dessa dimensão superior, que é sempre a perpétua força energética que sustenta nossa existência.

Como o Procedimento de Ativação Energética, esta estratégia é versátil e poderosa. É recomendada para a vítima (ou vítima em potencial) de vampirismo psíquico e para o vampiro psíquico que procura ser autossuficiente, libertando-se completamente do vampirismo. Na verdade, qualquer pessoa que praticar esse procedimento pode ser energizado e fortalecer-se. Todos podem se beneficiar de uma conexão mais próxima com a força criativa superior que permeia o universo, com sua complexa matriz de dimensões e planos. Entrando em sintonia com essa força e com o universo que recebe dela sua energia, podemos nos fortalecer, com ilimitadas possibilidades de crescimento e grandiosidade. O vampirismo não tem poder sobre nós quando estamos nesse estado supremo de unidade com nós mesmos e com o universo superior. Eis o procedimento.

Etapa 1. Percepção Interior. Com os olhos fechados, limpe a mente de quaisquer pensamentos ativos e depois volte sua atenção para seu interior. Focalize a região mais interna de seu corpo físico e pense nessa região como o núcleo energético de seu ser.

Etapa 2. Unidade Interior. Deixe seus pensamentos se mesclarem com esse núcleo interior de energia radiante até experimentar uma sensação de unidade com ele. Com sua percepção centralizada no núcleo de seu ser, deixe que as energias luminosas geradas nessa região se espalhem suavemente para fora, em todas as direções. Sinta as poderosas energias sendo absorvidas por todas as fibras de seu ser. Deixe-as se espalharem para fora, até você estar plenamente imbuído e envolvido por uma poderosa e revigorante energia. Perceba novamente aquela maravilhosa sensação de unidade interior.

Etapa 3. Irradiação Cósmica. Imaginando suas mãos como antenas do corpo, com poderosa capacidade de irradiação, vire as palmas das mãos para cima e permita que as energias do seu ser passem para o universo. Lembre-se de que seu sistema energético interior ficou mais forte pela simples geração e irradiação de energia. Ao enviar energia para fora, perceba como seus canais energéticos estão se limpando. Permita que os canais que antes estavam bloqueados e constritos se abram e fiquem plenamente funcionais. Com as mãos ainda para cima, perceba as sensações de calor e de formigamento nas palmas enquanto você envia sua poderosa energia para o universo.

Etapa 4. Contato Cósmico. Agora, você está em contato com o universo superior. Perceba a maravilhosa sensação de libertação de todas as suas preocupações. Enquanto a energia sai de seu ser, todos os problemas e tensões da vida parecem ficar bem distantes. Agora, você está fortalecido e com renovada confiança em si mesmo e em sua capacidade de ir além, tocando os distantes confins do universo.

Etapa 5. Recepção Cósmica. Com as palmas das mãos ainda para cima e com os mecanismos de irradiação plenamente funcionais, pense em suas mãos como poderosas antenas receptoras. Tendo enviado uma poderosa energia para o universo, agora você está pronto para receber. Todos os abundantes recursos do universo estão disponíveis para você poder enriquecer e fortalecer sua vida. Sinta a poderosa e vibrante energia cósmica que entra pelas palmas de suas mãos e interage com o sistema energético central no fundo do seu ser. Perceba a infusão pulsante de energia cósmica bem no centro do seu eu. Com a interação entre seu sistema energético interior e o universo, você se renova e se fortalece com a luminosa energia cósmica.

Etapa 6. Congruência Cósmica. Relaxe a mão e perceba o poder profundo que existe em você, bem como sua conexão com o universo superior.

Imagine que suas mãos representam dois sistemas energéticos – um dentro de você e outro no universo superior. Junte as mãos, palma com palma, como símbolo de congruência e da unidade dos dois sistemas. Mantendo as mãos na posição de prece, afirme: *Agora, estou plenamente sintonizado e equilibrado com o universo. Todo o meu ser está energizado e fortalecido. Todos os recursos de que preciso estão sob meu comando.*

Etapa 7. Gesto de Ativação das Antenas. A qualquer momento, você pode ter acesso a esses abundantes recursos energéticos, tanto em seu interior como no universo superior, simplesmente unindo as mãos, palma contra palma, e afirmando: *Estou plenamente energizado, sintonizado e equilibrado.* Usando esse simples gesto, você sentirá não só o poder de que precisa no momento, como também o bem-estar que sempre acompanha esse gesto.

Quase todos que usam essa estratégia experimentam, na mesma hora, um novo surto de energia e de poder. Após algumas sessões de treino usando o procedimento completo, você verá que o simples Gesto de Ativação das Antenas será suficiente para gerar um estado tranquilo de equilíbrio e unidade com o universo. Esse gesto pode ser usado em quase qualquer lugar para afastar a ameaça de vampirismos psíquicos ou de qualquer outra força negativa que ameace seu bem-estar.

Até vampiros psíquicos dizem ter êxito no uso da Estratégia de Ativação das Antenas para deixarem de lado suas tendências e formarem um forte sistema energético interior. Como veremos adiante neste livro, muitos vampiros psíquicos são pessoas insatisfeitas e com sentimento de culpa – eles procuram desesperadamente libertar-se do vampirismo que, em alguns casos, levou-os durante anos a dependerem dos sistemas energéticos dos outros. Para vampiros psíquicos ativos e motivados para superar sua compulsão, que solução poderia ser melhor do que a descoberta de ilimitados recursos energéticos, não só dentro de si mesmos como também no universo superior, apenas esperando para serem usados? Quando nos ligamos a essa combinação de recursos, as possibilidades são simplesmente ilimitadas. Vampiros psíquicos ativos, como outros que praticam o procedimento, quase sempre experimentam um novo surto de energia, muito além de qualquer coisa que poderiam imaginar. Com a prática regular do procedimento, em pouco tempo eles mesmos se tornam fortalecidos, autoenergizados e plenamente libertados.

Essa estratégia, não muito diferente de outros procedimentos apresentados neste livro, aplica-se a uma ampla gama de metas pessoais de fortalecimento. É especialmente eficaz como procedimento de apoio para eliminar hábitos indesejados, controlar o stress, superar fobias e lidar com a ansiedade e a depressão. Para estas e outras aplicações, a estratégia pode ser modificada facilmente a fim de incluir poderosas imagens relacionadas com metas, bem como afirmações relevantes.

Resumo

O vampirismo individual é um fenômeno comum, mas complexo, no qual o vampiro psíquico se vale dos recursos energéticos de uma vítima selecionada. Em muitas pesquisas, diversos participantes relataram encontros sociais com vampiros psíquicos que os deixaram fatigados e com pouca energia.

Neste capítulo, examinamos o mecanismo subjacente associado ao vampirismo psíquico individual, apresentando testes para a medição de tendências ao vampirismo psíquico envolvendo pessoas em geral e casais em relacionamentos. Examinamos as características pessoais associadas ao vampirismo psíquico individual e identificamos diversos estilos de vampiros psíquicos. Discutimos certos tipos de relacionamentos que parecem particularmente suscetíveis, se não fadados, ao vampirismo psíquico.

Por fim, oferecemos duas estratégias de fortalecimento, explicadas passo a passo, que são relevantes no caso do vampirismo individual. O Procedimento de Ativação Energética destina-se a promover um sistema energético interior mais funcional, além de promover o desenvolvimento contínuo do sistema por meio de certas técnicas mentais e físicas. A Estratégia de Ativação das Antenas destina-se a nos ligarmos aos reinos cósmicos de energia ilimitada, fazendo com que o sistema energético interior trabalhe em harmonia com o universo superior. As duas estratégias têm diversas aplicações. São procedimentos eficazes para fortalecimento e proteção para vítimas efetivas ou potenciais de vampiros psíquicos, e também são eficazes para vampiros psíquicos motivados para formar um forte sistema energético interior, suficiente para libertá-los do vampirismo psíquico.

CAPÍTULO 4

VAMPIRISMO PSÍQUICO E A AURA HUMANA

A AURA HUMANA é um complexo componente de um sistema energético maior. Como fenômeno energético exterior envolvendo o corpo físico, é uma manifestação visível do núcleo central do sistema energético, situado na região do plexo solar. Juntos, a aura visível e seu núcleo central constituem um sistema energético ligado à força vital cósmica, que sustenta nossa existência mental, física e espiritual.

Por diversas razões, a aura humana é importante para nosso estudo do vampirismo psíquico. Primeiro, a aura é um dom interativo vital, essencial para nossa evolução e bem-estar pessoal. Mental, física e espiritualmente, nós interagimos com nossa aura; esta, por sua vez, interage com outras auras humanas. Desprotegida, a aura fica altamente suscetível ao vampirismo psíquico; quando protegida e fortalecida, porém, é nossa primeira linha de defesa contra o vampirismo psíquico. Graças a anos de pesquisas, agora conhecemos o suficiente sobre a aura humana para maximizar suas funções e usá-la com eficiência, não apenas como escudo contra o vampirismo, mas como valioso recurso para o crescimento.

Neste capítulo, vamos explorar primeiro a natureza do sistema da aura humana e examinar sua importância para o vampirismo psíquico. Depois, vamos desenvolver modos de ver e de interpretar a aura. Finalmente, vamos apresentar maneiras de fortalecer a aura e de usá-la como recurso para nosso crescimento pessoal.

A Natureza do Sistema Áurico

Não há duas auras humanas exatamente iguais. A aura externa, juntamente com seu núcleo energético e seus componentes estruturais, é diferente em cada indivíduo. Mesmo no caso de gêmeos idênticos, cada sistema de aura é único em sua função e design cósmicos. Entre as características distintivas da aura humana, temos grandes variações na cor, brilho, aspectos estruturais, níveis de frequência e magnitude ou expansão, cada uma proporcionando pistas para o nível de desenvolvimento e funções da aura.

Por incrível que pareça, o sistema áurico humano proporciona um registro cósmico cumulativo de nossas vidas, desde o início da existência. Mesmo antes de nossa primeira encarnação, existíamos como entidade vital única, cujo destino era o crescimento e a grandiosidade. Nossas inúmeras existências passadas, e os intervalos de crescimento enquanto estivemos desencarnados entre uma vida e outra, estão registrados na aura como componentes de um projeto cósmico. Até o futuro está refletido na aura como possibilidade de crescimento. Como nosso vínculo com o universo, o sistema da aura é o veículo energético com o qual conseguimos ter acesso a todos os recursos ilimitados do cosmos e com isso realizar nosso mais elevado potencial.

A aura humana, como normalmente é vista, envolve todo o corpo e o envolve a uma distância que vai de poucos centímetros a alguns metros. Como se pode imaginar, porém, a energia da aura se estende até lugares muito distantes, possivelmente até o infinito. Se a aura é nosso contato com o universo, segue que seu alcance seria realmente ilimitado. Infelizmente, quase nunca ficamos em contato com o universo e suas poderosas frequências – condições que não só podem prejudicar as funções da aura, como aumentam nossa vulnerabilidade ao vampirismo psíquico.

As cores encontradas na aura humana podem incluir todas as variações do espectro de cores, mesmo aquelas invisíveis ao olho humano. Normalmente, a aura compõe-se de uma cor predominante e de algumas outras combinações de cores. A cor predominante costuma ser uma brilhante esfera energizada ou um halo de cor envolvendo o corpo todo. Ela pode aparecer, porém, como um corpo colorido, menos expansivo, situado em qualquer lugar da aura, como na parte superior. Ocasionalmente, a aura compõe-se de camadas de cor envolvendo o corpo todo, um fenômeno que às vezes é chamado de aura arco-íris. A brilhante aura arco-íris costuma ser bastante desenvolvida, sintonizada e equilibrada. É uma característica encontrada nas auras de líderes e de filantropos. Usando estratégias numerológicas para determinar a cor das auras de personagens históricos, nossos estudos descobriram que tanto George Washington como William Shakespeare tinham auras arco-íris (veja meu livro *Aura Energy for Health, Healing and Balance**). Embora o vampirismo psíquico possa acontecer com pessoas de auras de quase todas as cores ou combinações de cores, a luminosa aura arco-íris raramente é encontrada em vampiros psíquicos ativos.

As cores encontradas na aura humana, bem como o brilho da coloração, indicam certas características pessoais. O amarelo brilhante está associado a uma grande inteligência e a traquejo social, enquanto o amarelo opaco está associado a obstruções no funcionamento intelectual e social. O verde brilhante na aura está associado à energia da cura e à autorrealização; o verde opaco, por sua vez, está associado com doenças ou frustrações. Na aura, o rosa indica rejuvenescimento, sensibilidade e altruísmo; o púrpura sugere interesses abstratos ou filosóficos. O laranja costuma ser visto na aura de empreendedores e realizadores. O marrom na aura está associado a senso prático, estabilidade, independência e interesse pela vida ao ar livre. O azul brilhante está associado à tranquilidade e ao equilíbrio, e o azul opaco, à ansiedade e à depressão. A expressão inglesa "*I feel blue*" [literalmente, "Sinto-me azul", ou seja, deprimido] pode refletir a percepção intuitiva de que há uma energia azul opaca na aura – afinal, percebemos visualmente o mundo através da lente da aura que nos envolve.

Uma cor relativamente rara na aura, o vermelho, que costuma significar um intenso estado emocional, é particularmente relevante em nosso estudo do vampirismo psíquico. Lampejos vermelhos são comuns nas auras de vampiros psíquicos muito agressivos, especialmente antes ou durante um ataque. Como regra geral, as auras de vampiros psíquicos ativos são opacas ou de coloração baça, escura. Manchas de cor cinza esverdeada, normalmente considerada importante se vista em algum ponto da aura, são comuns nas auras de vampiros psíquicos plenamente desenvolvidos. São particularmente comuns na região abdominal ou torácica de vampiros psíquicos avançados.

Como a coloração, a constituição estrutural da aura varia muito de pessoa para pessoa. Como na cor, os padrões estruturais específicos de cada aura certamente representam características pessoais. Eis alguns exemplos de características estruturais e sua importância no vampirismo psíquico.

---

* *Energia da Aura: para a Saúde, a Cura e o Equilíbrio*, publicado pela Ed. Pensamento, SP, 2000.

Filamentos de energia, também chamados de *serpentinas*, são veios energéticos que costumam irradiar para fora, mas podem permear a aura. Como o sistema circulatório do corpo físico, são essenciais para que a aura saudável distribua energia por seu sistema. Quase sempre, há poucos filamentos de energia ativos na aura de vampiros psíquicos. Como veremos depois, procedimentos para fortalecimento da aura podem ser estruturados para abrir caminhos de energia bloqueados e promover o livre fluxo de energias vitais.

Aglomerações ou acúmulos de energia são redes entrelaçadas de energia que costumam ser encontradas nas regiões mais externas da aura. As aglomerações são concentrações de energia que atendem a necessidades energéticas específicas, como proteger ou energizar uma região específica da aura. A cor da aglomeração pode dar uma pista quanto a seu papel. Por exemplo, aglomerações de cor verde brilhante distribuem energia de cura, e aglomerações de cor rosa estão associadas ao rejuvenescimento. Embora aglomerações brilhantes de energia sejam comuns numa aura, raramente são vistas nas auras de vampiros psíquicos. Quando surgem aglomerações desbotadas ou escuras, especialmente dentro da aura contraída, quase sempre indicam vampirismo psíquico. Mais adiante, vamos explorar maneiras de adicionar aglomerações brilhantes de cor à aura.

Pontos brilhantes de energia na aura sugerem funções de fortalecimento muito especializadas, inclusive a presença de um guia ou entidade espiritual, especialmente quando aparece um ponto muito brilhante em algum lugar além da área de atividade normal da aura. Normalmente, quanto mais luminoso e maior o ponto, maior seu poder de fortalecimento. Nunca vi pontos de energia nas auras de vampiros psíquicos ativos. Ainda não foram desenvolvidas estratégias eficientes para introduzir pontos brilhantes de energia na aura.

Pontos escuros estão associados a alguma fraqueza da aura ou a um ferimento puntiforme resultante do ataque de um vampiro psíquico. Quando associados a um ataque de vampiro, pontos escuros costumam estar cercados por um desbotamento acinzentado, sugerindo uma deficiência energética local. Às vezes, pontos escuros acham-se rodeados por filamentos escuros, que podem ser filamentos deixados por algum vampiro psíquico após um ataque recente. Como resíduo de vampiros, esses filamentos escuros podem funcionar temporariamente como vírus vampiresco, que pode infiltrar-se pela aura toda e drenar ainda mais sua energia. Mais adiante, vamos discutir com detalhes o vírus vampiresco e formas de enfrentá-lo.

Vazios são regiões inativas da aura. Como um espaço desperdiçado, marcam uma aura lenta e vulnerável a ameaças externas, inclusive vampirismo psíquico. Vampiros psíquicos, juntamente com suas vítimas, costumam mostrar sérios vazios em suas auras. Ainda neste capítulo, vamos discutir maneiras de preencher vazios na aura.

Agitação é uma turbulência da aura. Acompanhada por descoloração, a agitação na aura sugere ansiedade, depressão ou medo; mas quando acompanhada por brilho, indica uma mobilização urgente dos recursos energéticos da aura para atender a uma situação particularmente importante. Quando pronto para atacar, o vampiro psíquico invariavelmente mostra uma agitação descolorida na aura. Estratégias eficientes, inclusive massagens na aura, foram desenvolvidas para aliviar agitações na aura e substituí-la por equilíbrio.

A simetria é caracterizada por uma distribuição equilibrada de energia pela aura. A aura simétrica sugere sintonia com o universo superior. Estratégias que geram simetria e sintonia na aura proporcionam uma excelente defesa contra o vampirismo psíquico.

Fissuras são lascas ou rasgos irregulares na aura. Quando cercados por uma descoloração baça, podem ser o resultado de abusos ou de traumas psíquicos. As fissuras são comuns nas auras de vampiros psíquicos. Às vezes, são vistas nas auras das vítimas de algum ataque recente de vampiro psíquico.

Tentáculos são prolongamentos escuros e pontiagudos que se estendem para além dos limites externos normais da aura. Este padrão é, quase sempre, encontrado nas auras de vampiros psíquicos ativos. Os tentáculos de vampiros são elásticos e podem se estender até distâncias consideráveis, perfurando a aura de uma vítima e sugando sua energia. Ataques com tentáculos de vampiros psíquicos podem causar sérios danos à aura da vítima, inclusive ferimentos puntiformes e lacerações profundas. Os tentáculos de vampiros são visíveis mediante certas estratégias de visualização da aura, bem como por procedimentos eletrofotográficos, como veremos depois.

Arcos são raios brilhantes de energia que unem duas auras. Diferentemente dos tentáculos que invadem outras auras, os arcos indicam interações energéticas positivas. Costumam ser encontrados nas auras de casais cujo relacionamento é gratificante. Os arcos também são vistos durante curas psíquicas como veículos para a transferência de energia curativa de uma aura para outra.

Halos são perímetros reluzentes de energia envolvendo a aura toda. Como esfera envolvente e luminosa de intensa energia, o halo é uma de nossas melhores proteções contra invasões de vampiros psíquicos. O Procedimento de Entrelaçamento dos Dedos, de que falaremos depois, é um dos melhores procedimentos conhecidos para se erguer instantaneamente um halo protetor de energia em volta da aura. Dominado o procedimento completo, o simples gesto de entrelaçamento dos dedos pode ser usado praticamente em qualquer lugar para impedir um ataque de vampiros ou para encerrar o ataque enquanto ele está acontecendo.

Formas simétricas de energia são concentrações luminosas de energia em diversas formas simétricas, normalmente encontradas nas regiões superiores da aura. Formas simétricas na aura geram poderosas energias, capazes de promover um saudável crescimento mental e espiritual. Entre as formas mais comuns, vemos globos e pirâmides luminosas. Globos verdes brilhantes, que, segundo se acredita, geram energias curativas, costumam ser vistos nas auras de profissionais da área de saúde e em curadores psíquicos talentosos. A pirâmide está associada ao discernimento psíquico e à sintonia cósmica. Raramente se veem formas simétricas de energia nas auras de vampiros psíquicos ativos.

Fotografia da Aura

Entre as importantes referências no estudo da aura humana, temos as contribuições pioneiras dos cientistas russos Semyon e Valentina Kirlian. Seu processo eletrofotográfico conhecido como *fotografia Kirlian* ou *descarga coronal* foi recebido por muitos cientistas como um modo de se ver o invisível, uma janela para o desconhecido. Diversos cientistas americanos concluíram que os Kirlians tinham fotografado uma energia vital, apresentando com isso uma abordagem totalmente nova para a exploração do sistema energético humano.

Inspirados pelos estudos Kirlian, minhas pesquisas com a bioeletrografia* incluíram estudos controlados em laboratório, custeados pelo Exército

* Expressão consagrada no meio parapsicológico (N. do T.).

dos Estados Unidos, pela Parapsychology Foundation de Nova York e por diversas fontes particulares. Iniciados em 1976 na Athens State University, meus primeiros estudos da aura concentraram-se basicamente nos padrões de raios corona que cercam a ponta do dedo indicador direito. Embora haja atualmente outros procedimentos muito úteis para se fotografar a aura, limitando minhas primeiras pesquisas a registros fotográficos da ponta do dedo indicador direito eu pude me valer de uma condição experimental na qual introduzi controles apropriados. O dispositivo experimental incluía um aparato para controle de pressão e orientação do dedo, que projetamos exclusivamente para nossos estudos (ver Figura 1, abaixo). O aparelho foi importante porque proporcionou um controle constante da orientação do dedo e da pressão aplicada pela ponta do dedo ao filme durante a foto.

Com esses controles aplicados, as fotos propiciaram um panorama abrangente da aura que envolve a ponta dos dedos. Fotos da ponta dos dedos dos mesmos indivíduos tiradas ao longo de um extenso período de tempo mostraram grande consistência nos padrões de auras, incluindo, mas não se limitando a, características como vazios, filamentos, fissuras e aglomerações. Como o padrão da aura ao redor da ponta do dedo de uma pessoa é um fenômeno relativamente estável, chamamo-la de *assinatura áurica* da pessoa.

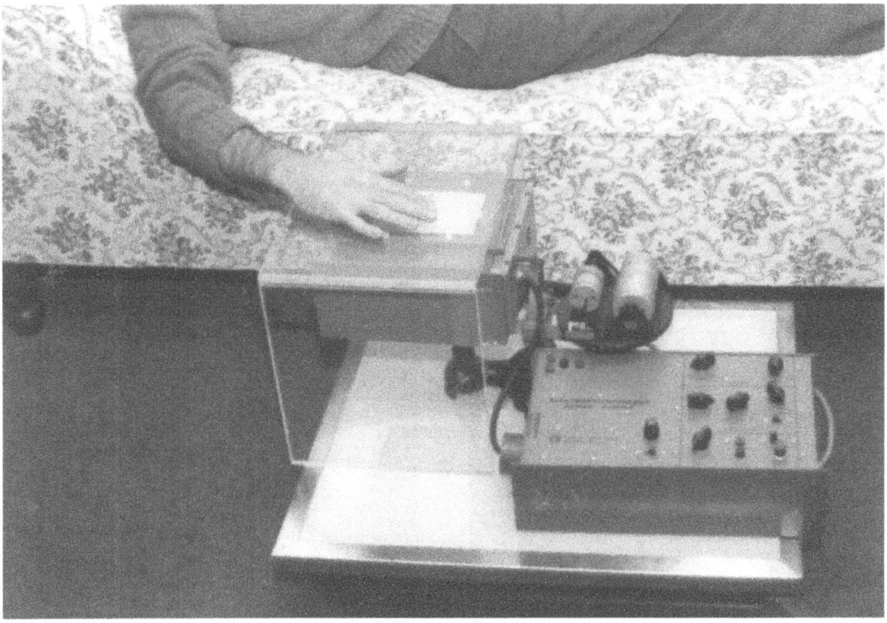

Figura 1. Equipamento experimental para fotografar a aura.

Tão profunda quanto o padrão estável de aura encontrado em fotos da ponta do dedo de um indivíduo foi a descoberta de que a assinatura áurica vista nas fotos da ponta do dedo indicador direito é razoavelmente representativa da aura da pessoa como um todo, uma conclusão baseada na comparação entre fotos da ponta do dedo do indivíduo e o resultado da observação da aura completa, feita por especialistas treinados. Por exemplo, quando aglomerações e vazios eram encontrados nas fotos da ponta do dedo, também estavam presentes na aura como um todo. Se pararmos para pensar que os dedos são antenas do corpo, a forte semelhança entre os padrões da aura na ponta do dedo e na aura como um todo fica bastante plausível.

O Vampirismo Psíquico e a Aura

O resultado fotográfico dessas primeiras pesquisas incluiu diversas descobertas importantes sobre o vampirismo psíquico. Como estratégia de pesquisa, a fotografia da aura oferece um procedimento conveniente e objetivo para a identificação do vampirismo psíquico e a avaliação dos efeitos de procedimentos destinados a proteger e a fortalecer a aura, como discutiremos logo adiante neste capítulo.

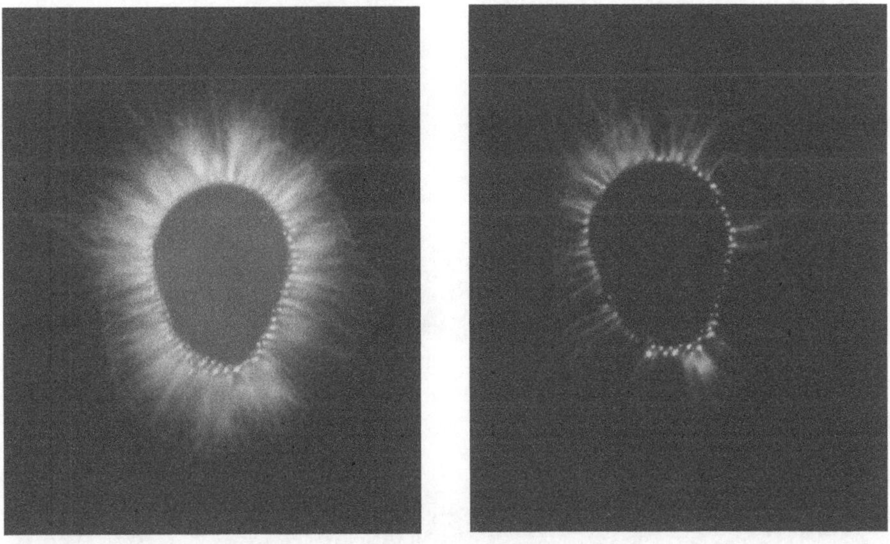

Figura 2. Aura expansiva (esquerda) *versus* constritiva (direita).

Uma das características mais comuns do vampirismo psíquico é a aura gravemente contraída (ver Figura 2 na página anterior). Entre os indivíduos que mostraram sérias tendências ao vampirismo nos questionários interativos tratados no capítulo anterior, o padrão fotográfico ao redor da ponta do dedo quase sempre mostrou uma aura seriamente contraída. A aura contraída sugere uma deficiência de recursos energéticos, bem como um sistema energético interno subdesenvolvido, ambos fatores que predispõem ao vampirismo psíquico.

Outra característica comumente associada ao vampirismo psíquico é o fenômeno da sombra-vampiro (ver Figura 3, abaixo). Esse padrão se caracteriza por uma região externa sombria envolvendo a aura, acompanhada por tentáculos anormalmente longos que se estendem além do limite normal da aura. Como disse, a aura ao redor da ponta do dedo proporciona um perfil bastante confiável da aura como um todo. Por isso, não é de surpreender que, quando surge um padrão constrito ou o fenômeno da sombra-vampiro em fotos da ponta do dedo, quase sempre ela está presente na aura como um todo.

Embora os tentáculos do vampiro funcionem basicamente para sugar energia da vítima, eles podem causar sérios danos à aura. Durante o ataque do vampiro psíquico, podemos observar tentáculos interagindo com a aura da vítima, perfurando-a ou aferrando-se a ela, às vezes desde consideráveis distâncias. Quando tentáculos interagem com a aura da vítima, parecem absorver a sua energia; mas quando penetram a aura, esgotam rapidamente suas energias. A penetração de um tentáculo costuma causar um ferimento puntiforme escuro na aura, e uma saliência do tentáculo causa rasgos sérios e desiguais ou fissuras de onde vazam energias da aura. Rasgos na aura estão associados a ataques vampirescos muito agressivos, com a intenção de causar danos.

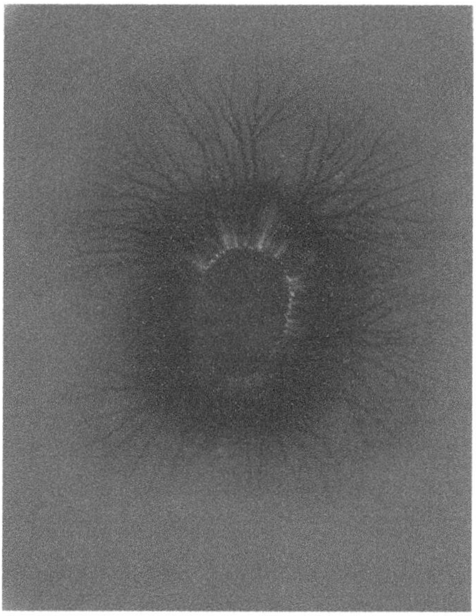

Figura 3. O fenômeno da sombra-vampiro.

Muitas vítimas de ataques puntiformes de vampiros à aura dizem que sentiram uma dor lancinante e momentânea na área de dano à aura; e uma sensação aguda de picada costuma acompanhar ataques vampirescos que causam rasgos à aura. Essas sensações imediatas e localizadas costumam ser seguidas por um desconforto residual que pode prosseguir por vários dias.

Por incrível que possa parecer, ataques de vampiros não só causam ferimentos puntiformes e lacerações à aura, como também podem resultar em pequenos filamentos escuros, como fitas isoladas no lugar do ataque. Esses filamentos escuros, que se imagina que sejam fragmentos da aura do vampiro, são primeiramente observados ao redor de ferimentos abertos da aura, causados por tentáculos de vampiro. Mas quando se implantam no local do ferimento, podem se espalhar rapidamente pela aura da vítima, resultando no chamado *vírus vampiresco*. Quando surgem em fotos da ponta do dedo, os fragmentos de vírus costumam ser vistos em relevos escuros espalhados pela aura. Sempre incompatíveis com a aura da vítima, os fragmentos de vampiro se nutrem da aura da vítima como parasitas, consumindo ainda mais suas energias.

Entre os efeitos comuns do vírus vampiresco, temos, como seria de se esperar, baixa energia e fadiga, mas além disso, há a profética sensação de que alguma coisa está errada. Ansiedade e uma ameaçadora sensação de vulnerabilidade emergem enquanto a aura vai assumindo uma coloração cinza esverdeada. Felizmente, o vírus não é contagioso, e seus efeitos têm curta duração. Mesmo na ausência de intervenção, os fragmentos de vampiro se dissolvem e os sintomas correlatos desaparecem em alguns dias – a menos, é claro, que ocorra outro ataque de vampiro. Se o vírus e seus sintomas persistirem, podem ser rapidamente eliminados com procedimentos intervenientes que energizam e iluminam a aura.

Infelizmente, em certos relacionamentos afetivos, o vampirismo é um fenômeno permanente, no qual um parceiro costuma drenar energia do outro. Em casos mais graves, o ataque de vampiro pode causar sérios danos estruturais à aura, exigindo um período de recuperação bastante longo. Vítimas de um relacionamento abusivo, em particular, costumam mostrar sérios rasgos na aura. Além dos danos à aura, as vítimas que saem do relacionamento quase sempre sofrem com dolorosos resíduos emocionais, que normalmente incluem ansiedade, desconfiança e a relutância para iniciar outro relacionamento. O parceiro vampiro, por sua vez, preocupa-se quase sempre em encontrar nova vítima vulnerável.

Estratégias bastante eficientes, que vamos discutir mais adiante, estão disponíveis para a visualização da aura e observação dos efeitos de episódios vampirescos. Cada vez mais, conselheiros e terapeutas mais lúcidos estão usando técnicas relacionadas com a aura para diagnosticar e tratar de problemas (embora não necessariamente relacionados com vampirismo psíquico). Como psicólogo praticante, tenho visto danos à aura com frequência, especialmente em pessoas envolvidas em relacionamentos muito problemáticos. Ferimentos puntiformes graves e profundos rasgos desiguais, causados para punir ou controlar, são bastante comuns.

Como o vampirismo psíquico está tão disseminado em relacionamentos conturbados, e como as técnicas convencionais de tratamento costumam ser insuficientes para solucionar problemas relacionados a vampiros em terapia de casais, incorporei em minha prática clínica um programa chamado de Orientação e Treinamento Áurico. Nesse programa, incluo técnicas que orientam casais, não só para resolverem problemas, como para dominar técnicas apropriadas de intervenção e proteção da aura. Munidos de nova percepção e de opções práticas para autofortalecimento, eles emergem da terapia com a sensação de realização e de poder pessoal, mudanças que ficam rapidamente evidentes no maior brilho e na expansão de suas auras.

Às vezes, surge nas bioeletrografias da aura um padrão conhecido como *fenômeno da imagem remota* (Figura 4, abaixo). Consistente num pequeno ponto de energia reluzente fora do alcance normal de atividade da aura, o fenômeno da imagem remota sugere a presença de um guia do plano superior, ou de um anjo da guarda. Uma aglomeração de energia muito brilhante dentro da área de atividade normal da aura, fenômeno conhecido como *fenômeno da aglomeração luminosa*, também sugere a presença de influências de planos superiores. A Figura 5, exibida logo abaixo, mostra uma raríssima combina-

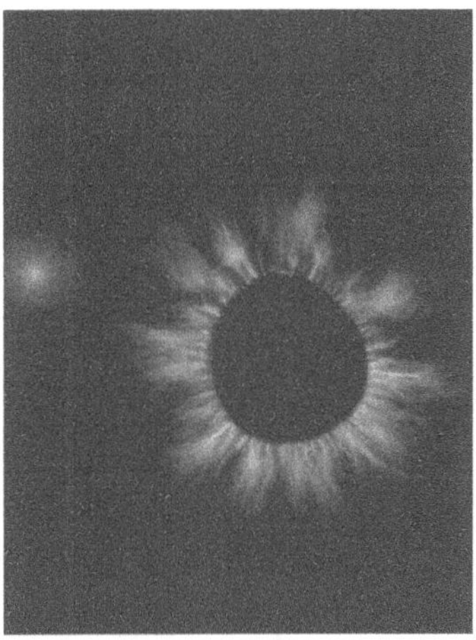

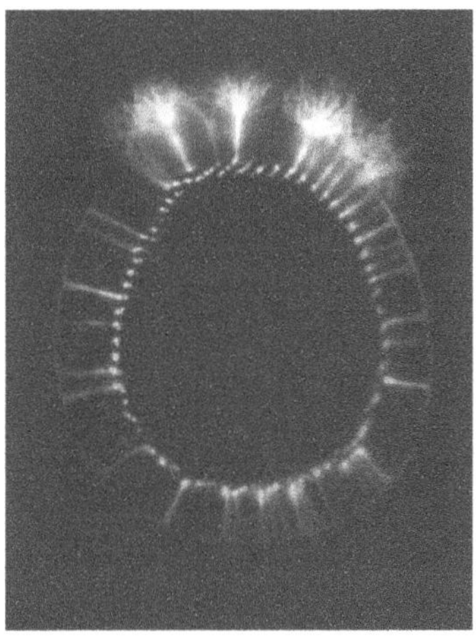

Figura 4 (esquerda). O fenômeno da imagem remota.
Figura 5 (direita). O fenômeno da aglomeração luminosa e do efeito halo.

ção da aglomeração luminosa, vista no alto da foto, e do efeito halo, que consiste num anel externo de energia que envolve o padrão da aura, um fenômeno que discutiremos mais adiante. Quando a imagem remota ou a aglomeração de energia luminosa aparecem em fotos da ponta do dedo, devemos encontrar outras manifestações de uma presença orientadora em outras regiões da aura da pessoa. Como exemplos, temos um globo reluzente de energia luminosa, que costuma aparecer fora da aura, normalmente ao redor da cabeça ou dos ombros.

O fenômeno da imagem remota ocorreu recentemente na aura de um estudante universitário que participou como voluntário de um estudo realizado com verbas privadas, destinado a investigar a estabilidade dos padrões de cor da aura. O estudo exigia fotos diárias da aura da ponta do dedo indicador direito de cada indivíduo pesquisado ao longo de seis semanas. Quando chegou atrasado para tirar sua foto, na quarta semana do estudo, ele explicou a demora porque quase se acidentou numa estrada cheia de curvas perto da cidade. Segundo disse, ao se aproximar de uma curva fechada, subitamente se deu conta de uma presença espiritual, acompanhada de uma mão apoiada em seu ombro e a clara mensagem para dirigir mais devagar. Ele pisou no freio na mesma hora e por muito pouco não bateu num veículo parado sobre a ponte estreita situada além da curva fechada. Ao tirar a foto de sua aura, percebi imediatamente um ponto brilhante de luz, claramente visível pela primeira vez, na região externa de seu padrão de corona. Encantado com a visão da imagem brilhante, ele a explicou como uma inequívoca manifestação de seu guia, que o protegia desde a infância. A imagem remota apareceu nas fotos de sua aura ao longo dos próximos dias.

Pontos brilhantes ou aglomerações de energia podem aparecer na aura, não só em momentos de perigo potencial, mas também em períodos particularmente difíceis ou de transições complexas, como a perda de um emprego ou o rompimento de um relacionamento. Pontos de luz, bem como aglomerações luminosas, em vez de avisos proféticos, são manifestações brilhantes de afeto e proteção. Revelam a presença e o apoio de auxiliares cósmicos que cuidam de nós, lembrando-nos, ao mesmo tempo, das ilimitadas possibilidades que nos cercam. Com a simples conscientização dessas influências cósmicas, podemos nos tornar mais energizados e mais fortes. Um fotógrafo militar que me auxiliou nas primeiras pesquisas notou o surgimento de uma brilhante aglomeração de energia em sua aura após a inesperada morte de seu pai num acidente. Sabendo do significado do fenômeno que se manteve em sua aura por várias semanas, ele considerou aquela aglomeração uma clara indicação de uma presença espiritual reconfortante naquele momento de perda pessoal.

Há fortes evidências a sugerir que a cor de imagens remotas e de aglomerações na aura proporciona uma indicação confiável de seus propósitos ou funções no fortalecimento. Pontos e aglomerações verdes iridescentes, por exemplo, quase sempre significam energia de cura. Quando vistos nas auras de pessoas gravemente enfermas, costumam ficar presentes durante o período de recuperação e às vezes bem depois deste. Quando vistos na aura de pessoas mentalmente perturbadas ou de luto, sugerem o apoio e o carinho de entidades de planos mais elevados. Como disse antes, quando o verde brilhante é a cor dominante na aura como um todo, costuma sugerir uma abundante energia curativa. É a cor mais encontrada nas auras de profissionais da área de saúde e de curadores psíquicos talentosos.

Recursos dos planos superiores, como veremos mais adiante, estão entre nossas melhores defesas contra o vampirismo psíquico. Mais do que prover proteção, porém, permitem-nos ampliar nossos limites e atingir níveis totalmente novos de crescimento e de iluminação. Tendo acesso aos ricos recursos dos planos cósmicos superiores, podemos ir além de nossos limites atuais e descobrir significados totalmente novos em nossa vida.

A Visão da Aura

A capacidade de ver a aura é extremamente importante para nosso estudo do vampirismo psíquico. Como a fotografia da aura, ver a aura diretamente pode ajudar a identificar vampirismo psíquico ativo ou o potencial para que ele ocorra, sugerindo também estratégias apropriadas de intervenção. Para citar um exemplo, a visão da aura permite detectar áreas específicas de vulnerabilidade ou fraqueza – como fissuras ou vazios – a fim de prescrever formas de corrigi-las. A observação da aura também pode detectar a aura muito contraída, uma condição muito comum que, como já disse, sugere uma nítida tendência ao vampirismo psíquico. Sendo normalmente deficiente em energia, a aura contraída indica um sistema fraco e estressado, com muito poucas propriedades de defesa contra o vampirismo.

Além de aplicações como diagnóstico e tratamento, a observação da aura é um componente crítico de estratégias que visam dar acesso a fontes superiores de energia cósmica, o máximo a que podemos almejar para o fortalecimento da aura. Interagindo com a dimensão cósmica da energia vital, podemos ter acesso a um esplêndido suprimento de energia em sua forma mais pura e poderosa. Uma vez ligados, sintonizados e equilibrados com essa dimensão, tornamo-nos plenamente fortalecidos e totalmente protegidos de ataques de vampirismo psíquico ou de quaisquer outras forças negativas. Com a observação da aura, podemos realmente ver os efeitos das estratégias que aplicamos, à medida que as aplicamos.

Em nosso laboratório, usamos regularmente a observação da aura para desenvolver os procedimentos de intervenção e de proteção apresentados logo adiante neste capítulo. Observando a aura antes, depois e às vezes durante a implementação de um procedimento qualquer, podemos revisar e aprimorar o procedimento a fim de aumentar sua eficiência. Nossos estudos mostraram consistentemente que a observação dos efeitos de um procedimento, pela própria pessoa, aumenta a eficácia do procedimento. Por isso, não é à toa que a observação da aura costuma ser incluída como parte integral dos procedimentos de fortalecimento da aura.

Existe uma ampla gama de estratégias para observação da própria aura e a de outras pessoas. Entre as estratégias mais eficazes, há o Procedimento de Observação Periférica para observar a aura dos outros, e o Procedimento de Observação da Aura da Mão para a observação de nossa própria aura. Nos dois procedimentos, a luz diurna natural ou uma iluminação suave e indireta, bem como um pano de fundo neutro, são recomendadas para fins práticos. Uma única sessão prática, usando qualquer um desses procedimentos, costuma ser suficiente para que a aura, com suas cores e outras características distintivas, entre em foco. Cada procedimento leva apenas alguns segundos para ser implementado. Uma vez dominadas, essas estratégias de observação podem ser usadas em quase todas as situações.

Procedimento de Observação Periférica

Desenvolvido em nossos laboratórios, este procedimento gera um fenômeno conhecido como *efeito branco*, fazendo com que a aura que envolve o corpo de outra pessoa fique visível. O efeito branco é uma ilusão de óptica que consiste em um brilho branco leitoso produzido ao redor de um objeto, olhando-se primeiro para o objeto e depois ampliando lentamente a visão periférica até seu limite. O Procedimento de Observação Periférica usa a testa do indivíduo como ponto de foco para produzir o efeito branco, que depois é substituído pelo brilho colorido da aura, geralmente em segundos. Então, a atenção pode ser deslocada diretamente para a aura e suas diversas características, inclusive estruturais e de cor.

Para esse procedimento, a pessoa a ser observada deve se situar a uma distância de uns 3 m do observador, e a 1,2 m de distância de um pano de fundo, tela ou parede opaca de cor gelo. Eis o procedimento.

Etapa 1. Relaxamento. Antes de observar a aura, reserve alguns instantes para relaxar progressivamente, fazendo uma varredura mental de seu corpo, começando pela testa e descendo lentamente. Visualize um brilho suave acompanhando essa varredura e deixando o seu corpo cada vez mais relaxado. Faça uma breve pausa nos pontos de tensão e deixe que absorvam o suave brilho do relaxamento. Continue a fazer a varredura até o brilho do relaxamento envolver todo o seu corpo, e então afirme: *Agora, estou plenamente relaxado.*

Etapa 2. Observação Periférica. Observe durante alguns instantes a testa da pessoa, e depois amplie lentamente sua visão periférica de maneira a abranger todo o entorno dessa pessoa. Quando sua visão periférica atingir o limite, faça com que seu olhar saia levemente de foco. Então, você terá a experiência do efeito branco, no qual a pessoa fica envolvida num brilho branco leitoso.

Etapa 3. Foco na Aura. Mantenha novamente o foco visual e observe novamente a testa da pessoa. A aura ficará visível quase imediatamente.

Etapa 4. Observação da Aura. Agora você está pronto para focalizar sua atenção na aura da pessoa e em milhares de suas características, incluindo cor, amplitude e estrutura. Se os seus olhos se cansarem durante a observação, feche-os por alguns instantes ou olhe brevemente para algum ponto distante da pessoa. Se a aura começar a esmaecer durante a observação, feche brevemente os olhos e repita o procedimento completo.

O Procedimento de Observação Periférica é altamente eficaz para pessoas que nunca viram a aura humana, ou que têm dificuldade para perceber cores na aura. Em seus esforços para observar a aura usando outras técnicas, aqueles que dizem que veem apenas um brilho sem cor ao redor da pessoa devem estar experimentando o efeito branco. Com o Procedimento de Observação Periférica, eles conseguem passar para o nível seguinte, quando percebem, pela primeira vez, a aura plena com suas cores e outras características particulares.

O Procedimento de Observação Periférica é um valioso instrumento na identificação de danos causados à aura por um ataque de vampiro psíquico. Um ponto escuro, localizado em qualquer lugar da aura, quase sempre indica um ataque "certeiro", no qual a aura foi perfurada e se extraiu energia dela. Além disso, fissuras escuras e incisões abertas na aura podem assinalar um ataque particularmente daninho. Fissuras denteadas costumam ser o resultado da invasão de um tentáculo de vampiro, semelhante a um gancho, enfiando-se na aura e rasgando-a, literalmente. Ferimentos lisos e incisivos, por outro lado, podem significar um ataque no qual um tentáculo de vampiro afiado como uma lâmina fez cortes propositais na aura para extrair energia dela. Fissuras e cortes na aura costumam resultar de ataques violentos que parecem basicamente destinados a danificar a aura, mais do que extrair energia dela. Esses danos sérios à aura costumam ser infligidos por vampiros psíquicos vingativos, movidos por ciúmes ou por vingança. Na ausência de intervenção apropriada, fissuras e cortes na aura podem se transformar em ferimentos duradouros que drenam energias essenciais da aura, mesmo na ausência de outros ataques vampirescos.

O Procedimento de Observação da Aura da Mão

A observação de nossa própria aura é importante ao se falar de vampirismo psíquico, pois permite identificar deficiências na aura e sugere procedimentos apropriados de intervenção. Observar nossa própria aura, e, tão importante quanto, interpretar suas características, exige um procedimento estruturado que é, a um só tempo, objetivo e confiável. O Procedimento de Observação da Aura da Mão atende esse requisito. Desenvolvido em nossos laboratórios, o procedimento baseia-se em estudos que incluíram comparações entre o resultado de auto-observações e registros fotográficos de auras, bem como a observação da aura feita por especialistas treinados. Como resultado, o Procedimento de Observação da Aura da Mão é uma das estratégias mais pesquisadas e confiáveis de que dispomos hoje para ver nossa própria aura, tal como ela aparece na mão e no antebraço.

Se, como já disse, padrões observados nas fotos da aura da ponta do dedo indicador direito costumam ser representativas da aura como um todo, decorre que a aura envolvendo a mão e o antebraço proporcionariam um indicador ainda mais forte da natureza da aura total. Uma aura contraída ao redor da mão e do antebraço assinala, portanto, uma aura contraída ao redor do corpo todo. De maneira análoga, uma aura turbulenta em torno da mão e do antebraço indicaria claramente uma turbulência por todo o sistema da aura. Características específicas como vazios, filamentos e aglomerações, encontrados na aura em torno da mão e do braço, sugeririam características similares noutras regiões da aura.

Com o Procedimento de Observação da Aura da Mão, bastam apenas alguns segundos para se observar a aura. Eis o procedimento.

Etapa 1. Relaxamento. Respire fundo e expire lentamente enquanto limpa a mente de todos os pensamentos ativos. Permita-se ficar cada vez mais relaxado, começando pelos músculos da testa e depois descendo suavemente, permeando todo o seu corpo com o relaxamento.

Etapa 2. Abertura dos dedos. Estenda a mão (qualquer uma) e a mantenha esticada, com a palma voltada para a frente, o antebraço também estendido e os dedos levemente abertos, sobre um fundo de cor esbranquiçada ou gelo, que não agrida a vista.

Etapa 3. Visualização. Visualize um pequeno ponto flutuando no espaço entre o polegar e o indicador.

Etapa 4. Olhar Fixo. Mantenha o olhar fixo e vago sobre o ponto imaginário até a aura aparecer, primeiro como um brilho esbranquiçado ao redor do polegar e do indicador, e depois em cores ao redor de sua mão e antebraço. Caso se canse durante esta etapa, relaxe durante alguns instantes e depois retome a contemplação.

Etapa 5. Observação da Aura. Desloque seu olhar do ponto imaginário para a aura, e veja suas características singulares. Preste atenção principalmente na cor da aura, em seu aspecto estrutural e em sua amplitude.

Nossos estudos mostram que a simples observação da aura, seja a nossa própria, seja a de outra pessoa, tende a estimular nossos recursos interiores, inclusive nossas faculdades psíquicas. Bons sensitivos contemplam a aura de seus clientes antes de uma leitura como forma de ativar seus poderes extrassensoriais, inclusive clarividência, precognição e telepatia. Muitos curadores psíquicos usam rotineiramente a observação da aura como componente do processo de cura, especialmente quando incluem esforços para dotar a aura da pessoa de novas energias curativas.

Depois que a aura é observada, diversos procedimentos de intervenção podem ser postos rapidamente em prática.

Intervenção na Aura

Como já disse, a aura contraída é uma das principais características associadas ao vampirismo psíquico. Infelizmente, a aura contraída sugere uma vulnerabilidade dupla: (1) é um alvo fácil para um ataque de vampiros psíquicos, pois tem pouca ou nenhuma resistência a vampiros, ou propriedades de defesa; e (2) pessoas com essas características na aura têm poucas reservas energéticas, e por isso, infelizmente, ficam propensas a também se tornarem vampiros psíquicos. Quaisquer condições que enfraqueçam ainda mais a aura

– revezes financeiros, doenças, stress mental, transições dolorosas e assim por diante – constringem ainda mais a aura, aumentando sua vulnerabilidade.

Enfraquecem ainda mais a aura contraída pequenos acúmulos de pontos escuros, uma característica comumente encontrada nas auras de vampiros psíquicos. Esses acúmulos de pontos escuros são como parasitas que se apegam à aura contraída e se nutrem dela – uma condição que se aproxima do vampirismo parasitário, que discutiremos num capítulo posterior. Embora as origens desses acúmulos sejam alvo de discussão, acredita-se que envolvam a rejeição, abusos, eventos traumáticos e talvez um histórico como vítima de vampiros, elementos que também tendem a contrair a aura, especialmente quando ocorrem na infância.

A descoloração acinzentada é outra característica comumente encontrada em auras contraídas. Pessoas com essa característica costumam ser pessimistas, inseguras e desconfiadas. Quando acrescentamos a descoloração à aura contraída e com áreas sombrias, temos uma trágica fórmula de três ingredientes que assinalam a grande vulnerabilidade ao vampirismo psíquico.

Procedimento de Liberação da Aura

O Procedimento de Liberação da Aura serve para energizar a aura contraída, substituir a descoloração e as áreas escuras por energia luminosa em abundância. Este procedimento também é eficiente para dissolver fragmentos escuros associados com o vírus vampiresco, tratado neste capítulo. Como procedimento de crescimento e de autoenergização, ele anima o núcleo central da aura, desbloqueia canais de energia entupidos e ilumina a aura toda com muita energia brilhante. O resultado final é uma aura renovada e sintonizada, com o poder de resistir a qualquer ameaça externa de vampirismo. Igualmente importante é o fato de esse procedimento, uma vez aprendido, poder banir com eficácia qualquer tendência ao vampirismo psíquico, por mais grave que seja. Esses resultados podem ser fortalecidos por outros procedimentos destinados especificamente a proteger e a energizar a aura.

Este procedimento é bem diferente da maioria das técnicas de fortalecimento da aura porque introduz a percepção intuitiva da aura, uma estratégia que envolve a clarividência e permite a percepção psíquica da aura como um todo.

Etapa 1. Observação Preliminar da Aura. Inicie o procedimento usando o Procedimento de Observação da Aura da Mão, apresentado anteriormente, para ver a aura envolvendo sua mão e seu antebraço.

Etapa 2. Percepção Intuitiva da Aura. Quando a aura estiver visível, use seus poderes intuitivos para observar sua aura toda, lembrando-se primeiro de que a aura que envolve sua mão e seu antebraço representa sua aura total. Depois, com os olhos fechados, confie em seus poderes intuitivos para revelar sua aura toda, com sua variedade de características – coloração, aglomerações, fissuras, filamentos, amplitude e assim por diante. Reserve o tempo de que precisar para que sua aura fique claramente visível na sua mente. Lembre-se de que sua aura é muito receptiva à sua mente intuitiva. Identifique quaisquer áreas problemáticas ou deficientes, inclusive danos à aura resultantes de um ataque de vampiros psíquicos. Esta etapa pode requerer alguma prática, mas você perceberá que vai ficar cada vez mais fácil ver sua aura de modo intuitivo.

Etapa 3. Relaxamento. Tendo visto intuitivamente a sua aura toda, sente-se e dê-se permissão para relaxar completamente, fazendo a varredura mental de seu corpo, descendo desde a testa e liberando as tensões durante o processo. Enquanto o relaxamento se espalha lentamente por seu corpo, deixe sua respiração tornar-se profunda e rítmica. Imagine-se inspirando as energias luminosas do relaxamento pacífico e expirando os refugos sombrios da ansiedade e do stress. Deixe que todas as suas preocupações alcem voo, como balões que flutuam para longe com a brisa suave, até ficarem fora do alcance da visão. Pense que o tempo vai desacelerando, enquanto você continua a respirar profunda e ritmicamente.

Etapa 4. Percepção Intuitiva da Aura. Como na Etapa 1, visualize novamente sua aura toda como uma extensão da aura que cerca sua mão e seu antebraço. Como antes, perceba os limites existentes da aura e suas características estruturais, e inclua qualquer área com fraqueza, sombras ou descoloração.

Etapa 5. Exercício para a Aura. Preste novamente atenção na sua respiração. Enquanto continua a respirar profunda e ritmicamente, dê-se permissão para exercitar sua aura, expandindo-a enquanto inspira e contraindo-a enquanto expira. Perceba o efeito energético do processo rítmico de expansão e contração, que vai limpando quaisquer resíduos de sujeira em sua aura, deixando para trás apenas energia brilhante. Perceba as aglomerações escuras dissolvendo-se lentamente e os vazios ficando imbuídos de novas e luminosas energias. Enquanto inspira e expira ritmicamente, permita que o núcleo de sua aura pulse ritmicamente com sua respiração, energizando plenamente sua aura e sintonizando-a enquanto ela expande até seu limite exterior.

Etapa 6. Observação da Aura Após a Intervenção. Mais uma vez, use o Procedimento de Observação da Aura da Mão para observar sua aura. Perceba seu brilho renovado e veja como ela está expandida.

Etapa 7. Gesto de Energização da Aura. A qualquer momento, você pode expandir, sintonizar e energizar sua aura toda, simplesmente inspirando profundamente e expirando lentamente enquanto se sente absorvendo as energias luminosas do relaxamento pacífico e expirando os resíduos sombrios da ansiedade e do stress. Afirme seu poder de usar este gesto conveniente quando precisar ativar os efeitos do procedimento completo.

Em nossos esforços para avaliar a eficiência do Procedimento de Liberação da Aura, obtivemos bioeletrografias da ponta do dedo indicador direito antes e depois do procedimento, realizado em dez participantes. Sem exceção, foram observadas diferenças dramáticas nos pares de fotografias. Como ilustra a Figura 6 (na página seguinte), o procedimento não só aumentou o brilho da aura como também a ampliou. Com o aumento no brilho e no tamanho da aura, áreas de descoloração desapareceram e aglomerações de pontos escuros assumiram novo brilho. As observações da aura completa, antes e depois do procedimento, feitas por especialistas treinados no tema, revelaram efeitos similares na aura como um todo. Essas mudanças na aura visível sugerem um núcleo interior da aura revitalizado e plenamente funcional, com o poder de gerar abundantes energias antivampiros e de espalhá-lo por todo o sistema da aura.

Massagem de Autoproteção da Aura

Uma estratégia muito eficiente para energizar e proteger a aura de vampirismo psíquico é a Massagem de Autoproteção da Aura. Esta técnica autoministrada exercita todo o sistema da aura e ativa seus poderes internos de defesa. É especialmente eficiente para sintonizar e equilibrar a aura. Enquanto diversas técnicas de massagem da aura exigem um especialista experiente, a Massagem de Autoproteção da Aura é aplicada pela própria pessoa com muita facilidade. Não exige prática nem experiência anterior em técnicas de massagem da aura.

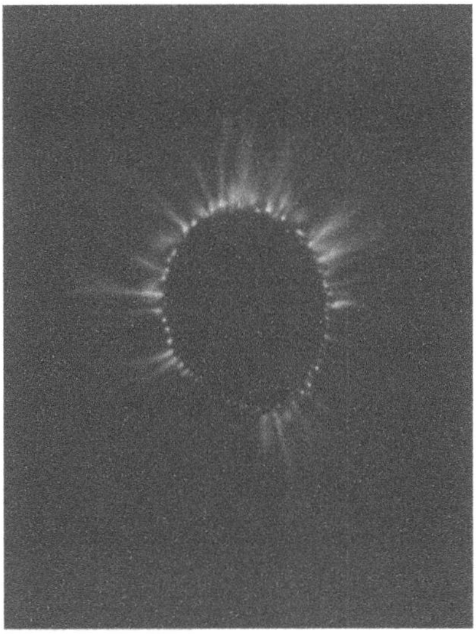

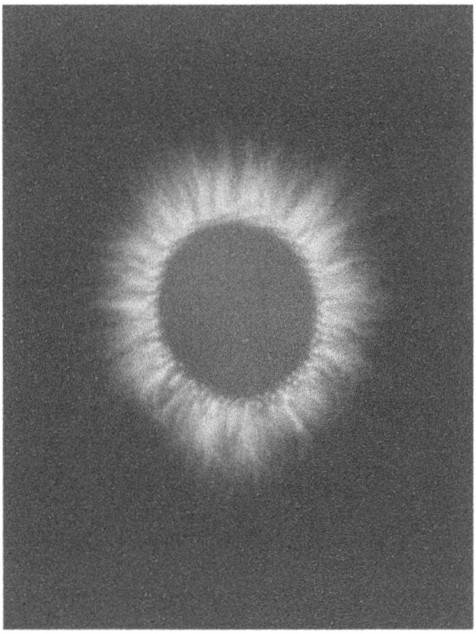

Figura 6. Procedimento de liberação da aura, antes (esquerda) e depois (direita).

A Massagem de Autoproteção da Aura baseia-se na simples premissa de que intervenções envolvendo uma área localizada mas crítica da aura podem afetar a aura toda. Assim como um ataque de vampiro a uma região específica da aura pode afetar a aura toda, certos procedimentos de massagem da aura que focalizam uma região específica da aura podem energizar e fortalecer a aura toda. A Massagem de Autoproteção da Aura usa técnicas de massagem em sentido horário e anti-horário, destinadas a exercitar e a ativar imediatamente o núcleo interior da aura, situado na região do plexo solar. Focalizando o núcleo mais íntimo da aura, o procedimento não só aumenta o nível geral de energia áurica, como gera um padrão de frequência que afasta efetivamente qualquer forma de vampirismo psíquico. Ao longo do procedimento, só a aura envolvente é massageada – qualquer contato físico com o corpo pode interromper os efeitos fortalecedores da massagem. Eis o procedimento.

Etapa 1. Massagem no Sentido Horário. Em posição confortável, sentado ou reclinado, com as mãos repousando confortavelmente nas laterais do corpo, reserve alguns instantes para visualizar a aura que envolve seu corpo físico e o luminoso e energético núcleo da aura, situado no seu plexo solar. Posicione a mão direita, com a palma para baixo, alguns centímetros acima do seu plexo solar e comece a massagear sua aura naquela região com pequenos movimentos circulares no sentido horário. Amplie gradualmente a massagem circular da aura, abrangendo uma região cada vez maior do corpo em torno do plexo solar. Sinta a energia circulando no sentido horário, primeiro em torno do plexo solar, depois expandindo-se e incluindo o tórax e a parte de baixo do abdômen. Após alguns momentos de massagem no sentido horário, repouse a mão ao lado do corpo e continue a sentir a energia circulando pela região central do corpo.

Etapa 2. Massagem no Sentido Anti-Horário. Com a mão direita repousando confortavelmente ao seu lado, posicione a mão esquerda, com a palma para baixo, alguns centímetros acima do seu plexo solar e inverta a massagem no sentido horário, induzindo um movimento anti-horário na aura. Comece a massagem nessa região com pequenos movimentos circulares no sentido anti-horário. Tal como na massagem no sentido horário, amplie gradualmente a massagem no sentido anti-horário, abrangendo uma região cada vez maior do corpo em torno do plexo solar. Sinta a energia circulando no sentido anti-horário, primeiro em torno do plexo solar, depois expandindo-se e incluindo o tórax e a parte de baixo do abdômen. Após alguns momentos de massagem no sentido anti-horário, repouse a mão ao lado do corpo e continue a sentir a energia circulando pela região central do corpo.

Etapa 3. Repita a Massagem. Exercite ainda mais o sistema da aura repetindo as etapas 1 e 2 descritas acima. Durante a massagem, pense no núcleo interno de sua aura como um poderoso gerador de energia. Perceba a energia acumulando-se na região central da aura e se espalhando por toda a sua aura, envolvendo seu corpo com um poderoso escudo de renovada energia luminosa.

Etapa 4. Equilíbrio e Sintonia. Para equilibrar e sintonizar as novas energias da aura, feche os olhos e toque as têmporas com as pontas dos dedos das duas mãos, sentindo uma vibrante energia permeando todo o seu ser.

Etapa 5. Afirmação Energética. Afirme, com suas próprias palavras, os poderes fortalecedores deste exercício. Diga, por exemplo, *Estou totalmente energizado e fortalecido. O âmago de meu ser está equilibrado e sintonizado. Estou envolvido por um poderoso escudo de energia. Estou protegido e seguro.*

Etapa 6. Gesto de Energização. Afirme, com suas próprias palavras, sua capacidade de ativar instantaneamente os efeitos fortalecedores do procedimento completo, fechando os olhos e tocando as têmporas com as pontas dos dedos e visualizando um escudo exterior de energia luminosa envolvendo toda a sua aura.

Tal como em outros procedimentos para fortalecimento da aura, os efeitos da Massagem de Autoproteção da Aura podem ser vistos observando-se a aura com o Procedimento de Observação da Aura da Mão logo antes e depois da massagem. Invariavelmente, a massagem expande a aura e aumenta seu brilho. Quando esse procedimento é feito diariamente, as cores da aura tornam-se mais vivas e características estruturais que a enfraquecem, como fissuras e vazios, desaparecem em pouco tempo.

Além de proteger a aura, a Massagem de Autoproteção da Aura é muito útil no reparo de danos à aura causados por um ataque de vampiro psíquico. O ferimento puntiforme na aura e a descoloração que o acompanha são bastante receptivos a essa estratégia corretiva. Mesmo quando não se conhece a localização específica do dano à aura, o procedimento tende a conferir energias curativas à área danificada e a substituir a descoloração próxima com energias novas e brilhantes.

O gesto de energização desse procedimento (Etapa 6), com um simples toque da testa combinado com uma imagem apropriada, é, a um só tempo, conveniente e eficiente. Após praticar suficientemente o procedimento completo, basta o gesto para proteger e energizar a aura. Em situações ameaçadoras ou de stress, ele pode gerar instantaneamente um estado de segurança e bem-estar.

Procedimento de Entrelaçamento dos Dedos

O Procedimento de Entrelaçamento dos Dedos é um dos recursos mais populares e pesquisáveis para proteção do sistema energético humano. Ele ergue um poderoso escudo externo de energia radiante, comumente chamado de *efeito halo* ao redor da aura toda. O efeito halo protege a aura contra o ataque de vampiros psíquicos ou de qualquer força invasora. Além de proteger a aura, esse procedimento multifuncional tem, no mínimo, outras três funções. Primeiro, gera equilíbrio no sistema energético da pessoa, sintonizando-o com a mais elevada fonte cósmica de energia; segundo, produz um estado de relaxamento e bem-estar; terceiro, cria motivação e promove o sucesso na realização de uma ampla gama de metas pessoais. Para fins de avaliação, as observações da aura estão incluídas como opções no início e no final do procedimento (Etapas 1 e 7). Essas etapas opcionais não são vitais para a eficácia do procedimento.

Etapa 1 (Opcional). Observação Preliminar da Aura. Usando o Procedimento de Observação da Aura da Mão, observe a aura, com atenção a sinais de constrição ou debilidade.

Etapa 2. Relaxamento Cognitivo. Encontre um lugar confortável e reserve alguns momentos para relaxar mentalmente o seu corpo, começando pelos músculos da testa e depois descendo lentamente. Enquanto faz a varredura descendente do corpo, permita que cada fibra e tendão fiquem soltos e moles. Visualize a tensão deixando seu corpo como uma névoa que se ergue lentamente e depois desaparece.

Etapa 3. Entrelaçamento dos Dedos. Una a ponta do polegar e do dedo médio de cada mão formando dois círculos e depois una as mãos, formando dois círculos entrelaçados.

Etapa 4. Afirmação. Mantenha a posição dos dedos entrelaçados enquanto afirma: *Estou totalmente envolvido por uma poderosa energia. Estou equilibrado interiormente e plenamente sintonizado com o universo superior. Estou protegido, seguro e isolado de qualquer mal.*

Etapa 5. Infusão Cósmica. Relaxe suas mãos e, com as palmas das mãos para cima, visualize raios luminosos de energia pura saindo do universo superior e entrando pelas palmas de suas mãos, permeando todo o seu ser. Afirme: *Sou um com o universo. Todo o poder do universo está disponível para mim.* Especifique suas metas pessoais e afirme que terá sucesso em sua realização.

Etapa 6. Gesto de Entrelaçamento dos Dedos. Com suas próprias palavras, afirme que, apenas com o entrelaçamento de dedos como gesto ativador, você pode trazer instantaneamente os efeitos fortalecedores do procedimento completo, a qualquer momento.

Etapa 7 (Opcional). Observação da Aura Após a Intervenção. Observe novamente sua aura usando o Procedimento de Observação da Aura da Mão. Perceba as mudanças na aura, especialmente o aumento em seu brilho e tamanho. Com a prática, você poderá detectar o efeito halo, uma esfera luminosa de energia que envolve e protege a aura.

Bioeletrografias da ponta do dedo indicador direito obtidas antes e depois deste procedimento revelaram, em quase todos os casos, o efeito halo após o procedimento, uma armadura temporária mas impenetrável que é uma de nossas melhores proteções contra qualquer ameaça de vampirismo psíquico. Você pode ver o efeito halo quando está presente na aura de outras pessoas, valendo-se do Procedimento de Observação Periférica.

O Procedimento de Entrelaçamento dos Dedos é fácil de se aprender, e é uma das técnicas mais poderosas para a proteção da aura contra um ataque de vampiro psíquico, ou, se um ataque estiver ocorrendo, para encerrá-lo instantaneamente. Todos, inclusive profissionais de saúde mental que costumam trabalhar com pacientes propensos a vampirismo psíquico, podem se beneficiar da proteção oferecida por esse procedimento e pelo discreto gesto de entrelaçamento dos dedos, que exige apenas alguns segundos para se realizar. Uso esse gesto regularmente, e faço questão de ensiná-lo a meus pacientes e alunos como um valioso recurso de fortalecimento (ver Figura 7, na próxima página).

Embora tenha sido idealizado para combater o vampirismo psíquico, o Procedimento de Entrelaçamento dos Dedos é uma excelente estratégia para diversas outras metas de fortalecimento pessoal, como melhorar a memória e a concentração, reduzir stress, combater medos e melhorar a autoconfiança. Tendo dominado essa técnica, você pode usar o conveniente gesto de entrelaçamento dos dedos a qualquer momento e em qualquer lugar para ativar, no mesmo instante, qualquer das diversas funções desse procedimento. Estudantes universitários que assistem às minhas aulas usam o gesto para superar o medo de falar em público, melhorar o desempenho nas provas e acelerar o aprendizado de temas complexos. Tal como ocorre com os outros gestos de fortalecimento de que já tratamos, você pode usar o entrelaçamento dos dedos antes ou durante exames importantes, entrevistas de emprego e apresentações públicas, só para mencionar algumas das muitas possibilidades.

O gesto simples é tão discreto e de fácil execução que se tornou popular entre artistas, atores, políticos, religiosos, repórteres da TV e outras figuras públicas. Muitos atletas profissionais fazem o gesto antes e durante eventos desportivos para melhorar seu desempenho. Eles acreditam que o gesto libera uma reserva de energia que aumenta a capacidade e melhora a concentração, a coordenação e a precisão de diversas atividades esportivas.

Procedimento de Conexão Cósmica

Nosso esforço para energizar e fortalecer a aura sempre foi enriquecido pelo reconhecimento de nossas origens cósmicas e pela percepção de fontes superiores de poder cósmico. Estratégias que sintonizam a aura com o universo podem mesmo equilibrar suas funções, conectando-a literalmente com uma reserva ilimitada de poder cósmico. Quando a aura está equilibrada, sintonizada e conectada com o universo, ela repele automaticamente qualquer ameaça de vampirismo psíquico. O Procedimento de Conexão Cósmica reconhece nossa capacidade de atingir essa importante meta. Baseia-se na premissa de que mente, corpo e espírito estão em constante interação, tanto dentro do eu como no universo superior. O procedimento destina-se a orientar essa interação, de maneira a gerar um estado equilibrado e sintonizado de força plena – mental, física e espiritual.

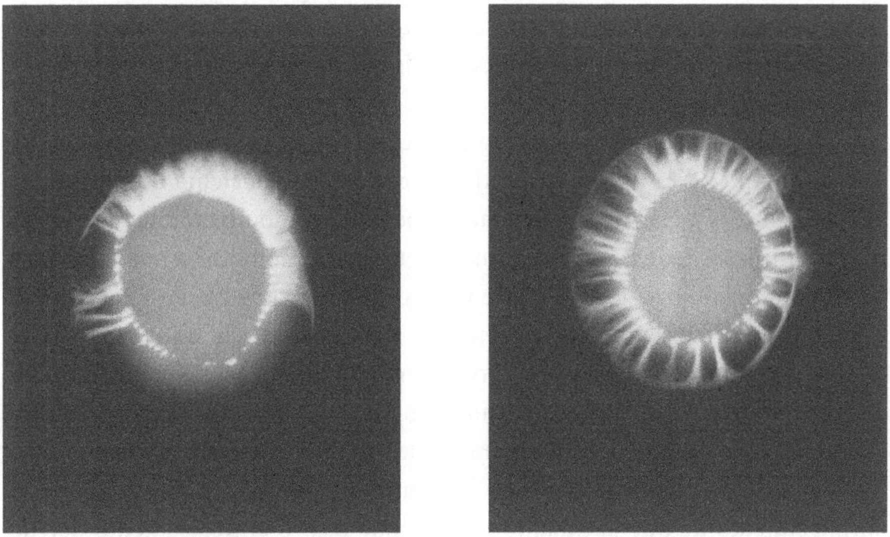

FIGURA 7. O EFEITO HALO ANTES (ESQUERDA) E DEPOIS (DIREITA) DO PROCEDIMENTO DE ENTRELAÇAMENTO DOS DEDOS.

Este procedimento introduz o conceito da intervenção da mente sobre a aura, uma forma de psicocinese, que aceita que a mente tem o poder de influenciar o corpo físico e a aura. Eis o procedimento.

Etapa 1. Observação Preliminar da Aura. Encontre um local silencioso e confortável, e, usando o Procedimento de Observação da Aura da Mão discutido anteriormente, observe sua própria aura, prestando atenção especialmente em sua expansividade, cor e características estruturais específicas.

Etapa 2. Percepção Sensorial. Feche os olhos e observe as diversas sensações físicas de seu corpo. Ouça as mensagens de seu corpo. Perceba qualquer enrijecimento dos músculos, áreas de desconforto e cansaço, todas importantes pistas que sugerem constrição ou desequilíbrio da aura. Perceba áreas de possível dano à aura, inclusive qualquer área localizada de dor ou entorpecimento. Uma área dolorida pode indicar o efeito residual de um ataque de vampiro que perfurou ou rasgou a aura, enquanto o torpor está associado a encontros com vampiros que drenaram energia da aura em algum contato, mas sem causarem danos estruturais.

Etapa 3. Intervenção da Mente Sobre a Aura. Visualize o centro de energia da aura, situado em seu plexo solar, e sinta suas energias fluindo por seu corpo e pela aura que o cerca. Focalize sua atenção em áreas específicas de fraqueza ou danos à aura, e banhe-as mentalmente com abundante energia. Imagine que descolorações ou áreas escuras na aura estão se dissolvendo lentamente, deixando para trás apenas a luminosidade. Deixe que a energia que flui para fora do poderoso núcleo de sua aura sature cada área afetada, infundindo-a com radiante energia curativa. Visualize a energia luminosa ocupando vazios, fechando fissuras e remendando ferimentos puntiformes. Visualize luminosos feixes de energia como fios de luz que suturam os ferimentos abertos da aura, infundindo completamente a aura com energia curativa. Permaneça sobre cada área problemática até ela ficar totalmente energizada.

Etapa 4. Infusão Cósmica. Visualize o distante núcleo luminoso do universo espalhando generosa energia em sua forma mais pura por todo o cosmos. Dê permissão a seu sistema energético para banhar-se inteiramente em luminosa energia cósmica. Sinta o equilíbrio de seu sistema energético que se funde com a fonte cósmica de energia ilimitada. Permita que seu sistema energético se torne plenamente fortalecido e sintonizado com a mais elevada dimensão cósmica de poder.

Etapa 5. Afirmação. Junte suas mãos e a ponta de seus dedos como símbolo de equilíbrio enquanto você afirma, com suas próprias palavras, os efeitos energéticos e fortalecedores do procedimento. Exemplos: *Cada fibra do meu ser está plenamente energizada. Estou equilibrado e sintonizado com a mais elevada fonte cósmica de vida e de energia. Estou protegido e fortalecido.*

Etapa 6. Observação da Aura Após a Intervenção. Mais uma vez, observe sua aura usando o Procedimento de Observação da Aura da Mão. Perceba as mudanças em sua aura, incluindo brilho, expansividade e simetria.

Etapa 7. Gesto de Fortalecimento da Aura. Para reativar os efeitos fortalecedores deste procedimento quando desejar, basta unir suas mãos e as pontas dos dedos enquanto visualiza uma radiante energia emanando do núcleo interior de sua aura, juntando-se a brilhantes raios de pura energia provenientes do grande núcleo cósmico. Sinta a maravilhosa infusão de energia radiante espalhando-se por seu ser.

Tal como ocorre com outros procedimentos de fortalecimento da aura, o Procedimento de Conexão Cósmica gera um estado altamente energizado, imediatamente visível na aura. Auto-observações da aura, bem como a observação feita por especialistas treinados, revelaram notáveis mudanças no brilho e na expansão da aura, observações que foram confirmadas por registros eletrofotográficos obtidos antes e depois do procedimento, como ilustra a Figura 8 (abaixo).

Procedimento da Cor Cósmica

Estamos em nosso maior poder quando nosso sistema energético está plenamente banhado em energia cósmica. O Procedimento da Cor Cósmica destina-se a energizar a aura toda, com a aplicação direta de massas concentradas de energia cósmica colorida sobre áreas vulneráveis específicas. O procedi-

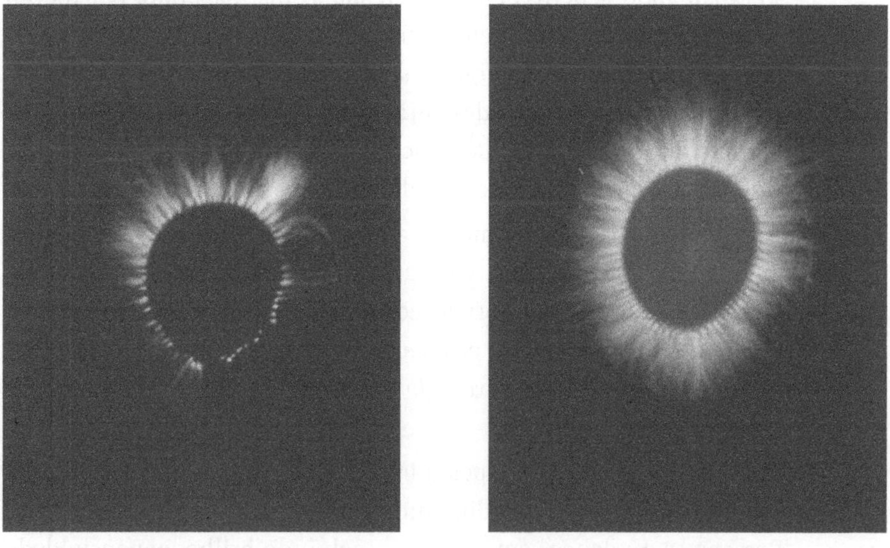

Figura 8. Procedimento de conexão cósmica, antes (esquerda) e depois (direita).

mento baseia-se em nossos estudos de laboratório relativos ao fenomenal poder das imagens coloridas. Por mais espantoso que possa parecer, nossos estudos mostram que a simples visualização de uma determinada cor pode introduzir essa cor no sistema da aura, e, ao mesmo tempo, ativar o potencial de fortalecimento relacionado com ela. Por exemplo, imaginar um verde brilhante pode, literalmente, introduzir energias curativas e rejuvenescedoras na aura. Do mesmo modo, a visualização do amarelo brilhante pode aguçar nosso intelecto, enriquecendo nossas relações sociais. Nossos estudos mostram que a visualização do púrpura ou violeta brilhante costuma ser acompanhada da sensação de que um guia espiritual está próximo.

Nossa descoberta dos efeitos da visualização de cores sobre a aura inspirou-nos a criar uma série de estudos de acompanhamento sobre a importância da cor encontrada no reino cósmico superior. Usando diversas técnicas, inclusive interações com entidades desencarnadas e viagens fora do corpo até o reino cósmico, nossos estudos mostraram que a dimensão cósmica – não muito diferente da aura humana – consiste num núcleo brilhante de pura energia branca e vastos planos com diversas cores. Tendo um paralelo com a estrutura do universo superior, a aura humana, com seu núcleo brilhante e cores radiantes, proporciona uma notável confirmação de nossa origem cósmica.

Tão notáveis quanto o paralelo entre a estrutura da aura e o universo superior são as semelhanças na importância de certas cores para o fortalecimento, quer encontradas na aura, quer no universo superior. Nossos estudos mostraram também que os efeitos de uma cor específica podem ser aumentados visualizando-se o plano cósmico dessa mesma cor. Os efeitos da visualização de cores podem ser aumentados ainda mais quando a cor escolhida é efetivamente massageada na aura. Como seria de se esperar, o efeito de fortalecimento das cores atinge o máximo quando o procedimento inclui a viagem astral até planos cósmicos de determinadas cores, tema tratado num capítulo posterior.

Graças ao Procedimento da Cor Cósmica, podemos identificar áreas fracas ou vulneráveis da aura e banhá-las com a energia de determinadas cores cósmicas. Áreas danificadas ou com mau funcionamento, resultantes de ataques de vampiros psíquicos, reagem particularmente bem a esse procedimento. A prática rotineira desse procedimento gera uma aura saudável e equilibrada, com recursos de defesa contra vampiros psíquicos suficientes para repelir qualquer ameaça desse tipo. Eis o procedimento.

Etapa 1. Declaração de Metas. Enquanto relaxa confortavelmente, formule suas metas de fortalecimento, e afirme sua intenção de atingi-las.

Etapa 2. Imagens Cósmicas. De olhos fechados, visualize o reino cósmico como uma dimensão de indizível beleza. Visualize o centro do universo como uma região brilhante de luz, ao redor da qual estão dispostos muitos planos coloridos. Use o tempo de que precisar para que as imagens surjam espontaneamente. Nesta etapa decisiva, você pode sentir a presença de uma entidade cósmica especial, orientando gentilmente o processo de visualização. Lembre-se, você pode confiar em imagens orientadas pela magnânima força cósmica. Pense nesse reino cósmico como uma realidade sempre presente, não como uma dimensão distante e isolada, com pouca relevância para sua existência atual.

Etapa 3. Interface Cósmica. Vire as palmas das mãos para cima e sinta sua aura fundindo-se com a dimensão cósmica. Com a interface dos dois sistemas – um em seu interior e o outro no cosmos superior – você agora está forte o suficiente para ter acesso aos recursos energéticos de planos cósmicos especializados.

Etapa 4. Infusão Especializada. De olhos fechados, visualize a ampla gama de planos cósmicos coloridos e identifique o plano que atende à sua necessidade mais premente de fortalecimento, concentrando toda sua atenção nesse plano. Para proteção psíquica, bem como para obter saúde e rejuvenescimento, focalize o plano verde brilhante; para enriquecimento cognitivo, focalize o plano amarelo brilhante; para recursos espirituais, focalize o plano violeta ou púrpura; para tranquilidade e paz, focalize o plano azul brilhante. Use a intuição para escolher outros planos apropriados. Quase sempre, o plano que se destaca em brilho ou tamanho costuma ser pertinente às atuais necessidades energéticas de sua aura.

Etapa 5. Fusão de Energias. Após escolher o plano apropriado, esfregue suavemente as palmas das mãos, sentindo as energias do plano que você escolheu fundindo-se com as energias de sua aura. Sinta o globo de energia colorida formando-se entre suas mãos.

Etapa Opcional. Visualização Cósmica. Você pode observar o globo colorido de energia entre suas mãos usando uma variante do Procedimento de Observação da Aura da Mão, da seguinte maneira: primeiro, mantenha os braços esticados e as palmas das mãos de frente uma para a outra; depois, com as palmas formando uma cuia, observe o espaço entre elas. Amplie lentamente sua visão periférica e faça com que seus olhos saiam levemente de foco. Você vai perceber um brilho branco entre suas palmas. Finalmente, observe esse brilho até aparecer uma cor, o que costuma levar alguns segundos. Após praticar essa técnica, você verá que o globo de energia formado entre suas mãos é da mesma cor que o plano cósmico que você escolheu na Etapa 2 apresentada anteriormente.

Etapa 6. Massagem Energética. Coloque o globo de energia cósmica sobre seu plexo solar, e, com as palmas das mãos viradas para seu corpo, massageie suavemente a nova energia em sua aura, usando qualquer variação de movimentos lentos e circulares, evitando cuidadosamente um contato físico. Conclua a massagem com movimentos lentos e verticais sobre a região central do seu corpo.

Etapa 7. Massagem Especializada. Para massagear uma região específica da aura ou alguma parte determinada do corpo, repita as Etapas 4 e 5 acima para formar outra esfera de energia de cor cósmica apropriada e massageá-la na aura do local afetado, inclusive regiões danificadas da aura ou áreas do corpo com problemas. Para fortalecer um órgão específico do corpo, massageie o globo de energia cósmica na aura no local desse órgão.

Etapa 8. Afirmação e Gesto de Fortalecimento. De olhos fechados, visualize novamente o plano cósmico a partir do qual foi formada a esfera de energia. Reafirme as metas de fortalecimento que você formulou no começo deste procedimento, e, com suas próprias palavras, afirme-as não como simples metas, mas como realidades contínuas. Afirme que, com a simples visualização do universo, com seu núcleo brilhante e múltiplos planos de energia colorida, você pode ativar instantaneamente os efeitos fortalecedores deste procedimento.

As Etapas 1 e 2 são particularmente importantes para o sucesso do Procedimento da Cor Cósmica. Mesmo na ausência das etapas seguintes, essas duas etapas podem ser uma profunda fonte de intuição e de poder. Uma maravilhosa percepção do universo e da vastidão de seus recursos pode nos fortalecer para enfrentarmos os desafios mais difíceis da vida com confiança e paz ilimitadas.

Ao idealizarmos esse procedimento, descobrimos que a Massagem Especializada (Etapa 7) tem possibilidades quase ilimitadas de fortalecimento pessoal. Essa descoberta é consistente com a percepção de que o reino cósmico compõe-se não só de seu luminoso núcleo cósmico de energia em sua forma mais pura, como também de diversos planos cósmicos especializados, cada um com diferentes potenciais de fortalecimento baseados na coloração da energia desse plano. Como foi dito no procedimento, planos de cor verde brilhante estão relacionados com a saúde mental e física; planos de cor amarelo brilhante estão relacionados com a eficiência intelectual; e planos de cor violeta ou púrpura estão relacionados com o discernimento espiritual, apenas para mencionar algumas dentre tantas cores e suas possibilidades de fortalecimento.

Nossa busca por opções eficientes de controle da dor nos levou a descobrir que a energia verde brilhante, massageada diretamente na aura da região dolorida, reduz a intensidade da dor, substituindo-a por sensações como calor ou, segundo a descrição de muitos pacientes, de presença de madeira. Embora ainda seja preciso aprofundar essa pesquisa, a massagem verde brilhante também se mostrou promissora na aceleração da cura.

O Procedimento da Cor Cósmica tem sido especialmente útil para facilitar diversas funções intelectuais. Para essa aplicação, o procedimento extrai energia, na Etapa 5, do plano amarelo brilhante, e o massageia sobre a aura da região da cabeça. Por improvável que pareça, foram observados notáveis progressos na mensuração objetiva de resolução de problemas, memória e compreensão de textos após uma única aplicação desse procedimento. Noutra linha, a massagem localizada da aura tem sido extremamente eficiente como afrodisíaco quando se massageia uma bela energia cósmica dourada sobre a aura da região genital. O procedimento tem sido especialmente útil no tratamento de problemas de excitação sexual, especialmente ereção masculina.

Para metas espirituais – inclusive a percepção de guias espirituais e de seres desencarnados –, recomenda-se um período de silêncio após o procedimento. Durante esse estado meditativo, é comum manifestar-se uma presença espiritual, geralmente com mensagens bastante relevantes.

Vistas como um todo, as evidências são claras. A intervenção proposital e gradual nas funções da aura pode influenciar profundamente a aura, promovendo um estado pleno de fortalecimento pessoal – mental, físico e espiritual.

Resumo

Neste capítulo, exploramos a natureza da aura humana e examinamos sua importância para o vampirismo psíquico. Examinamos a importância de suas diferentes características estruturais e de coloração. Desenvolvemos formas de visualização e interpretação da aura; e, finalmente, apresentamos maneiras de fortalecer a aura e de usar sua energia como recurso para a promoção de nosso crescimento pessoal.

Em nossa busca pelo fortalecimento pessoal, é fundamental a compreensão do sistema da aura humana, não apenas como fenômeno energético externo, mas como componente integral de nosso ser total. Compreendendo a aura e dominando os procedimentos relacionados a ela, podemos usar melhor seu poder, não apenas para lidar com o vampirismo psíquico, mas também para enriquecer a qualidade de nossa vida.

É importante observar que os procedimentos de fortalecimento da aura apresentados neste capítulo não são rígidos como pedra. Como outros procedimentos apresentados neste livro, são flexíveis, e podem ser rapidamente adaptados para atender variações em preferências e necessidades pessoais. Componentes específicos podem ser modificados ou praticados independentemente do procedimento pleno; ou podem ser combinados com componentes de outras estratégias para formar uma abordagem totalmente nova, idealizada para se ajustar individualmente a nós. Por exemplo, a massagem circular da aura pode ser usada em conjunto com técnicas de intervenção da mente sobre o corpo para reparar uma fissura na aura ou fechar um ferimento puntiforme feito por um ataque de vampiro psíquico. Só com a prática é que poderemos descobrir as estratégias, ou combinações de estratégias, que funcionam melhor para cada um de nós.

Nosso fortalecimento mental, físico e espiritual depende, em grande parte, de conhecimentos e habilidades relacionadas com a aura humana.

CAPÍTULO 5

VAMPIRISMO PSÍQUICO EM GRUPO

O VAMPIRISMO PSÍQUICO em grupo é um fenômeno extremamente comum, que pode acontecer sempre que grupos se reúnem, e, em alguns casos, no mundo como um todo, como veremos adiante. Em contraste com o vampirismo individual, que é um encontro energético entre um vampiro psíquico e uma vítima, o vampirismo psíquico em grupo pode envolver diversos vampiros e diversas vítimas. Mais especificamente, pode assumir uma das seguintes formas: (1) encontros entre um vampiro psíquico e diversas vítimas; (2) encontros entre diversos vampiros psíquicos e uma vítima; e (3) encontros entre diversos vampiros psíquicos e diversas vítimas.

Como seres energéticos, interagimos rotineiramente com outras pessoas, não apenas no envio e recepção de energia, como também na geração de novas energias mediante um processo interativo. A quantidade total de energia produzida pela interação social costuma ser maior do que a soma das energias doadas independentemente pelos participantes, um efeito conhecido como sinergia. Normalmente, quanto maior o número de pessoas participando de interações positivas e produtivas, maior o efeito sinérgico. Os resultados podem ser uma rica infusão de energia para todos os participantes, bem como um acúmulo de energia periférica que pode se estender bem além do grupo. Em particular, eventos políticos e de inspiração espiritual costumam ser planejados para gerar um imenso efeito sinérgico que se estende bem além do grupo em si.

O efeito sinérgico resultante dos esforços coletivos de grupos foi claramente ilustrado em experimentos de laboratório envolvendo a psicocinese (PK). A psicocinese é a capacidade humana – individual ou em grupos – de influenciar mentalmente objetos, eventos e processos na ausência de intervenção física ou instrumental. Numa das primeiras tentativas de investigar o poder coletivo da PK na Athens State University, idealizamos uma situação experimental na qual um pêndulo foi suspenso sob uma campânula de vidro posta sobre uma mesa, com dois grupos de 22 pessoas cada situados em lados opostos do pêndulo. Os grupos foram instruídos a mover o pêndulo empurrando-o e puxando-o mentalmente. Foi usado um metrônomo para dar ritmo aos esforços dos dois grupos – quando um grupo empurrava mentalmente o pêndulo, o outro grupo o puxava em sua direção. Foi realizada uma série de sessões de "puxa-empurra" de cinco minutos cada, com um breve intervalo para descanso após cada sessão. Na terceira sessão, o pêndulo mostrou um movimento giratório e depois um nítido movimento oscilatório. O metrônomo foi desligado e os dois grupos aceleraram o movimento do pêndulo até este bater nas paredes da campânula. Também de modo significativo, os grupos conseguiram deter rapidamente o pêndulo, simplesmente invertendo seus esforços de puxar e empurrar. O experimento foi repetido diversas vezes, e em todas elas o resultado foi o mesmo, sugerindo assim a notável capacidade sinérgica de nossos recursos mentais coletivos para influenciar diretamente condições e induzir mudanças, para melhor ou para pior. Infelizmente, no vampirismo psíquico coletivo, o efeito sinérgico é prejudicial e, em alguns casos, muito nocivo para outras pessoas.

Em meus seminários, costumo realizar uma interação sinérgica a fim de energizar e fortalecer não apenas o grupo, como também o próprio planeta. A energia fortalecedora é impecável – é uma energia construtiva que, uma vez liberada, não conhece limites. Ela pode viajar numa velocidade cósmica. Ela pode focalizar alvos específicos próximos de nós ou pode ser dispersada ao redor do planeta. Além disso, ela pode atingir os mais distantes confins do universo. Mais adiante, vamos apresentar técnicas coletivas idealizadas para gerar e difundir energias fortalecedoras.

Em contraste com a energia fortalecedora, a energia debilitante é sempre constritiva. Seus efeitos, porém, variam em função da natureza do grupo. Em certos casos, a energia negativa gerada por grupos é extremamente destrutiva. Como exemplos, temos as energias destrutivas geradas por grupos que praticam táticas vampirescas como segregação, preconceito, intolerância, racismo e exclusão. Como parasitas, em pouco tempo esgotam os limitados recursos energéticos do grupo e passam a se dedicar a perigosas atividades que costumam incluir violência, num esforço fútil para fazer o grupo progredir e ficar forte novamente. Suas estratégias podem incluir diversos graus de comportamento abertamente antissocial e hostil, destinados a intimidar, abalar e controlar. As desafortunadas consequências para os participantes do grupo são a cessação do crescimento e a distorção das funções normais do sistema energético interno. Embora o grupo transviado possa se valer temporariamente da energia destrutiva que ele gera, mais cedo ou mais tarde ele se autodestruirá.

O vampirismo psíquico em grupo pode ocorrer dentro de grupos ou entre grupos. Pode envolver grupos contrários, em que um grupo organiza suas energias e outros recursos para subjugar e derrotar outro grupo. Em situações altamente competitivas, táticas de vampirismo psíquico podem ser sutilmente disfarçadas a fim de manipular, confundir e dividir a oposição. Em acirradas campanhas políticas, por exemplo, são comuns táticas vampirescas destinadas a desenergizar e a derrotar a oposição. De modo análogo, táticas vampirescas costumam ser observadas em situações de esportes competitivos, especialmente nos minutos finais de concursos altamente concorridos nos quais seus efeitos, se não forem combatidos, podem ser decisivos para determinar o vencedor. Em esportes competitivos em equipe, porém, o vampirismo psíquico costuma ser visto como um vampirismo justificável, pois a meta de ambas as equipes é vencer o adversário, e não causar-lhe dano. Além disso, o vampirismo competitivo costuma surgir de modo espontâneo, e, em muitos casos, é inerente à natureza do esporte. Pode incluir técnicas destinadas a intimidar o adversário, interromper sua coordenação, esgotar suas energias e exaurir seu espírito de equipe.

Equipes de esportes competitivos que ficam energizadas no início do evento, mas que têm dificuldades para se manter energizadas, podem ser vítimas de vampirismo psíquico, e não de fadiga induzida pelo jogo. A fonte vampiresca de fadiga pode ser a equipe adversária ou torcedores adversários. Torcedores que apoiam, têm energia e torcem intensamente não apenas elevam as expectativas e o nível energético de sua equipe, como reduzem as expectativas e o nível energético do adversário. Obviamente, quanto maior e mais energizada a torcida, mais eficientes seus esforços vampirescos.

Na minha prática, costumo trabalhar com equipes desportivas para aprimorar suas expectativas de sucesso, bem como seu poder de resistência ao vampirismo. Seja no futebol, no futebol americano, no basquete ou no beisebol, minha técnica inclui estratégias que infundem abundante energia na equipe, aumentando sua resistência ao vampirismo psíquico em grupo. Até equipes acadêmicas de boliche ou grupos de discussão se beneficiaram das estratégias destinadas a estimular a concentração e a combater os efeitos desconcertantes do vampirismo psíquico. As equipes recebem ativadores de fortalecimento, que podem ser imagens ou gestos utilizáveis intermitentemente durante o evento competitivo. Mais tarde, vamos apresentar procedimentos detalhados e fortalecedores que podem ser usados por grupos para repelir o vampirismo psíquico.

O vampirismo psíquico em grupo também é particularmente comum em ambientes de trabalho, onde pode influenciar o desempenho e os relacionamentos dos funcionários em todos os níveis de uma organização. Tal como no vampirismo individual, os resultados imediatos são um novo fornecimento de energia para o vampiro psíquico e baixa energia para as desafortunadas vítimas. Isso foi ilustrado por uma gerente comercial que, durante uma terapia, apresentou fadiga e dores nas costas, que ela atribuiu ao stress profissional. Uma análise de seu trabalho mostrou, porém, que seus sintomas ficavam mais evidentes quando ela trabalhava numa equipe específica. Quando trabalhava longe da equipe, seu nível de energia voltava ao normal e a dor desaparecia. Suspeitando de vampirismo psíquico, prescrevi uma técnica de proteção contra vampirismo aplicável à sua situação profissional. Energizada e livre da dor, ela assumiu o comando da situação profissional que, durante meses, drenou suas energias. Quase imediatamente, seu trabalho tornou-se mais satisfatório, e em pouco tempo ela atingiu um nível totalmente novo de satisfação profissional e realização pessoal.

Além de diversos sintomas físicos, no ambiente de trabalho o vampirismo psíquico pode ter outras consequências muito sérias. Quase sempre, as vítimas de vampirismo ficam insatisfeitas com seus empregos, e a qualidade de seu desempenho diminui. Além de outros sinais claros de que o funcionário está sendo vítima de vampirismo psíquico no trabalho, temos elevados índices de acidentes, baixo moral, número excessivo de faltas e elevada rotatividade de funcionários. Como os vampiros psíquicos costumam escolher suas vítimas dentro de uma zona razoavelmente próxima, a análise de dados relevantes de trabalho pode identificar áreas ou departamentos particularmente propensas a vampirismo psíquico.

O vampirismo psíquico em grupo pode, infelizmente, ocorrer num ambiente familiar, onde o vampiro psíquico consome sistematicamente as energias de outros familiares. Num ambiente familiar, os vampiros psíquicos são, quase sempre, pessoas descontentes e ressentidas. Tendem a criticar os outros parentes, e costumam reclamar que nunca são compreendidos. Geralmente, são emocionalmente frios e distantes. Muitos recebem hostilidade e se alienam da família. Sentem-se pouco reconhecidos e bastante inseguros, e tendem a culpar outras pessoas – inclusive outros familiares – por seus problemas e fracassos. Costumam ser irritadiços, impacientes e muito temperamentais.

Foram observadas certas diferenças de sexo entre vampiros psíquicos em situações familiares. A vampira tende a ser manipuladora e a controlar de maneira passiva, enquanto o vampiro é mais assertivo e desafiador. Em suas interações familiares e com as pessoas em geral, tanto o vampiro como a vampira costumam ser emocionalmente distantes e superficialmente independentes, mas, no íntimo, sentem-se inseguros e vulneráveis.

Ao trabalhar com famílias nas quais há suspeitas de vampirismo psíquico, costumo usar o *role-playing** com a participação de todos os membros da família. Primeiro, as interações familiares são observadas, e depois o membro da família que demonstra características de vampiro psíquico deve representar o papel de uma pessoa que dá apoio e atenção. Para manter o foco na família e não apenas na pessoa suspeita de vampirismo, outros membros da família recebem papéis que enfatizam interações positivas e a aceitação dos demais.

No *role-playing* familiar, pessoas com características de vampiros psíquicos são instruídas a praticar louvor, paciência, aceitação e compreensão. Embora possam ter dificuldade para assumir um papel de não vampiro, em pouco tempo elas percebem seus efeitos positivos e fortalecedores, tanto nelas mesmas quanto nos demais. Embora não sejam orientadas a ser emocionalmente expressivas em seus papéis designados, a maioria delas acaba reagindo melhor aos outros membros da família à medida que se desenrola a encenação. Cada sessão de *role-playing* costuma terminar com um exercício em grupo que focaliza interações familiares harmoniosas, bem como a sintonia e o equilíbrio interior.

O tratamento mais eficiente para pessoas ou grupos com características de vampirismo psíquico focaliza sempre potenciais e não problemas, e soluções em lugar de rótulos ou diagnósticos.

---

* O *role-playing* [representação de papéis] é um modelo de ensino que ajuda os alunos a compreender o comportamento social, o seu papel nas interações sociais e as formas de resolver problemas de uma forma mais eficaz (N. do E.).

Surfe e Infiltração Vampirescos

Em situações de vampirismo psíquico em grupo, a quantidade de energia perdida pelas vítimas pode variar de algo que mal se percebe a um valor extremamente importante. Alguns vampiros psíquicos experientes analisam um grupo e drenam pequenas quantidades de energia das diversas pessoas que compõem o grupo. Esta prática, que chamamos de *surfe vampiresco*, costuma ocorrer em locais com grandes aglomerações, como concertos, conferências, palestras e convenções. Como quem surfa pela Internet, eles vão de fonte em fonte, fazendo breves pausas para absorção. No caso do surfe vampiresco, eles absorvem energia em vez de informações.

As vítimas do vampiro surfista raramente percebem a perda de energia, exceto quando seu sistema energético já está estressado ou deficiente. Se, porém, o surfe vampiresco é suficientemente intenso, as vítimas ficam inquietas, zonzas e cansadas. Isso pode ajudar a explicar por que muitos eventos começam com um clima entusiasmado e elevado, terminando com um tom baixo que desaponta a todos. Mesmo em eventos muito energizados, como shows de rock ou convenções políticas, o surfe vampiresco acontece com frequência e pode causar danos. Quando o público é numeroso, os vampiros surfistas costumam ficar sentados, quer em balcões, quer na plateia, o que lhes dá uma visão panorâmica do grupo sendo vampirizado.

O surfe vampiresco, como outras formas de vampirismo em grupo, pode acontecer em qualquer situação em que as pessoas se reúnam – auditórios, teatros, igrejas, estádios, salas de aula e assim por diante. Os vampiros surfistas costumam ser vampiros psíquicos muito hábeis, geralmente com intensa atividade social. Para eles, o surfe é mais do que uma energização, é também divertido e desafiador. Normalmente, têm diversas atividades sociais – inclusive profissionais, políticas, educacionais, teatrais e religiosas – apenas para surfar. Gostam da publicidade e do reconhecimento público de suas realizações e contribuições para a comunidade. Costumam ser membros de diversas organizações cívicas e profissionais. Embora suas energias se dispersem bastante, são bons organizadores que se oferecem para iniciar importantes projetos e eventos cívicos. São extrovertidos e vivazes, mas nem sempre bem-sucedidos financeiramente, porque fazem investimentos imprudentes e negócios arriscados. Seu humor costuma mostrar-se elevado, exceto quando sua energia atinge um nível crítico, ocasião em que procuram uma "situação social energizadora" ou uma nova causa social para exercer seu impulso vampiresco e aumentar seu suprimento de energia.

Embora estejam bastante cientes de sua necessidade de se envolver socialmente, os vampiros surfistas costumam negar a natureza vampiresca de suas interações sociais. Muitos deles, porém, estão claramente cientes do impulso vampiresco e admitem prontamente que extraem intencionalmente energias de outras pessoas graças às suas incursões vampirescas. Eis o relato de um vampiro surfista que, como diretor de funerária, acreditava que suas interações de vampiro eram um sedativo que gerava um efeito tranquilizante na plateia enlutada.

"Eu não me consideraria um vampiro psíquico, mas admito que fico energizado quando estou perto de grupos, especialmente em velórios. Na minha profissão, organizo diversos velórios por semana, às vezes dois ou três por dia. De minha posição discreta como diretor da cerimônia, costumo ficar analisando a plateia e acumulando espontaneamente o imenso fluxo de energia emocional que os velórios parecem gerar. Por isso, a intensidade da ocasião acaba se amenizando e os participantes ficam mais calmos e à vontade. Eu, por meu lado, fico excitado e até exultante com a quantidade de energia que vem da plateia".

No surfe vampiresco, a minúscula quantidade de energia extraída de cada indivíduo costuma ficar abaixo do nível que pode ser percebido, um limiar que às vezes é chamado de *mínima diferença percebida* (MDP). Minhas entrevistas com vampiros surfistas experientes revelaram que, durante o surfe, eles ficam sensíveis a indicações sugerindo que o limiar da MDP está prestes a ser atingido. Segundo os vampiros surfistas, uma postura relaxada e o olhar voltado para o chão são sinais claros de que o limiar da MDP está iminente. Quando o surfe vampiresco varre a plateia toda, todos podem mostrar esses sintomas. Mas até vítimas familiarizadas com o conceito de vampirismo psíquico em grupo não costumam associar seus sintomas com o surfe vampiresco, pois a perda de energia fica abaixo de seu limiar de percepção consciente. Por isso, os vampiros surfistas experientes costumam surfar impunes, sem serem percebidos – ficam, ao mesmo tempo, energizados e "invisíveis".

Embora os vampiros surfistas costumem drenar pequenas quantidades de energia de um grande número de pessoas, sabe-se que também analisam grupos exclusivamente para identificar presas particularmente vulneráveis. As vítimas que escolhem podem ir de ingênuos líderes de grupos a membros passivos da plateia. Normalmente, suas vítimas não conhecem o vampirismo psíquico, e por isso não têm recursos de proteção psíquica – deficiências que as tornam não resistentes.

Embora o surfe vampiresco normalmente seja iniciado por um único indivíduo, pode ser também uma atividade organizada, coletiva, na qual um subgrupo de vampiros se posiciona estrategicamente perto de uma aglomeração e extrai substanciais energias do grupo maior, um fenômeno sofisticado que chamamos de *infiltração vampiresca*. A meta da infiltração vampiresca é exaurir, dividir ou espalhar a energia do grupo maior por meio de estratégias sutis, e não por confrontos ativos, que poderiam aumentar a resistência do grupo maior. Aglomerações que envolvem assuntos controvertidos como meio ambiente, políticas comerciais e direitos humanos costumam ser mais vulneráveis à infiltração vampiresca. Eventos políticos geralmente são alvo de infiltração vampiresca. De encontros municipais a convenções nacionais, a infiltração vampiresca, a menos que combatida, pode desenergizar um grupo e reduzir sensivelmente sua eficiência. Felizmente, há procedimentos que podem proteger grupos tanto de surfe vampiresco como de infiltração vampiresca.

Procedimento de Fortalecimento de Grupo

O Procedimento de Fortalecimento de Grupo destina-se a ser usado por grupos para (1) organizarem eficientemente seus atuais recursos energéticos, (2) infundir novas energias no grupo e (3) proteger o grupo da invasão de vampiros psíquicos e de outras influências debilitantes. Além de exercitar os recursos energéticos do grupo, o procedimento identifica a importância das expectativas e da dedicação do grupo, elementos com importante potencial de fortalecimento. Além disso, e também muito importante, é o fato de identificar o efeito sinérgico da participação do grupo. Após cada membro do grupo ter sido fortalecido, todo o grupo é envolvido numa aura protetora de poderosa energia. O procedimento repele de maneira eficaz a infiltração e o surfe vampirescos, de que já tratamos. Quando o procedimento é praticado pelo grupo, os vampiros psíquicos ativos costumam sair do grupo logo após o procedimento, ou mesmo em algum momento desse procedimento.

O procedimento é flexível e pode ser adaptado à estrutura e às necessidades de quase todo grupo. Em virtude de seus efeitos energéticos e motivadores, é especialmente recomendado no início de um evento em grupo. Também é eficiente como exercício de encerramento do grupo. O procedimento é praticado, etapa por etapa, por todos os membros do grupo. Eis o procedimento.

Etapa 1. Interface do Grupo. Junto com o grupo, fique em pé e, com as palmas das mãos voltadas para fora, faça uma rápida interface com as palmas das mãos das pessoas próximas, mas sem tocá-las, sentindo a fusão das energias nas palmas das mãos. Pense nas palmas das mãos como antenas de transmissão e recepção de seu sistema energético interno.

Etapa 2. Interface Cósmica. Sentado e com os olhos fechados, una-se ao grupo e vire as palmas das mãos para cima, reverenciando a fonte cósmica de toda energia. Junto com o grupo, sinta a poderosa fusão entre a energia cósmica e as energias nas palmas de suas mãos. Enquanto o sistema energético cósmico mantém a interface com o seu, reserve alguns momentos para que o processo de energização continue, até que todo o seu ser esteja mergulhado em abundante e poderosa energia.

Etapa 3. Infusão da Energia no Grupo. Junto com o grupo, vire as palmas das mãos para fora e, enquanto as movimenta de um lado para o outro, permita que a nova infusão de abundante energia se espalhe e envolva todo o grupo numa brilhante e impenetrável aura de energia. Agora, você e o grupo estão plenamente energizados e protegidos.

Etapa 4. Reflexão em Grupo. Junto com o grupo, reflita silenciosamente sobre importantes metas pessoais e do grupo, e dedique suas energias à realização dessas metas.

Etapa 5. Conclusão. Equilibre e afine seu sistema energético unindo as mãos – palma contra palma – enquanto afirma, junto com o grupo: *Como grupo, estamos organizados, equilibrados e em sintonia, metal, física e espiritual.*

Além de energizar e proteger o grupo, esse procedimento pode ser muito útil para motivá-lo, aumentando sua dedicação a metas e propósitos específicos. A Etapa 4 deste procedimento pode ser modificada com facilidade para focalizar as energias do grupo em objetivos bem específicos. Grupos com missões específicas relataram que o procedimento é útil na mobilização de seus recursos, bem como para conseguirem apoio de fora do grupo. O procedimento é eficiente em grupos convencionais e em organizações de vanguarda. Suas aplicações vão desde metas de aprimoramento pessoal, como controlar o peso e parar de fumar, a temas culturais amplos, como proteger o meio ambiente e promover a paz mundial.

Com modificações mínimas, o Procedimento de Fortalecimento de Grupo pode ser usado como eficiente técnica de cura psíquica. Para isso, o procedimento pode ser alterado facilmente a fim de incluir relevantes metas de cura e o foco apropriado do grupo, com o que a energia de cura é projetada até a(s) pessoa(s) a que se destina(m), quer nas proximidades, quer à distância.

Vampirismo Psíquico Organizacional

O vampirismo psíquico em grupo pode ficar evidente e arraigado a ponto de toda uma organização ou instituição adquirir sérias características vampirescas, uma condição que chamamos de *vampirismo psíquico organizacional*. Esse tipo de vampirismo pode ser encontrado em muitas organizações industriais e instituições estabelecidas, nas quais os esforços estruturados e coletivos do grupo organizado (especialmente da liderança) assumem sérias motivações e características vampirescas.

Em contraste com outras formas de vampirismo psíquico, o vampirismo psíquico organizacional usa táticas vampirescas, consciente ou subconscientemente, para atingir as metas de um grupo organizado formalmente, geralmente sob a liderança de membros da diretoria que têm uma longa história de vampirismo psíquico individual. Embora o vampirismo psíquico organizacional manifeste de maneira coletiva algumas das características do vampirismo individual, ele afeta um grande número de pessoas, com implicações culturais e até globais.

No vampirismo individual, o vampiro típico costuma se satisfazer reunindo a quantidade mínima de energia necessária para um ataque, a fim de se recuperar e de fortalecer seu sistema energético deficiente. A energia obtida com o ataque costuma bastar para repor a energia gasta, e abastece, mesmo que temporariamente, o sistema energético do vampiro com uma nova quantidade de energia. Em contraste, o vampirismo organizacional focaliza seus recursos maciços em metas explícitas, com consequências destrutivas e, às vezes, mortais. Suas estratégias costumam incluir a manipulação e a exploração em grande escala de populações-alvo.

O vampirismo psíquico organizacional pode ser uma força poderosa, influenciando toda a organização e sua estrutura interna, bem como um grande número de pessoas fora da organização. Normalmente, as organizações vampirescas concentram seus esforços e recursos para criar uma "pressão de grupo de vampiros" potencialmente destrutiva, influenciando os pensamentos, percepções e comportamentos da organização interna e de populações-alvo. Naturalmente, quase todas as organizações planejam e concentram seus esforços e recursos propositadamente, mas só se mostram vampirescas quando suas estratégias são irresponsáveis, enganadoras e prejudiciais.

Um exemplo familiar e atual de vampirismo psíquico maciço é o crime organizado. Geralmente com alcance internacional, o crime organizado drena os recursos das comunidades e destrói vidas. Seu *modus operandi* inclui o tráfico de drogas ilícitas; contrabando; falsificação; extorsão; roubos; fraudes; corrupção; sequestros; incêndios; assassinatos; prostituição; agiotagem e outros atos ilegais de exploração e terrorismo. Embora seus líderes poderosos tenham se tornado, em alguns casos, heróis populares, sua motivação primária é o dinheiro mediante a exploração destrutiva, sem nenhuma consideração pela miséria humana que produz.

Elevando-se indiscutivelmente ao mesmo nível do crime organizado, temos o vampirismo psíquico encontrado em muitas corporações legalmente estabelecidas. O vampirismo corporativo, como pode ser tratado, resulta da decisão deliberada, tomada por uma corporação orgânica, de se dedicar a atividades corporativas predatórias, normalmente em nome do lucro. O vampirismo corporativo pode ficar tão enraizado que afeta a estrutura, as políticas e os procedimentos da organização como um todo. Mesmo disfarçadas sob um manto de respeitabilidade, sabe-se que corporações predadoras comercializam produtos reconhecidamente perigosos e, em alguns casos, potencialmente fatais para os consumidores. Uma prática comum em corporações com pendor vampiresco é ignorar ou negar os riscos de segurança ou à saúde associados a seus produtos, geralmente com práticas promocionais e de marketing que incluem pouca transparência ou flagrante distorção.

Um exemplo claro de vampirismo psíquico corporativo é a indústria do tabaco. Seu longo histórico de práticas predatórias de marketing na promoção do uso de derivados do fumo, ao mesmo tempo que nega sua conhecida natureza perigosa e viciante, tem as inegáveis impressões digitais do vampirismo psíquico. A determinação dessa indústria – motivada por seu aspecto vampiresco – em se proteger e em promover seus produtos a qualquer preço, mesmo com o sacrifício da saúde e das vidas de seus consumidores (inclusive crianças), no lugar de desenvolver um produto mais seguro e que não cause dependência, é o vampirismo corporativo em sua forma mais maligna e terrível. O uso que essa indústria faz de personagens de desenho animado e de cigarros de chocolate que se dirigem às crianças são apenas dois exemplos que refletem a vergonhosa frieza com que essa indústria faz negócios. Infelizmente, suas táticas vampirescas costumam funcionar. As pesquisas mostraram, por exemplo, que crianças que consomem cigarros de chocolate têm duas vezes mais chances de fumar mais tarde, mesmo se os pais não fumarem. A entusiástica colaboração de esportes profissionais e universitários – também motivados pelo lucro ao promover derivados do tabaco – é igualmente sórdida e ultrajante. Do mesmo modo, muitas organizações varejistas, inclusive farmácias*, são culpáveis por se disporem a promover o uso indiscriminado de um produto perigoso e que vicia. Ironicamente, muitas dessas mesmas farmácias, inclusive redes nacionais que vendem, nos fundos, produtos de saúde e remédios que precisam de receita, vendem abertamente produtos derivados do tabaco na parte da frente. Esperamos que farmacêuticos conscientes se unam, como profissionais responsáveis, e protestem pela eliminação dessa prática indigna. Sem dúvida, os futuros profissionais da área de saúde vão analisar estes tempos em retrospectiva e se espantar com a disseminada prática vampiresca da promoção de um produto com conhecidos riscos à saúde em nome do lucro.

As práticas predatórias de corporações vampirescas podem incluir pecados vampirescos de omissão bem como pecados de comissão, geralmente para aumentar os lucros. Como exemplo, temos o fato de os fabricantes não revelarem riscos à saúde ou à segurança associados a seus produtos, e, tão alarmante quanto, o fato de retardarem o *recall* de produtos que representem sérios riscos para o consumidor. Em processos jurídicos anteriores ao recall de produtos perigosos, os termos de acordos judiciais e as evidências sobre as quais os processos se basearam normalmente não ficam disponíveis para o consumidor. Finalmente, quando é feito um tímido recall do produto, as engrenagens de relações públicas da empresa começam a girar vampirescamente a fim de reconquistar a confiança do consumidor e de resgatar sua generosa e amigável imagem corporativa.

Além da deliberada produção e comercialização de produtos reconhecidamente nocivos, o vampirismo corporativo pode assumir diversas outras formas e modelos. Um exemplo comum são as condições insalubres de trabalho, que põem em risco os funcionários da empresa e, em alguns casos, o público em geral. Infelizmente, alguns arautos conscientes dentro do ambiente corporativo vampiresco acabam descobrindo que suas carreiras, e até suas vidas, estão em jogo.

Um exemplo muito recente de flagrante vampirismo psíquico no ambiente corporativo é a falência da Enron, a maior empresa de energia do mundo. Suas táticas vampirescas incluíam, entre outras coisas, a fraude deslavada, aumentando artificialmente os lucros da empresa e transmitindo outras informações imprecisas para funcionários e pessoas de fora da empresa. Mais indigno

* O autor se refere aos Estados Unidos (N. do T.).

ainda é o fato de os principais executivos da empresa – prestes a ruir – ganharem milhões de dólares vendendo freneticamente suas ações antes que a empresa falisse, e, ao mesmo tempo, vampirizando funcionários, impedindo-os de vender suas ações 401(k)* da empresa até elas despencarem de US$ 90 na alta e chegarem a 26 centavos. Como se descobriu depois, os arrogantes e trapaceiros esquemas vampirescos da Enron levaram à maior – e provavelmente a mais escandalosa – falência empresarial da história norte-americana.

Surpreendentemente, nem as instituições acadêmicas estão livres do vampirismo psíquico. Espera-se que instituições de ensino superior defendam o conhecimento e esclareçam questões para o público. Em vez disso, volta e meia as instituições acadêmicas têm se valido do vampirismo psíquico – um parasita sutil que desperdiça os recursos das instituições e dilui a qualidade de seus cursos. Os primeiros sintomas do vampirismo acadêmico são a resistência à responsabilidade e uma falta de dedicação à excelência acadêmica. Em todo o mundo, educadores responsáveis concordam que a séria dedicação à excelência é uma expectativa razoável para qualquer instituição acadêmica. Infelizmente, a vítima do vampirismo acadêmico não é a instituição impessoal, mas o aluno, que não recebe uma educação de qualidade.

Em qualquer grupo, organização ou instituição, o envolvimento organizado em atividades e interações gratificantes é uma das melhores e mais produtivas estratégias de fortalecimento que se conhece. Decorre daí que o estabelecimento de metas positivas e a promoção do envolvimento em sua consecução são elementos críticos de qualquer grupo, organização ou instituição. Não só promovem o crescimento, como afastam consistentemente a ameaça do vampirismo interno e externo.

Vampirismo Psíquico Global

Além de grupo, organizações e instituições, o vampirismo psíquico pode ocorrer numa escala maciça, global. Os esforços humanos nos cenários globais – a procura por soluções para problemas globais e para conflitos internacionais – costumam ser influenciados pelas energias coletivas de países e seus líderes. Historicamente, com a organização das energias e recursos de grandes números de pessoas, os líderes moldaram, literalmente, eventos globais. Frequentemente, porém, líderes e grupos de poder vampirescos têm drenado recursos críticos de grandes populações, chegando a privá-las de suas tradições

* Ações do plano de aposentadoria (N. do T.).

culturais e até da própria vida, como vimos tragicamente no Holocausto e, mais recentemente, nas "limpezas étnicas" – às vistas do próprio planeta.

A mais maligna manifestação do vampirismo psíquico global é a destruição organizada de outros seres humanos, que pode assumir muitas formas. Exemplos comuns de vampirismo contemporâneo global são ataques a direitos humanos, a exploração desavergonhada de nossos recursos naturais, a poluição ambiental e a pobreza mundial, para citar apenas alguns. Como vampiros insaciáveis, essas condições e os líderes que as promovem esgotam o potencial humano de crescimento e progresso global. Infelizmente, sempre que o vampirismo psíquico acontece numa escala global, é porque também já está grassando em suas outras formas.

Num dado momento do tempo, a civilização é o produto de seus esforços presentes e do acúmulo de seu passado. Como cada um de nós, a civilização gera progressivamente um registro global dinâmico – um arquivo que serve de crônica de sua existência, desde seu início remoto até o presente. Registradas em letras garrafais na escala global, vemos as realizações e vitórias da civilização, bem como seus fracassos e derrotas. Embora existamos apenas no presente, qualquer legado não resolvido de nosso passado exige nossa atenção e determinação. Por toda a história, nosso potencial de compaixão e de dedicação ao bem comum foi frequentemente afligido pela tirania, pela selvageria e pela guerra. Atrocidades globais, passadas e presentes, e abusos aos direitos humanos, tecem uma assustadora capa de vampiro que continua a eclipsar o planeta.

A guerra é, provavelmente, o mais maligno de todos os vampiros globais. No início da história dos Estados Unidos, Thomas Paine identificou a natureza vampiresca da guerra: "Aquele que é o autor de uma guerra libera o contágio do inferno e rasga uma veia que faz com que uma nação sangre até a morte". Na esfera das atividades humanas, a guerra, mais do que qualquer outro evento, prejudica o progresso global e põe em risco o curso da vida humana. Como emblema da miséria, ela corrompe o equilíbrio e gera energias destrutivas numa escala maciça, que pode envolver a Terra durante décadas. Citando Benjamin Franklin, "Nunca houve uma guerra boa ou uma paz ruim". A guerra é o assassinato político que se forma a partir da velha corrupção e gera nova corrupção. Leva décadas para se construir a paz, mas apenas segundos para destruí-la. A guerra, como a paz, origina-se dentro de nós. Mais do que antes, devemos investir todas as nossas forças para impedir a guerra e promover a paz.

Numa escala maciça, continuamos a lutar sob o peso de uma opressiva bagagem global que retarda nosso avanço na direção da realização de nosso potencial pessoal e global. O lado sombrio da natureza humana e o potencial para depravação são pesos vampirescos que exigem nossa percepção e ação.

Contrabalançando fielmente o registro sombrio de nosso passado, vemos o lado estimulante da humanidade. Apesar de nossos erros, o planeta acaba seguindo em frente. Em grande parte por conta do esforço feito pela humanidade para crescer e sobreviver, hoje o mundo está melhor do que antes. O progresso nunca é fácil. Contra o pano de fundo de nosso passado, os atuais desafios globais exigem constantemente o que temos de melhor.

O mundo é mais do que um palco onde somos atores; é um professor ativo, cujos métodos, a um só tempo, desafiam e liberam. Num nível pessoal, uma importante tarefa com que nos defrontamos agora é promover o progresso global, combatendo a regressão global. Energizando o planeta, podemos derrotar o vampirismo global em qualquer de suas formas. Juntos, podemos fazer do mundo um lugar mais rico e seguro para nós mesmos e para as futuras gerações. Agora mesmo, temos todos os recursos de que precisamos para realizar essa importante tarefa.

Procedimento de Fortalecimento Global

O Procedimento de Fortalecimento Global é usado como atividade de grupo para gerar uma energia nova e brilhante, suficiente para fortalecer o planeta e repelir as forças sombrias que o limitam e que corroem seus recursos. O procedimento reúne grande quantidade de energia, e o focaliza na Terra como o ambiente essencial para o crescimento e a realização humana. Envolvendo a Terra com nova energia e poder, ele ativa um processo de efetivação global que beneficia a todos. Ao mesmo tempo, protege a Terra de forças debilitantes – inclusive o vampirismo global –, que impedem o crescimento pessoal e o progresso global.

O procedimento exige a presença física de um globo terrestre, posicionado de maneira a poder ser visto por todo o grupo. O procedimento se baseia na premissa de que a interação com o globo terrestre pode ser um portal para a interação com o planeta. Tendo focalizado primeiro a energização do globo como representação em miniatura do planeta, o grupo passa a sua atenção para a energização do próprio planeta. O procedimento se encerra com um poderoso evento cósmico no qual o grupo e a Terra são mergulhados em poderosa energia cósmica. O procedimento é praticado passo a passo pelo grupo todo.

Etapa 1. Visualizando o Globo. Junto com o grupo, veja o modelo do globo e, mantendo seu foco sobre ele, limpe sua mente de pensamentos ativos. Sinta sua conexão com o modelo do globo como uma réplica do planeta. Afirme que, interagindo primeiro com o modelo do globo, você pode interagir com o planeta.

Etapa 2. Energizando o Modelo do Globo. Esfregue suavemente as mãos e sinta o calor da energia que se forma entre elas. Vire as palmas das mãos para fora, para que se voltem na direção do globo, e permita que a energia que emana de suas mãos o envolva. Quando a energia do grupo é passada para o globo, é possível ver um halo brilhante à sua volta, uma manifestação em miniatura desse poder coletivo de energizar o planeta.

Etapa 3. Visualizando a Terra. Junto com o grupo, feche os olhos e visualize a Terra com seus oceanos, rios, montanhas, planícies e assim por diante. Sinta sua conexão com a Terra como uma criação cósmica e um local de crescimento.

Etapa 4. Fortalecendo a Terra. Como na Etapa 2, esfregue suavemente as mãos e sinta o calor da energia que se forma entre elas. Vire as palmas das mãos para fora, movendo-as lateralmente, e deixe que a energia saia de suas mãos, una-se à energia do grupo e envolva o planeta. Quando o brilho da energia envolver o planeta, focalize regiões ou populações específicas e sature-as de energia.

Etapa 5. Autoinfusão Cósmica. Vire as palmas das mãos para cima e visualize o núcleo distante do universo como um orbe luminoso, de poderosa energia. Sinta sua conexão com esse orbe como a fonte energética de sua existência, até todo o seu ser ficar repleto de energia cósmica.

Etapa 6. Infusão Cósmica Global. Permita que a infusão interior da energia cósmica se expanda e se una às energias do grupo, e depois se estendam para infundir ainda mais a Terra com a poderosa energia cósmica.

Etapa 7. Afirmação do Grupo. Una as mãos em posição de prece e afirme em uníssono com o grupo: *Eu, juntamente com todo o planeta, estou fortalecido, equilibrado e sintonizado. Estou em união com o universo.*

Etapa 8. Afirmação pessoal. Afirme que, pela simples união de suas mãos ao visualizar o núcleo energético do universo, você pode ativar instantaneamente todo o potencial de fortalecimento deste exercício.

Além do objetivo declarado de fortalecer e proteger a Terra, este procedimento é especialmente eficiente para promover a coesão e a produtividade do grupo. Organizações que praticam o procedimento regularmente assumem uma orientação mais global e focada. Para elas, as possibilidades se expandem, não só para o grupo, mas também para a Terra. Elas se tornam mais eficientes no atendimento às metas do grupo, além de promoverem ativamente o progresso numa escala global.

Tornar-se um grupo fortalecido num mundo fortalecido é a melhor defesa que qualquer grupo pode ter contra o vampirismo psíquico ou qualquer outra força contrária. Em qualquer lugar, e independentemente de sua constituição, os grupos podem perceber que os dois procedimentos apresentados neste capítulo fortalecem o grupo e são gratificantes para cada um de seus componentes.

Resumo

Este capítulo examinou o vampirismo psíquico em grupo, que difere de outras formas de vampirismo por envolver diversos vampiros ou diversas vítimas, e, em alguns casos, ambos.

Nossas interações com grupos costumam produzir um efeito sinérgico, no qual a energia gerada excede a soma de suas partes, fenômeno que foi demonstrado em experimentos controlados de psicocinese em laboratório.

Geralmente, o vampirismo em grupo é observado em esportes competitivos, nos quais costuma ser considerado um vampirismo aceitável, pois se espera que equipes adversárias dominem-se e se esgotem mutuamente. O vampirismo em grupo que não é justificável acontece normalmente num ambiente de trabalho, no qual o vampiro psíquico drena energia de seus colegas. Às vezes, é observado também em ambientes familiares, onde as estratégias vampirescas podem incluir manipulação, desafio, hostilidade e controle excessivo.

O vampirismo psíquico em grupo pode envolver estratégias como surfe e infiltração, ambas propositalmente estruturadas para roubar energias de um grupo e interromper suas funções. O Procedimento de Fortalecimento de Grupo é eficiente e protege o grupo do surfe e da infiltração, ao mesmo tempo que motiva o grupo e o infunde com novas energias.

O vampirismo organizacional é um vampirismo coletivo, seguido em certas corporações importantes que assumem características e práticas vampirescas. Exemplos comuns são empresas que poluem o ambiente de maneira irresponsável, bem como corporações cujos produtos representam riscos de saúde ou de segurança para os consumidores.

O vampirismo global é a forma mais maciça de vampirismo psíquico que se conhece. Atuando numa escala planetária, ele drena recursos críticos de populações inteiras. Exemplos são abusos aos direitos humanos, a exploração de crianças, a opressão a certos grupos e a pobreza mundial. Em sua pior forma, pode envolver a destruição organizada de outros seres humanos em escala maciça. O Procedimento de Fortalecimento Global destina-se a energizar e proteger o planeta do vampirismo global.

CAPÍTULO 6

VAMPIRISMO PARASITÁRIO

IMAGINE UMA TENAZ força interior que se torna tão intensa que pode sobrepujar a pessoa como se fosse um vampiro sedento. Por estranho que possa parecer no início, essa força opressora existe – é chamada de *vampirismo parasitário*. Ela se apega sutilmente às suas vítimas como um parasita, e, uma vez instalada firmemente, domina-as sem cessar, dirigindo-as com feroz intensidade. É o vampirismo numa de suas formas mais comuns, mas potencialmente mais nocivas.

O vampirismo parasitário é o vampirismo psíquico voltado para o interior da pessoa, e não para os outros. É tão poderoso e potencialmente nocivo que, se não for combatido, pode se tornar uma força interior constritiva, quase que com vida própria. Pode impedir o crescimento, danificar o sistema energético interno e drenar a vítima de recursos vitais necessários para o funcionamento cotidiano. Sabe-se que, exauridos seus recursos internos, as vítimas do vampirismo parasitário passam ao vampirismo individual, num esforço desesperado para atender às suas necessidades de energia. Essa combinação insaciável é duplamente destrutiva – devora as energias da própria pessoa e as energias alheias.

Embora o conceito de vampirismo psíquico tenha sido introduzido há várias décadas como maneira de explicar mecanismos compulsivos que impelem pacientes com ansiedade, não foi muito usado, provavelmente em função de sua importância e foco limitados. Como resultado de estudos realizados em nossos laboratórios na Athens State University, o conceito de vampirismo parasitário foi significativamente ampliado e sua dinâmica subjacente, definida com mais clareza. Mais importante ainda é o fato de novas técnicas de prevenção e tratamento terem sido desenvolvidas para o vampirismo parasitário, estando agora disponíveis para todos, como veremos.

Em seu aspecto atual, o vampirismo parasitário inclui qualquer condição ou processo que desperdiça nossos recursos energéticos, corrói nosso sistema energético interno e prejudica nosso desenvolvimento pessoal. Em milhares de formas, diversas das quais vamos falar posteriormente, o vampirismo psíquico cria um círculo vicioso interno com apetite insaciável – quanto mais ele consome, mais ele exige. Ele corrói nossos recursos internos e, a longo prazo, impõe um pesado ônus sobre nossa qualidade de vida.

É importante enfatizar que o vampiro, no vampirismo parasitário, não é a pessoa, mas o processo. Ele não só consome a energia da vítima, como mantém um estado interior de fraqueza e de vulnerabilidade. Essa função dupla sugere uma solução dupla – primeiro, a correção das condições subjacentes que contribuem para o vampirismo parasitário; e, segundo, o fortalecimento direto do sistema energético interno. A primeira solução focaliza a causa; a segunda, o efeito. Mais adiante, vamos apresentar procedimentos detalhados sobre o modo de realizar essas importantes metas.

Como outras formas de vampirismo psíquico, todos nós temos ao menos algumas das características associadas ao vampirismo parasitário. Como exemplo, temos conflitos não resolvidos, hábitos indesejáveis, emoções debilitantes como ciúmes e hostilidade, medos persistentes e milhares de outras ansiedades, e cada uma delas aumenta nossa vulnerabilidade ao vampirismo parasitário. Poderíamos acrescentar a estas diversos eventos que testam nossa resistência, minando nossos recursos de defesa e interferindo em nosso bem-estar. Embora essas condições adversas sejam debilitantes quando sucumbimos a elas, são fortalecedoras quando as encontramos e vencemos. Elas só assinalam o vampirismo parasitário quando somos dominados ou controlados por elas.

Infelizmente, qualquer um pode ser vítima de vampirismo parasitário. Ele pode se desenvolver lentamente ao longo de vários anos, ou pode aflorar repentinamente com toda a intensidade. Um evento traumático, por exemplo, pode ser tão devastador que nossos mecanismos de defesa se desmontam na mesma hora. Ficamos, ao mesmo tempo, vulneráveis e sem defesa. Por outro lado, nossos mecanismos de ajuste podem se deteriorar gradualmente com o tempo, geralmente por causa de um stress a longo prazo. Mesmo em níveis moderados, o stress pode consumir lentamente nossos recursos energéticos, exercendo um efeito desgastante sobre o próprio sistema energético. Pode acelerar o envelhecimento e afetar nossa concentração, memória e desempenho. Pode danificar os órgãos críticos do corpo e sobrecarregar suas funções. Hoje, estima-se que pelo menos 80% de todas as doenças físicas estejam relacionadas com o stress. O stress está envolvido em doenças como o câncer, diabetes, cardiopatias e espasmos, citando apenas alguns. O stress pode diminuir nossa qualidade de vida. Transições difíceis como divórcio, perda de emprego, crise da meia-idade e até aposentadoria podem gerar stress e limitar nossa capacidade de enfrentá-lo, oferecendo condições férteis para o florescimento do vampirismo parasitário. Quando instalado na pessoa e sem canais de vazão, o stress pode atingir níveis que devoram nossas entranhas. Como o stress é um fenômeno tão disseminado e destrutivo, o controle eficiente do stress é um componente crítico de qualquer plano para combater o vampirismo parasitário. Mais adiante, vamos apresentar procedimentos detalhados de controle do stress, destinados especificamente a combater o vampirismo parasitário.

Como força propulsora interior, o vampirismo parasitário pleno consome persistentemente nossas energias, às vezes deixando para trás não só a fadiga, como um vácuo, uma sensação paralisante de desânimo, de falta de sentido na vida, de desespero.Talvez não nos surpreenda saber que as vítimas mais graves de vampirismo parasitário costumem dizer que se sentem "vazias". Lenta e implacavelmente, o vampirismo psíquico tira a esperança e devora a paz de espírito. Quando não é combatido, espalha tristeza, medo e desespero. Em sua forma mais grave, pode ferir maliciosamente o espírito e levar ao afastamento do mundo, à alienação de si mesmo, como se a pessoa fosse um zumbi. Essa sensação de torpor mental, que se traduz como um distanciamento da mente e do corpo, chamada de *despersonalização,* é um dos efeitos mais devastadores do vampirismo parasitário. É triste, mas, ao nos entregarmos ao vampirismo parasitário em vez de combatê-lo, abrimos mão de nossa procura por um significado e de nosso anseio por uma realização pessoal.

Em contraste com um sistema energético forte, que promove nosso crescimento e provoca uma sensação de valor pessoal, o vampirismo parasitário enfraquece o sistema energético e desperdiça constantemente nossos recursos energéticos e de crescimento. No pior cenário, ele inflige sérios danos ao próprio sistema energético. Como resultado, tornamo-nos vítimas mentais, físicas e espirituais do vampirismo numa forma virulenta, que não conhece limites.

Geralmente, a primeira vítima do vampirismo parasitário é nosso senso de segurança, de limite e de bem-estar. Carentes desses elementos essenciais, passamos a nos dedicar a tarefas inviáveis, que esgotam ainda mais nossas reservas energéticas e nos levam a um labirinto, um redemoinho que drena ainda mais nossos recursos de defesa. Tem início um dilema vicioso, que chamamos de *círculo do vampirismo parasitário*: Tentativas fracassadas de enfrentar ameaças vampirescas a nosso bem-estar levam-nos a ter mais ansiedade, insegurança e vulnerabilidade, que diminuem ainda mais nossa capacidade de nos defendermos. O resultado é uma luta incessante dentro de nós mesmos, uma das principais características do vampirismo parasitário.

O vampirismo parasitário atinge seu apogeu quando nossos recursos energéticos estão esgotados ou quando o conflito interior fica insuportável. Os resultados podem variar da fuga e isolamento a um esgotamento intolerável, que parece nunca ter fim. Quase sempre, por trás dessas manifestações superficiais, há sentimentos de inadequação e insegurança, que ajudam a alimentar o vampirismo parasitário.

Mecanismos do Vampiro Parasitário

Como um torturador mascarado, capaz de causar sérios danos à sua vítima, o vampirismo parasitário se mascara numa série de mecanismos de consumo de energia. Entre os mais comuns, temos as fobias, obsessões, compulsões e o estado de ansiedade parasitária – e cada um deles exaure valiosos recursos, que poderiam ser mobilizados para promover nosso crescimento e enriquecer a qualidade de nossa vida.

Fobias Parasitárias

Um dos consumidores mais evidentes de nossos recursos energéticos é a *fobia parasitária* – um medo irracional e persistente de objetos ou situações. Mesmo quando não estamos expostos à situação fóbica, a fobia persiste – geralmente, porque tememos que a futura exposição a ela esteja iminente. Talvez não seja mera coincidência o fato de pessoas com fobias parasitárias, às quais se pede que desenhem imagens que representam seus medos, quase sempre fazerem desenhos com criaturas sombrias e vampirescas flutuando sobre elas, como se esperassem o momento certo para devorá-las.

As fobias parasitárias podem ser tão intensas que prejudicam seriamente nossa capacidade de realizar importantes metas de vida. Isso foi ilustrado por um estudante universitário cujo medo de altura era tão grande que sua formatura foi retardada porque ele não conseguia assistir a aulas que não fossem nos andares térreos dos prédios do campus. Quando lhe pediram para desenhar uma imagem de sua fobia, ele desenhou uma figura humana sem vida nas garras de um morcego sombrio. Cada elemento essencial de seu desenho era relevante para o seu medo. O morcego simbolizava a natureza vampiresca de seu medo; uma nuvem ameaçadora flutuava sobre o morcego, simbolizando sua persistente sensação de desespero; estruturas pontiagudas no chão sob a cena representavam perigos inescapáveis; e a figura sem vida nas garras do morcego simbolizava o próprio estudante como vítima indefesa do medo.

Identificam-se fobias parasitárias não apenas porque a pessoa evita tudo aquilo que teme, mas por conta de um grave desconforto durante a exposição, uma condição a que damos o nome de *ataque fóbico parasitário*. Geralmente, o ataque é acompanhado de um medo avassalador e de reações como sudorese, tremores, enjoo e dores no peito. Em casos extremos, um confronto com a situação temida pode ser tão perturbador que a morte parece estar próxima. Tal como ocorre no vampirismo individual, é comum a exaustão física após o ataque fóbico parasitário.

As fobias parasitárias são importantes para nosso estudo do vampirismo psíquico por diversos motivos. Primeiro, são muito comuns, e para seu sustento demandam imensa energia. Igualmente importante é o fato de as fobias parasitárias poderem causar abalos tão sérios que forçam o sistema energético e prejudicam sua capacidade de funcionamento. Quase sempre, as fobias parasitárias são de longa duração. Geralmente, são reações a traumas de infância ou dolorosas experiências em vidas passadas. Eis alguns exemplos de fobias comuns, com elementos de vampirismo parasitário.

Fobia Social Parasitária – Medo marcante de situações sociais, que podem incluir medo de falar em público e interações sociais ameaçadoras. Surgindo geralmente na metade da adolescência, as fobias sociais podem se tornar vampiros engastados, vitalícios, que limitam nossas atividades, consomem nossas energias e corroem nossa capacidade de enfrentar situações. O medo de se envergonhar ou de ser considerado ansioso está no centro da maioria das fobias sociais.

Fobia Parasitária da Morte – Medo mórbido de morrer. No vampirismo parasitário, este medo costuma vir acompanhado de sentimentos como falta de valor pessoal e culpa. Nossos estudos descobriram que a morte súbita por acidente ou assassinato numa vida passada recente costuma estar associada a esse medo.

Fobia Hipocondríaca Parasitária – Medo de ter uma doença grave, apesar de informações médicas em contrário. No vampirismo parasitário, normalmente este medo está associado a uma autoimagem fraca e a uma exagerada preocupação com a própria aparência física.

Monofobia Parasitária – Medo de ficar sozinho. No vampirismo parasitário, este medo está associado a sensações como vulnerabilidade, medo de abandono e necessidade de apoio ou conforto.

Oclofobia Parasitária – Medo de multidões. No vampirismo parasitário, este medo está associado à desconfiança e à sensação de alienação. Nossos estudos de regressão a vidas passadas descobriram que a execução pública numa vida passada costuma estar associada a essa fobia.

Claustrofobia Parasitária – Medo de espaços fechados. No vampirismo parasitário, este medo, muito comum, pode estar associado a ter sido enterrado vivo numa vida passada. A apoiar esta possibilidade, temos o fato de que enterros prematuros eram comuns nos Estados Unidos até o século XX, e estima-se que pelo menos uma pessoa era enterrada viva a cada semana.

Hematofobia Parasitária – Medo de sangue. Na hematofobia, a visão de sangue, especialmente de seu fluxo ou de sangue derramado, evoca o medo de ferimentos, dores ou morte. No vampirismo parasitário, essa fobia pode ser tão intensa que resulta em pânico ou desmaio diante do sangue.

Essas são apenas algumas das fobias com elementos de vampirismo parasitário. Teoricamente, qualquer medo que desgaste nossos recursos energéticos, interfira em nosso bem-estar e prejudique nossa capacidade de enfrentar situações pode ser considerado vampirismo parasitário. Qualquer que seja a fobia e o processo vampiresco associado a ela, as técnicas de fortalecimento apresentadas mais adiante neste capítulo podem ser eficientes no combate ao medo parasitário e seus efeitos debilitantes sobre o sistema energético.

Obsessões e Compulsões Parasitárias

Além das fobias, o vampirismo parasitário pode incluir uma ampla variedade de obsessões e compulsões que desgastam nossos recursos energéticos e interferem em nossa vida diária. *Obsessões parasitárias* são pensamentos, impulsos, emoções ou imagens que se intrometem repetidamente e de maneira forçada em nossa percepção consciente, embora sejam indesejadas. *Compul-*

sões parasitárias, por outro lado, são comportamentos que se intrometem repetidamente em nossa vida. Quando extremos e de longa duração, esses dois mecanismos podem se tornar um transtorno parasitário interminável. São como tentáculos de vampiros que drenam nossos recursos energéticos e nos forçam a recorrer a uma série de manobras, num esforço inútil de evitá-los ou removê-los.

As obsessões parasitárias costumam funcionar como defesas contra motivos ou impulsos inaceitáveis profundamente imersos no subconsciente. Por exemplo, um pensamento "sem sentido" que percorre repetidas vezes a mente pode ocupar um espaço na percepção e na consciência, protegendo-nos da intromissão de impulsos subconscientes inaceitáveis. Como um disco arranhado, que repete sempre o mesmo trecho, o pensamento irracional fica na mesma ranhura, exigindo nossa atenção e consumindo nossas energias, e, ao mesmo tempo, mantendo à distância o impulso rejeitado. Infelizmente, o próprio pensamento indesejado pode se tornar uma fonte de ansiedade crescente, fortalecendo o impulso rejeitado e alimentando o ciclo comum do vampirismo parasitário.

Como as fobias, muitas obsessões parasitárias parecem resultar de experiências dolorosas, que podem ter origem na vida presente ou em vidas passadas. Geralmente, são obsessões relacionadas com imagens, consistentes em cenas muito claras e bem detalhadas de uma experiência traumática. Um exemplo é o cientista e filósofo francês Pascal, que sempre achava que via um abismo à sua esquerda após uma experiência de quase morte na qual sua carruagem quase foi lançada ao rio Sena.

Obsessões parasitárias com origem em vidas passadas são quase sempre relacionadas com imagens, como se vê no caso de um químico de 42 anos cuja obsessão consistia numa cena recorrente de lava escorrendo por encostas. Durante uma regressão a vidas passadas, ele reviveu mentalmente a tragédia, pois sua aldeia foi destruída por uma erupção vulcânica. Ele foi o único membro de sua família a sobreviver à catástrofe. Noutro exemplo, uma advogada via sempre a imagem obsessiva de um penhasco muito alto, especialmente quando conhecia alguém por quem se sentia fisicamente atraída. Junto da imagem, havia sempre uma misteriosa pressão em sua mão esquerda. Graças à regressão a vidas passadas, ela descobriu que, numa vida anterior, ela havia morrido ao saltar de um penhasco com seu jovem amante, segurando firmemente a sua mão esquerda.

Numa linha totalmente diferente, as obsessões parasitárias costumam envolver uma preocupação extrema com o corpo físico, inclusive uma característica, órgão ou função física específica. No vampirismo parasitário, essas obsessões, ditas somáticas, são preocupações normalmente associadas com um autoconceito inadequado e com uma imagem depreciativa do próprio corpo. A obsessão somática pode se tornar um circuito vampiresco pelo qual interagimos com os outros, limitando assim nossas percepções e restringindo nossos relacionamentos. Por exemplo, uma pessoa que pensa constantemente em seu nariz proeminente atua dentro de um "circuito nasal" que ocupa sua atenção e a distrai. Ao relacionar-se com outras pessoas, ela só vê seus narizes e os compara com o seu. Obsessões somáticas comuns incluem o cabelo (ou sua falta), músculos, orelhas, tom de pele, altura e peso. Técnicas de fortalecimento relacionadas com obsessões somáticas destinam-se a tratar dessas percepções pessoais deficitárias e dos sentimentos de inferioridade que costumam estar por trás da obsessão somática, fortalecendo-a.

Uma das mais interessantes e complexas obsessões relacionadas com o vampirismo parasitário é a obsessão disfarçada. Nesse caso, a obsessão parasitária aparece com sintomas diferentes. Como exemplo comum, temos as queixas de dor sem causa orgânica. A dor pode ser uma máscara conveniente para uma lembrança prazerosa mas inaceitável, geralmente com origem sexual. Mascarada pela dor, a lembrança permanece oculta, mas continua a consumir energias porque alimenta a dor.

Tal como ocorre com muitas outras obsessões parasitárias, a obsessão disfarçada costuma compor-se de experiências reprimidas que geram culpa, e esta, por sua vez, consome energias. Um exemplo extremo, mas comum, é a culpa e o desespero que resultam da obsessão de se haver cometido "o pecado imperdoável". Mesmo quando a obsessão permanece oculta, a culpa e a angústia que a mascaram podem ser tão intensos que levam a pessoa ao desespero e, em alguns casos, até ao suicídio. Infelizmente, certas organizações religiosas têm fomentado essa modalidade de vampirismo destrutivo. (Uma pesquisa recente feita junto a ministros da igreja no chamado *Bible Belt** revelou que 63% deles acreditavam ser possível cometer o pecado imperdoável, e mais de metade deles achava que era uma ocorrência comum.) O vampirismo parasitário, como outras formas de vampirismo, pode mesmo envolver questões de importância vital.

Embora possa parecer exagerado à primeira vista, há evidências que sugerem que as obsessões podem ser carreadas desta vida para o pós-vida, ou

* Região formada por estados do sudeste e centro-sul dos Estados Unidos, onde a influência do protestantismo evangélico conservador é muito forte (N. do T.).

mundo desencarnado. Se, como já foi sugerido, certas obsessões passam de uma vida para outra, parece plausível que possam permanecer ativas também entre uma vida e outra. Essa possibilidade explicaria aparições que duram muitos anos, especialmente em locais onde ocorreu uma morte prematura ou trágica. A aparição recorrente poderia representar a necessidade obsessiva do desencarnado de corrigir um erro ou algum aspecto de uma tragédia de vidas anteriores. Naturalmente, há muitas outras explicações possíveis para aparições recorrentes. Mesmo assim, certas manifestações desencarnadas parecem sugerir que nossa passagem para o outro lado nem sempre desarma instantaneamente os mecanismos relacionados com o vampirismo parasitário. Decorre daí que é importante desenvolver nossa capacidade de rechaçar eficientemente o vampirismo parasitário, tanto no presente quanto no futuro. Felizmente, os procedimentos que nos livram e nos protegem do vampirismo parasitário não são sensíveis à passagem do tempo – não têm prazo de validade. Uma vez dominados, tornam-se recursos permanentes, uma parte integral de nosso ser.

Ao contrário das obsessões, como dito antes, as compulsões parasitárias são comportamentos intrusivos que se nutrem de nossos recursos energéticos. Compulsões parasitárias podem ser descritas como obsessões em ação. Entre os exemplos mais comuns, temos os excessos em contagens, em lavar as mãos, conferir portas e janelas e a repetição mental contínua de certas palavras ou frases. Embora não queiramos realizar esses atos, a necessidade força-nos a fazê-lo. Por isso, mais uma vez, surge um círculo vicioso e aparentemente inevitável de vampirismo parasitário. Embora a realização da compulsão crie ansiedade, deixar de realizá-la leva a uma ansiedade ainda maior.

Quando combinadas, as obsessões e compulsões parasitárias interagem para formar uma condição destrutiva dupla que sobrecarrega o nosso sistema energético e exaure os nossos recursos energéticos. Enquanto as obsessões parasitárias geram ansiedades acentuadas, as compulsões parasitárias tentam, ainda que inutilmente, reduzi-las ou neutralizá-las. Por exemplo, a obsessão por ser contaminado por germes vem muitas vezes acompanhada da compulsão por lavar as mãos a cada poucos minutos. Lamentavelmente, o alívio obtido pela compulsão, se ocorre, é apenas temporário. O resultado é um ciclo vicioso vampiresco ainda maior, em que a ansiedade acumulada evoca com mais intensidade e frequência ainda a obsessão e a compulsão a ela relacionada.

Como outras formas de vampirismo parasitário, as reações obsessivo-compulsivas podem ser tão graves que exaurem totalmente nossos recursos interiores, terminando por corroer nossa capacidade de gerar novas energias necessárias para o funcionamento cotidiano. Como costumeiramente são excessivas e incomuns, podem interferir gravemente em nossas carreiras e relacionamentos. A simples contagem compulsiva, por exemplo, pode interromper a concentração e a tarefa à nossa frente; a preocupação exagerada com a limpeza das mãos pode consumir muito tempo e energia, essenciais para outras tarefas; e a estruturação rígida de cada atividade cotidiana consome não só tempo e energia, como elimina a espontaneidade e a criatividade.

Mas embora as reações obsessivo-compulsivas sejam intrometidas e exaustivas, não costumam ficar a um alcance fácil de nosso controle consciente. Podem envolver profundas motivações subconscientes e mecanismos complexos, difíceis de se elucidar. Contudo, como veremos depois, o subconsciente é um colaborador voluntário em nossos esforços para romper o ciclo interior de vampirismo parasitário, independentemente de sua origem.

Mais uma vez, é importante enfatizar que nem todas as fobias, obsessões, compulsões e outras condições ansiosas indicam um vampirismo parasitário. Como eu já disse, até certo ponto, temos certas características que poderiam estar associadas ao vampirismo parasitário. Mas só quando as condições são graves o suficiente para esgotar gravemente nossos recursos de ajuste, consumir nossas energias de defesa e prejudicar áreas importantes de nossa vida, é que indicam um vampirismo parasitário a pleno vapor. Felizmente, os procedimentos de intervenção que se acham disponíveis hoje em dia para vencer as garras do vampirismo parasitário também são poderosos para preveni-lo.

Estado de Ansiedade Parasitária

Além das fobias, obsessões e compulsões, o vampirismo parasitário pode incluir um estado geral de constante ansiedade, acompanhado por diversas emoções negativas, conflitos não resolvidos, autoanálises enganosas e sintomas físicos que prejudicam significativamente nossa capacidade de funcionamento. Mais especificamente, os sintomas podem incluir inquietação, dificuldade de concentração, distúrbios do sono, preocupação e sentimentos de inferioridade e de insegurança. Entre os sintomas físicos, são comuns fraqueza, fadiga, dores de cabeça causadas por tensão, tensão muscular, entorpecimento ou sensação de tontura e perturbações abdominais. O estado de ansiedade parasitária pode ser marcado por crises de ansiedade, caracterizadas por medo intenso, pânico e desconforto, além de diversos dos sintomas observados em vítimas de ataques de vampiros individuais. O ataque e a exaustão resultante dele podem ser tão graves que a pessoa precise de um período de recuperação.

Vampirismo Parasitário no Laboratório

Realizados no último quarto de século, nossos estudos pioneiros sobre vampirismo parasitário compuseram-se de dois estágios. O Estágio 1 concentrou-se na origem, progressão e dinâmica do fenômeno, enquanto o Estágio 2 tratou do desenvolvimento de técnicas de prevenção e intervenção prática. Essa sequência de estágios baseou-se numa premissa geral: quanto maior nosso conhecimento sobre qualquer fenômeno, inclusive o vampirismo parasitário, mais eficientes nossos esforços no desenvolvimento de procedimentos relevantes de fortalecimento.

As técnicas usadas no Estágio 1 para investigar a natureza básica do vampirismo parasitário consistiram em entrevistas pessoais, estudos de casos e hipnose. Nesse estágio, os participantes foram voluntários saídos da população universitária. As entrevistas com cada participante foram realizadas usando-se um guia estruturado, num esforço para identificar a existência de sintomas de vampirismo parasitário. No caso de participantes identificados com os sintomas relevantes, foi feito um estudo do caso para investigar o histórico e fatores situacionais. Finalmente, a hipnose foi usada para revelar elementos subconscientes contributivos, inclusive experiências de vidas passadas.

Entre as primeiras descobertas de nossos estudos, encontra-se a importância crítica da autoimagem. Ficou aparente, quase que no mesmo instante, que um autoconceito baixo – inclusive sentimentos de inferioridade, de alienação e de falta de defesa – quase sempre acompanha o vampirismo parasitário. Outras características normalmente associadas com o vampirismo psíquico são uma postura pessimista, rancor e desconfiança dos outros e conflitos profundos. Fatores históricos costumam incluir relacionamentos fracassados e condições familiares instáveis.

Nosso uso da hipnose para explorar o vampirismo parasitário baseou-se na opinião de que, por trás de nosso comportamento consciente, há uma vasta região de motivos e impulsos subconscientes. Pela hipnose, podemos explorar essa região e descobrir explicações para comportamentos – inclusive vampirismo parasitário – que, de outro modo, seriam misteriosos para nós. Também é importante lembrar que a hipnose pode ser uma técnica de intervenção para ativar nossos poderes subconscientes, além de solucionar os conflitos que estimulam o vampirismo parasitário. (Num capítulo posterior, vamos apresentar procedimentos que usam a auto-hipnose para rechaçar o vampirismo psíquico em suas diversas formas.)

A hipnose, juntamente com resultados de estudos de caso, identificou diversas estratégias interessantes de defesa, normalmente encontradas no vampirismo psíquico. Destinadas a resolver situações e a preservar energia, as estratégias eram basicamente ineficientes – às vezes resolviam provisoriamente o problema, mas não as questões subjacentes. Em vez disso, ou se perdiam, ou ficavam exageradas, condições que, na verdade, aumentavam a vulnerabilidade ao vampirismo psíquico. Como descobrimos, os mecanismos parasitários destinados a preservar energias acabavam consumindo mais energia, perpetuando o ciclo vicioso do vampirismo parasitário. Eis exemplos das mais comuns estratégias de defesa parasitárias que, em essência, acabam se voltando contra a pessoa.

Fuga Vampiresca. Estratégia que consiste em se evitar seletivamente tarefas e situações desagradáveis e que demandam energia. Particularmente comum em fobias, a estratégia pode incluir a queixa de fadiga para se evitar lidar com os problemas, exagerando-os ou negando sua própria existência, e evitando a responsabilidade mediante a excessiva dependência dos outros. Em relacionamentos de casais, esse padrão parasitário pode levar a uma frustrante forma de vampirismo individual junto ao parceiro, enfraquecendo o relacionamento e, em alguns casos, destruindo-o.

Esquecimento Vampiresco. Às vezes chamado de "esquecimento motivado", esta estratégia, como a fuga vampiresca, é usada para a evasão de situações graves que consomem a energia da pessoa. Um exemplo comum é o esquecimento conveniente de compromissos e eventos desagradáveis, num esforço para preservar energias. Uma estratégia comumente associada ao esquecimento vampiresco é o agendamento de eventos desagradáveis em momentos distantes a fim de induzir o esquecimento de modo subconsciente.

Agressão Vampiresca. Esta é uma forma de agressão de baixa energia, normalmente encontrada no ambiente de trabalho. Apesar de sua natureza tipicamente passiva, a agressão vampiresca no trabalho inclui faltas excessivas, procrastinação, queixa de tratamento injusto, descumprimento de prazos, críticas excessivas aos colegas e superiores, e a manipulação de terceiros para que realizem as tarefas da própria pessoa (a síndrome do "você consegue fazer melhor que eu"). Em situações sociais fora do local de trabalho, a agressão vampiresca também costuma ser passiva, sendo comuns padrões como indiferença, desapego e insensibilidade. A agressão vampiresca também pode incluir uma falsa doença para receber tratamento ou atenção especiais.

Autopromoção Vampiresca. São estratégias de baixa energia, como desculpas, manipulação e falsidade, destinadas à autopromoção. Exemplos: assumir o crédito pelas realizações alheias, exagerar as próprias credenciais e realizações, e encontrar desculpas plausíveis para os próprios fracassos e defeitos.

Por trás de cada um destes mecanismos, há uma baixa autoimagem, falta de autopercepção e, naturalmente, a ineficiência no atendimento às próprias necessidades energéticas.

Nosso uso da hipnose no Estágio 1 revelou que o vampirismo parasitário quase sempre se origina em experiências profundamente arraigadas no subconsciente. A regressão hipnótica de idade, na qual a pessoa é levada de volta no tempo para reviver certos eventos de infância, confirmou muitas das descobertas feitas em nossos estudos de caso sobre a importância do período de desenvolvimento. Foram particularmente críticas as experiências traumáticas que, distantes da percepção consciente, manifestaram-se posteriormente por meio de diversos sintomas de ansiedade. Daí se conclui que qualquer solução para o vampirismo parasitário deve incluir a exploração das forças subconscientes que ajudam a alimentar essa condição. Só por meio do lampejo intuitivo e da percepção aumentada é que podemos romper muitos dos tentáculos do vampirismo parasitário.

Um dos importantes propósitos da hipnose no Estágio 1 foi determinar a relevância de experiências de vidas passadas para o vampirismo parasitário. A regressão hipnótica a vidas passadas costuma descobrir eventos críticos em existências anteriores, diretamente relacionadas com o vampirismo parasitário. Por exemplo, o acúmulo de experiências dolorosas em vidas passadas, como a de ser um pária ou sem-teto, costuma ressurgir numa vida futura como vampirismo parasitário na forma de profunda insegurança e do medo de abandono. De modo similar, nossos estudos revelaram que experiências não resolvidas em vidas passadas costumam ser fonte de fobias parasitárias. Excepcionalmente críticos foram os conflitos e traumas não resolvidos, associados com mortes súbitas ou algum outro tipo de tragédia. Eis alguns exemplos específicos de fobias relacionadas com experiências de vidas passadas, segundo revelaram nossos estudos.

- Medo de aparecer em público e de multidões, como reações à morte por execução pública numa vida anterior.

- Claustrofobia e medo de sufocação como resultado de ter sido enterrado vivo numa vida anterior. Como dito antes, relatos de sepultamentos prematuros eram comuns nos Estados Unidos, até o século XX.
- Medo de ratos, aranhas e insetos rastejantes estavam associados a ter passado algum tempo numa masmorra em vida anterior.
- Medo do pôr do sol, acompanhado de depressão nesse horário, como reação a uma execução por enforcamento no pôr do sol em vida passada.
- Medo de sangue como reação a tratamento médico envolvendo perda de sangue e consequente morte em vida anterior.
- Medo da luz do sol, juntamente com a compulsão de usar óculos escuros mesmo em ambientes internos, relacionado com uma tortura em vidas passadas na qual as pálpebras eram cortadas e a pessoa era deixada à morte no deserto com os braços presos às costas.
- Medo de alturas e pontes, associadas a ter caído de lugares altos e morrido numa vida anterior.

Numa linha um pouco diferente, certos eventos em vida passada dão origem a obsessões e compulsões parasitárias em vida futura. Eis alguns exemplos específicos revelados por nossos estudos.

- Para um estudante de química de 19 anos, a morte resultante da praga na Europa gerou a obsessão, em sua vida atual, pela contaminação por germes e a compulsão pela limpeza excessiva, incluindo a lavagem repetitiva das mãos.
- Para uma estudante de artes de 22 anos, o naufrágio e a morte no oceano, numa vida anterior, resultou em obsessivas imagens sensoriais (bem como sonhos recorrentes) nas quais se via apoiada numa tábua do navio, flutuando sem rumo pelo mar. A obsessão sensorial teve uma contrapartida intelectual no questionamento do sentido da vida e devaneios sobre a morte.
- Para um estudante de administração de 24 anos, a compulsão alimentar estava associada a uma vida anterior de extrema pobreza, em que precisava furtar comida para sobreviver. Seu comportamento compulsivo estava acompanhado de extrema competitividade e necessidade de se exceder, uma aparente reação à pobreza da vida anterior.
- Para um estudante de direito de 23 anos, dúvidas obsessivas e a dificuldade para tomar decisões eram reações a experiências tidas numa vida passada na qual era líder militar, e suas estratégias insensatas levaram à morte as tropas sob seu comando.

Por incrível que pareça, nossos estudos mostram que saber que a fonte do vampirismo parasitário estava numa vida anterior quase sempre bastou, por si só, para eliminar a condição. Essa descoberta indica que os ativadores do vampirismo parasitário surgidos noutras vidas só são eficientes em sua forma subconsciente ou reprimida. Portanto, a informação sobre vidas passadas é uma poderosa força para arejar e contra-atacar o resíduo de experiências dolorosas em vidas passadas que assume a forma de vampirismo parasitário. Essa descoberta foi muito importante para o estágio seguinte de nossos estudos, focalizados na prevenção e no tratamento.

Além de eventos extremos em vidas passadas, que parecem ativar o vampirismo parasitário numa vida futura, certas características de personalidade de vidas passadas proporcionam resíduos suficientes para o desenvolvimento futuro de vampirismo parasitário. Se, de fato, somos a totalidade de nossas experiências, então não apenas nossas experiências em vidas passadas, como também nossas características pessoais adquiridas nessas existências anteriores – inclusive habilidades e defeitos – poderiam ressurgir numa vida futura, como resíduo dessas vidas anteriores. De modo análogo, tarefas inacabadas e potenciais de crescimento não concretizadas em vidas passadas costumam persistir como desafios pessoais, tanto no pós-vida como em existências futuras. Portanto, não é de surpreender que a bagagem pessoal de vidas passadas, inclusive atitudes e padrões de comportamento autodestrutivos, possam seguir de vida em vida, até maximizarmos nossa capacidade de superá-los ou solucioná-los.

Nossos estudos de regressão a vidas passadas feitos com pessoas com sérias características de vampirismo parasitário revelaram, de modo geral, uma bagagem opressiva originada em vidas anteriores. Vítimas de opressão e de perseguição, relacionavam-se com as pessoas em vidas passadas com desconfiança e reservas. Não eram, porém, cruéis, déspotas tirânicos que oprimiam ou exploravam os outros, como geralmente é o caso com o vampiro psíquico individual operando em plenas forças.

Com base nas descobertas do Estágio 1 de nossos estudos, desenvolvemos a Escala VP de Autoclassificação, um teste do tipo verdadeiro/falso com 25 itens que procura medir as tendências ao vampirismo parasitário. Como já foi comentado, os sintomas do vampirismo parasitário, inclusive ansiedade, medo, baixa autoestima e insegurança, existem em todos, em variados graus. Mas quando eles atingem níveis que interferem com nossas atividades cotidianas, ou quando são tão intensos que reduzem sensivelmente nossa qualidade de vida, podem ser considerados indicadores importantes do vampirismo psíquico. Eis a escala (veja abaixo e a próxima página) que pode ser autoaplicada facilmente por qualquer um.

Com relação à escala, quanto maior a pontuação nesse teste, maior a tendência ao vampirismo parasitário. Uma pontuação entre 20 e 25 sugere uma séria tendência ao vampirismo parasitário. Uma pontuação entre 15 e 19 sugere uma acentuada tendência ao vampirismo parasitário. Uma pontuação entre 10 e 14 sugere uma tendência moderada ao vampirismo parasitário. Uma pontuação com menos de 10 pontos sugere que não existe tendência significativa ao vampirismo parasitário.

Escala VP de Autoclassificação

Instruções: Leia com atenção cada frase apresentada a seguir. Se a frase se aplicar a você, ou de modo geral se aplicar a você, assinale V (verdadeira). Se a frase não se aplicar a você, assinale F (falsa).

V F 1. Irrito-me com frequência.
V F 2. Geralmente, sinto que estou sendo influenciado por forças além de meu controle.
V F 3. Os erros que cometi no passado me incomodam.
V F 4. Tenho valor e méritos.
V F 5. Ultimamente, sinto-me bastante pressionado.
V F 6. Creio na minha capacidade de moldar meu próprio futuro.
V F 7. Sou uma pessoa autoconfiante.
V F 8. Meus conflitos interiores são tão grandes que costumam me sufocar.
V F 9. Certos pensamentos indesejados aparecem repetidamente na minha cabeça.
V F 10. Geralmente, gosto de estar perto das pessoas.
V F 11. Tenho certos medos que são tão intensos que parecem fugir ao meu controle.
V F 12. Tenho muita dificuldade para tomar decisões importantes.
V F 13. Minha vida está repleta de significado.
V F 14. Costumo ceder muito facilmente às pessoas.
V F 15. Tenho dificuldade para me concentrar.
V F 16. Volta e meia, penso em acabar com minha vida.

V F 17. Sou uma vítima desafortunada das circunstâncias.
V F 18. Estou contente com a minha vida.
V F 19. Com frequência, minha vida parece não ter perspectivas.
V F 20. Quando tenho um problema, geralmente tento não pensar nele.
V F 21. Volta e meia, sinto que minha vida está prestes a desmoronar.
V F 22. Sinto cansaço na maior parte do tempo.
V F 23. Fico desapontado quando penso no que consegui realizar na vida.
V F 24. Sinto-me otimista com relação ao meu futuro.
V F 25. Desanimo-me com facilidade.

Pontuação: Atribua um ponto para cada uma das seguintes respostas: Item 1(V), 2(V), 3(V), 4(F), 5(V), 6(F), 7(F), 8(V), 9(V), 10(F), 11(V), 12(V), 13(F), 14(V), 15(V), 16(V), 17(V), 18(F), 19(V), 20(V), 21(V), 22(V), 23(V), 24(F), 25(V).

A Escala VP de Autoclassificação foi estruturada para medir apenas a tendência ao vampirismo parasitário, não para classificação ou rotulação diagnóstica. Embora uma pontuação na faixa de 20 a 25 sugira uma séria tendência ao vampirismo parasitário, não indica conclusivamente a existência de um vampirismo parasitário plenamente desenvolvido. Ao usar essa escala, seja para si mesmo, seja para terceiros, é sempre importante ter em conta que todos nós possuímos certas tendências que podem ser consideradas sintomas de vampirismo parasitário. A título de registro, você deve ter percebido que a escala em si não faz referência alguma ao vampirismo parasitário. Essa estratégia "cega" é usada a fim de tornar o instrumento o menos ameaçador possível, aumentando seu valor como escala de autoclassificação.

No Estágio 2 de nossa pesquisa de laboratório, foram desenvolvidos três procedimentos importantes para combater o vampirismo parasitário. Cada procedimento inclui certos elementos mentais, físicos e espirituais considerados relevantes para o vampirismo parasitário. O primeiro procedimento, a Reação de Redução do Stress, é um procedimento proativo que visa eliminar o stress negativo, geralmente parte da essência do vampirismo parasitário, substituindo-o por autoconceitos positivos, destinados a repelir a invasão do vampirismo psíquico em qualquer de suas formas. O segundo procedimento, Corredor do Poder, é uma estratégia altamente positiva, idealizada para combater tendências ao vampirismo parasitário e para ativar o potencial interior de crescimento e de proteção. O terceiro procedimento, Estratégia de Substituição Energética, destina-se a localizar e substituir agentes parasitários específicos – inclusive fobias, obsessões e compulsões – por um estado fortalecido de bem-estar.

Reação de Redução do Stress

A Reação de Redução do Stress, que requer um local silencioso e confortável, deve ser praticada pelo menos uma vez por dia durante duas semanas, e depois periodicamente, conforme seja necessário para reduzir o stress e fortalecer os mecanismos de defesa contra o vampirismo. Todos, inclusive pessoas sem nenhuma tendência aparente para o vampirismo parasitário, podem se beneficiar desta estratégia.

Etapa 1. Silêncio Mental. De olhos fechados, respire lenta e profundamente enquanto limpa a mente de pensamentos ativos. Mergulhe dentro de si e encontre um lugar silencioso e tranquilo dentro de você. Reserve um bom tempo para investigar seu eu interior até encontrar esse lugar especial. Você vai identificá-lo quando o encontrar.

Etapa 2. Acomodando-se. Depois de encontrar esse local silencioso, acomode-se nele e dê-se permissão para tornar-se parte dele. Visualize sua presença nesse espaço como uma forma luminosa com a capacidade de iluminar todo o seu ser. Deixe que o brilho de sua presença se espalhe lentamente pelo seu ser, até se sentir plenamente tomado pela paz e tranquilidade.

Etapa 3. Relaxamento Físico. A partir desse local de quietude interior, percorra mentalmente seu corpo físico, começando pela cabeça e descendo. Faça uma breve pausa em qualquer área de tensão e relaxe-a, respirando profundamente e depois expirando lentamente. Visualize a área tornando-se iluminada por uma energia brilhante.

Etapa 4. Equilíbrio e Sintonia Cósmica. Sinta a parte cósmica de seu ser expandindo-se e conectando-o ao universo superior. Visualize feixes radiantes emanando do mais íntimo de seu ser e se estendendo até o infinito. Sinta-se equilibrado com tudo o que existe, desde o mais íntimo centro de seu ser até os mais remotos confins do universo.

Etapa 5. Afirmações de Fortalecimento. Enquanto permanece em seu lugar silencioso e íntimo, afirme: *Estou equilibrado e sintonizado com o universo. A paz flui suavemente por todo o meu ser. Estou bem, protegido e seguro.*

Etapa 6. Gesto de União da Ponta dos Dedos. Antes de abrir os olhos, junte as mãos – pontas dos dedos contra pontas dos dedos – num gesto simbólico de poder e paz interior.

Após praticar bastante o procedimento completo, você pode usar à vontade o gesto simples de união da ponta dos dedos (Etapa 6) para fortalecer, equilibrar e sintonizar todo o seu ser.

Corredor do Poder

O segundo procedimento desenvolvido por meio de nossos estudos, o Corredor do Poder, busca a extinção de todas as tendências ao vampirismo parasitário que possam estar presentes, inclusive aquelas com uma longa história de desenvolvimento, por meio da liberação de novos potenciais de crescimento. Felizmente, temos um reservatório interno de abundantes recursos de crescimento, esperando para ser liberado. Embora a erradicação instantânea de impulsos parasitários profundamente arraigados já tenha ocorrido com uma única tentativa, este procedimento costuma exigir uma prática considerável para que sua eficácia seja a maior possível. Além desses raros momentos de iluminação que dão início a um ciclo de crescimento totalmente novo, na maioria das vezes o crescimento exige tempo, motivação e, ocasionalmente, trabalho árduo.

Este procedimento reconhece que a autodeterminação é a chave que abre as portas para um novo crescimento e um novo poder. Podemos escolher deliberadamente percepções e comportamentos novos e mais positivos. Podemos estabelecer novas metas de vida e determinar o nosso destino. Podemos abandonar hábitos e padrões de comportamento antigos e inviáveis, substituindo-os por outros que sejam viáveis. Podemos solucionar conflitos internos e extinguir resíduos negativos de qualquer origem. Podemos superar barreiras ao crescimento e subjugar os mecanismos autodestrutivos do vampirismo parasitário. O Corredor do Poder está estruturado para realizar cada uma dessas importantes metas. Eis o procedimento.

Etapa 1. Imagens Pacíficas. Encontre um lugar confortável e tranquilo, e, de olhos fechados, gere a imagem mental de uma cena particularmente pacífica. Como exemplo, pode ser um céu azul com nuvens brancas e fofas; um mar calmo, com um navio no horizonte; um lago sereno ao pôr do sol, com aves aquáticas à distância; ou a silhueta de uma árvore contra um pôr do sol brilhante – citando apenas algumas possibilidades. Dê um tempo suficiente para que a imagem se forme de maneira nítida em sua mente.

Etapa 2. Corredor do Poder. Mergulhe interiormente e visualize o cerne do seu ser como um amplo corredor, com áreas iluminadas e áreas escuras. Pense na luz como elevação pessoal e nas sombras, como potenciais não desenvolvidos ou inibidores de crescimento, como conflitos, medos e assim por diante. Veja portas em cada lado do corredor e pense nelas como portais para novo crescimento e elevação. Imagine que cada porta tem uma cor radiante e cada cor representa certos recursos especializados de crescimento. Imagine que o amarelo representa o crescimento e o desenvolvimento mental; o azul representa a serenidade e o bem-estar; o verde representa a cura e o equilíbrio; o violeta, a força e a iluminação espirituais; o rosa, a motivação e o sucesso; e o laranja, a percepção interior e a autorrealização. Neste ponto, você pode visualizar outras portas coloridas, que representem outros recursos de crescimento. No final do corredor, visualize uma porta branca luminosa, representando os ilimitados recursos do universo superior.

Etapa 3. Portas do Crescimento. Visualize-se entrando no corredor interno do seu ser com luzes, sombras e portas dos dois lados. Selecione espontaneamente a porta da cor que mais o atrai, abra-a e deixe que novas e abundantes energias de crescimento fluam pelo corredor, como se fossem uma névoa luminosa, iluminando-o com nova e brilhante coloração. Faça com que todas as sombras e áreas escuras desapareçam e uma cor luminosa e brilhante permeie o corredor. Abra as outras portas coloridas à vontade e deixe que suas energias fluam pelo corredor, iluminando-o e permeando seu eu interior com essas novas energias.

Etapa 4. A Porta Cósmica. Dirija sua atenção para a radiante porta branca no final do corredor e sinta-se atraído para ela. Ao chegar à porta, abra-a e deixe o fluxo de brilhante luz cósmica preencher o corredor com a mais pura forma de energia. Deixe que o fluxo de energia cósmica siga seu curso, até que o corredor de todo o seu ser fique saturado de luminosa energia cósmica.

Etapa 5. Afirmação. Com o corredor de seu ser energizado e repleto de luz cósmica, você está pronto para sair do corredor, dirigindo sua atenção para a cena pacífica que visualizou no início deste procedimento. Afirme: *Agora, estou forte e posso atingir novos níveis de crescimento e realização. Tenho todos os recursos necessários para atingir minhas metas mais elevadas.*

Etapa 6. Triângulo do Poder. Faça um triângulo com as mãos, unindo as pontas dos polegares para formar a base do triângulo e as pontas dos indicadores para formar seu ápice. Imagine que os três lados do triângulo representam os três componentes do seu ser – a mente, o corpo e o espírito. Afirme: *Mentalmente, fisicamente e espiritualmente, estou agora plenamente fortalecido, equilibrado e sintonizado. Nada pode me derrotar na minha busca pelo crescimento e pela grandiosidade.*

Você pode usar o gesto pós-procedimento do Triângulo do Poder a qualquer momento para reativar os efeitos fortalecedores do procedimento completo. No entanto, o procedimento completo deve ser praticado periodicamente para reforçar sua eficácia e para que você possa descobrir novas dimensões de crescimento potencial, tanto em você mesmo como no universo superior.

Estratégia de Substituição Energética

A Estratégia de Substituição Energética foi desenvolvida inicialmente em nossos laboratórios num esforço de eliminar fobias parasitárias. Entretanto, vimos que seu uso era igualmente eficaz no tratamento de outras ansiedades parasitárias, inclusive reações obsessivas e compulsivas. Embora o procedimento focalize basicamente a experiência sensorial, indiretamente trata das condições subjacentes que dão origem ao vampirismo parasitário. Ele utiliza estratégias que tiram a atenção dos sintomas parasitários e focalizam a percepção em sensações específicas. Em vez de negar o sintoma desagradável, o procedimento encontra um substituto agradável para ele. Do ponto de vista neurológico, o procedimento bloqueia certos caminhos neurais e neutraliza as descargas nervosas que ativam a reação ansiosa. Uma importante meta do procedimento é privar o vampirismo psíquico da energia necessária para sua expressão. Com a prática repetitiva do procedimento, a reação parasitária, seja ela fobia, obsessão, compulsão ou qualquer outra condição ansiosa, acaba minguando e morrendo, como uma planta sem água. Eis o procedimento.

Etapa 1. Foco Sensorial. Focalize sua atenção sobre suas respostas sensoriais – visão, olfato, paladar, tato e audição.

Etapa 2. Visão Controlada. Primeiro, observe seu ambiente físico, percebendo características como cor, forma, movimento e assim por diante. Depois, olhando para a frente e sem deslocar seu foco, expanda sua visão periférica até seus limites. Perceba, por alguns instantes, o limite esquerdo de sua visão periférica sem sair de seu foco frontal; depois, perceba, por alguns instantes, o limite direito de sua visão periférica, também sem sair de seu foco frontal. Finalmente, deixe sua visão voltar ao normal e perceba a maravilhosa sensação de bem-estar e de quietude interior. Dê-se permissão para experimentar ao máximo essa quietude interior.

Etapa 3. Toque Circular. Una as palmas das mãos e esfregue-as suavemente uma contra a outra, sentindo uma energia cálida acumulando-se entre elas. Separe as palmas e use a ponta do indicador direito para formar lentamente um círculo na palma da mão esquerda. Visualize o círculo e perceba a sensação sedosa ao traçar lentamente o círculo diversas vezes com a ponta do indicador direito. Continue a desenhar o círculo enquanto afirma: *Agora estou em pleno comando de minha vida. Estou energizado, protegido e seguro. Estou plenamente fortalecido.*

Etapa 4. Gesto de Fortalecimento. Afirme, com suas próprias palavras, seu poder de usar o Toque Circular (Etapa 3) a qualquer momento como um gesto que ativa instantaneamente os efeitos fortalecedores do procedimento completo.

O conveniente e discreto gesto do toque circular pode ser usado à vontade como poderosa estratégia fortalecedora e de proteção. Pode eliminar instantaneamente o medo associado a alturas, a espaços estreitos ou fechados, ao escuro, pontes e situações sociais, só para citar alguns exemplos. Ele pode interromper os processos mentais e eliminar os comportamentos associados com uma ampla gama de condições obsessivo-compulsivas. Além dessas aplicações, o procedimento é bastante eficiente no controle do stress e para induzir uma sensação geral de bem-estar.

Resumo

Agora, sabemos que o vampirismo psíquico existe sob diversas formas. Neste capítulo, examinamos o vampirismo parasitário, uma condição interna bastante disseminada na qual a pessoa é movida por forças vampirescas que não só consomem recursos energéticos internos, como exercem um efeito desgastante sobre o sistema energético.

O vampirismo parasitário é o vampirismo psíquico numa de suas formas mais inquietantes. Como um parasita, ele se aferra ao eu interior e drena-o de recursos vitais necessários para o funcionamento diário. Se o seu curso não for interrompido, essa forma ameaçadora de vampirismo pode levar à pane total do sistema energético interno. Com o sistema energético funcionando mal, as vítimas do vampirismo parasitário costumam recorrer ao vampirismo psíquico individual, num esforço desesperado para atender às suas necessidades energéticas.

Diversos fatores pessoais negativos, como uma autoimagem deficiente, insegurança, frustração, sentimento de inferioridade e desespero, costumam servir de catalisadores para o vampirismo parasitário. Fatores ligados ao desenvolvimento na infância, bem como experiências em vidas passadas, também podem contribuir. O vampirismo parasitário ativo pode envolver fobias, obsessões, compulsões e diversas condições relacionadas com a ansiedade, gerando um círculo vicioso interno que parece ter vida própria.

Felizmente, hoje dispomos de procedimentos para combater o vampirismo parasitário e romper seu círculo vicioso. Como vimos, foram desenvolvidas técnicas de intervenção para dominar o vampirismo parasitário, consertando e destravando antigos canais de energia e abrindo outros novos, além de tratar das manifestações comportamentais do fenômeno. Os resultados são um sistema rejuvenescido e energizado, funcional e plenamente fortalecido.

CAPÍTULO 7

VAMPIRISMO PSÍQUICO E ESTADOS ALTERADOS

A EXPRESSÃO "ESTADOS alterados de consciência" pode incluir qualquer estado marcadamente diferente do estado normal da consciência mental. Como exemplos comuns, temos o sono e os sonhos, hipnose, projeção astral e diversos estados meditativos e místicos.

Por diversos motivos, os estados alterados de consciência são relevantes para nosso estudo do vampirismo psíquico. Embora certos estados alterados possam aumentar a vulnerabilidade a influências vampirescas, podem, quando incorporados adequadamente a técnicas relevantes, fortalecer nosso sistema energético e aumentar seu poder de repelir qualquer ataque contra ele. Além disso, quando aplicados adequadamente, os estados alterados podem enriquecer nossa vida com novos significados, sucesso e poder. Certos estados alterados são, na verdade, algumas das técnicas mais eficientes que conhecemos para promover o bem-estar mental, físico e espiritual. Eles podem conectar-nos com nossa parte mais íntima, sintonizando-nos com a mais elevada fonte cósmica de poder ilimitado.

Neste capítulo, vamos examinar três estados alterados – o sono, a hipnose e a projeção astral – com ênfase na relevância de cada estado para o vampirismo psíquico. Vamos apresentar procedimentos detalhados que incorporam estados alterados como estratégias eficientes de crescimento, capazes de combater o vampirismo psíquico. Embora focalizemos aplicações relacionadas com o vampirismo, vamos examinar a relevância de cada estado alterado para outras metas de fortalecimento pessoal.

A Relevância do Sono

Segundo Shakespeare, "Somos feitos do mesmo material dos sonhos e nossa breve vida acaba com um sono!" Como um terço da vida se passa no sono, compreender a relevância desse importante estado é essencial para nosso fortalecimento pessoal, inclusive nossa capacidade de afastar o vampirismo psíquico.

Como nossas defesas psíquicas durante o sono tendem a se afrouxar, a possibilidade de um ataque de vampiros psíquicos durante o sono aumenta bastante. Quando despertamos subitamente, com o coração batendo mais forte ou incapazes de nos mover, temos indicações de que talvez estejamos sendo vítimas de um ataque de vampiro psíquico; quando acordamos com falta de ar, cabeça zonza ou fraqueza, temos os sintomas de um ataque vampiresco bem recente. Como a quantidade de energia perdida num ataque de vampiro psíquico durante o sono pode ser crítica, é essencial aprendermos como devemos nos proteger e como podemos intervir nesse estado.

Felizmente, o estado do sono é bastante receptivo a nossos esforços de intervenção. Antes de dormir, podemos programar o processo do sono para resistir automaticamente a qualquer ameaça de vampirismo psíquico. Podemos fortalecer o sistema energético interno e mobilizar seu potencial para rechaçar qualquer tentativa de ataque vampiresco durante o sono. Ao despertar, podemos reunir nossos recursos internos para nos protegermos do vampirismo durante o período da vigília.

O Estado Onírico

Na média, o período de sono de oito horas compõe-se de quatro ou cinco períodos de sonho, nos quais a duração dos sonhos aumenta progressivamente de dez para uns cinquenta minutos. Geralmente repletos de simbolismo, os sonhos atuam na proteção do sono e, ao mesmo tempo, transmitem importantes mensagens para a percepção consciente. A simples contemplação de um problema logo antes de ir dormir, por exemplo, pode estimular os mecanismos oníricos a produzir uma boa solução. Além disso, a análise de metas pessoais logo antes de dormir pode gerar sonhos motivacionais, aumentando a autoconfiança e a expectativa positiva de resultados.

Como o subconsciente é um depósito complexo de conhecimentos e poder, a compreensão de nossos sonhos como mensageiros subconscientes nem sempre é simples. Mesmo assim, certos sonhos, embora repletos de simbolismo, parecem diretamente relacionados com o vampirismo psíquico. Geralmente, valem-se de estratégias claras para nos avisar de um ataque vampiresco iminente, impelindo-nos a agir. Em situações extremamente urgentes, o sonho pode ser tão intenso que interrompe o sono, num esforço de prevenir um ataque vampiresco ou, se o ataque já está acontecendo, para terminá-lo prontamente. Infelizmente, nem sempre a simples interrupção do sono consegue eliminar o ataque; talvez ainda seja necessária uma intervenção deliberada para prevenir ou encerrar o ataque.

Entre as mensagens oníricas que avisam que um ataque vampiresco está iminente, temos as mais óbvias, como imagens de figuras sinistras, talvez grotescas, flutuando sobre o corpo, tentáculos lembrando serpentes saindo da escuridão e a ameaça de ataque por parte de uma pessoa ou de animais. Eis outros exemplos de sonhos que têm bastante relevância para o vampirismo psíquico.

Um veículo parado ou falha nos freios enquanto o veículo se movimenta. Esforços fracassados na tentativa de fugir de um ataque vampiresco iminente.

Preso numa rede. A pessoa está sendo vítima, naquele momento, de vampirismo parasitário ou vampirismo individual.

Ferimento grave, especialmente facadas ou cortes. Sério ataque de vampiro, com possíveis danos, a longo prazo, ao sistema energético.

Ataque de monstros. Vítima de vampirismo psíquico em grupo.

Situação perigosa, como um acidente do qual se escapa por pouco. Relacionamento social com potencial para vampirismo psíquico.

Manobras de fuga, como correr, escalar, esconder-se. Esforços para fugir ao aprisionamento ou a outro envolvimento numa situação de vampirismo psíquico.

Tropeçar ou cair, especialmente no escuro. Vítima de vampirismo parasitário ou de vampirismo individual há certo tempo.

Ser erguido ou suspendido sobre algum terreno. Possivelmente, projeção astral ou desejo de fugir de uma situação ameaçadora, inclusive vampirismo psíquico.

Cercado por uma passagem estreita ou na qual só se consegue arrastar. Vampirismo parasitário do tipo fóbico ou resistência a opções viáveis de crescimento.

Ataque agressivo contra outra pessoa. Vampirismo individual no qual o sonhador assume o papel de vampiro.

Perda de controle, como na direção de um veículo. Relacionamento com a possibilidade de se ser vítima de um parceiro ou associado que é vampiro psíquico.

Dificuldade para concluir tarefa importante. Não conseguir lidar com a ameaça do vampirismo psíquico em suas diversas formas.

Ser subjugado por uma pessoa que lhe fez mal ou o traiu. Sentimento muito forte de vulnerabilidade resultante de tentativas fracassadas de resistir a ataques recorrentes de vampiros psíquicos.

Sonhos com cores nos quais surgem ideias e soluções criativas. Equilíbrio e proteção cósmica contra o vampirismo psíquico.

Sonhos recorrentes com qualquer um desses conteúdos são particularmente significativos. Infelizmente, muitas de nossas experiências oníricas se perdem rapidamente quando voltamos à vigília. Como pedregulhos lançados numa lagoa, afundam no subconsciente tão logo cessa o sonho. Você pode, porém, recuperar muitos de seus sonhos, bastando para isso manter um diário de sonhos. Anotando diariamente os sonhos logo após o despertar, e meditando sobre a experiência do sonho, geralmente você consegue descobrir as mensagens oníricas ocultas, inclusive aquelas relacionadas com o vampirismo psíquico. Com a percepção do significado de seus sonhos, você consegue descobrir os abundantes recursos de seu subconsciente, usando-os com mais eficiência para enriquecer sua vida.

Procedimento de Proteção do Sono

O potencial de fortalecimento do sono já tinha sido percebido em 500 a.C. por Heráclito, que comentou, “Até os dorminhocos são trabalhadores e colaboradores nas coisas que acontecem no universo”. Num nível mais pessoal, Baltasar Gracián disse sabiamente em 1647 que “é melhor dormir e pensar nas coisas antes do que ficar acordado por causa delas depois”.

Além de seu papel primário de atender a uma necessidade fisiológica básica, o sono apresenta uma série de possibilidades de fortalecimento. Ele proporciona um período de incubação fundamental, necessário para a solução de diversos problemas complexos e para a criação de novas ideias. Muitas invenções e descobertas científicas importantes foram o produto do sono e de sonhos que proporcionaram revelações significativas, e, em alguns casos, conceitos técnicos altamente inovadores. O estado onírico é especialmente indicado para percepção extrassensorial, especialmente a precognição, na qual surgem imagens oníricas de importantes eventos futuros.

O Procedimento de Proteção do Sono aceita as diversas funções espontâneas de fortalecimento do sono, bem como nossa capacidade de ativar novas funções por meio da intervenção deliberada na experiência do sono. O procedimento se vale do breve estado de transição semelhante a um transe e que antecede imediatamente o sono, e o processo normal de vigília, para fortalecer o sistema energético e protegê-lo do vampirismo psíquico. Ele reconhece nossos abundantes recursos subconscientes e os coloca num estado de prontidão para repelir qualquer tentativa de invasão de vampirismo psíquico durante o sono. É importante frisar que o procedimento é bastante eficiente para promover um sono e sonhos pacíficos e rejuvenescedores, mesmo com pouca prática. Eis o procedimento.

Etapa 1. Visualização Pré-sono. Pouco antes de adormecer, limpe a mente de todos os pensamentos e permita que imagens pacíficas entrem e saiam de modo espontâneo de sua mente. Escolha uma imagem particularmente agradável, como uma cena natural, uma paisagem ao pôr do sol, aves marinhas voando ou um veleiro à luz da lua. Dê-se alguns momentos para focalizar toda a sua atenção na imagem, observando detalhes como cores, formas e movimento. Preste atenção na serenidade que essa imagem evoca.

Etapa 2. Formulação de Metas. À medida que for ficando sonolento, desvie a atenção para a região do plexo solar, centro de seu sistema energético interno. Sinta esse centro de energia no núcleo mais íntimo do seu ser. Sinta a energia vibrante que emana desse centro inundando seu corpo e envolvendo o seu ser total com um poderoso escudo protetor. Afirme, em suas próprias palavras, que, quando dormir, você estará protegido e seguro de qualquer ameaça de vampirismo psíquico. Visualize seu subconsciente como uma vasta região de luz interior, com o poder de repelir instantaneamente as forças sombrias do vampirismo. Afirme que qualquer tentativa de invasão de vampiros psíquicos será rechaçada decisivamente com uma energia brilhante e luminosa, que a irá afastar imediatamente. Nesse ponto, talvez você queira formular outras metas e afirmar sua capacidade e intenção de realizá-las.

Etapa 3. Proteção Cósmica. Sinta sua conexão com o centro luminoso do cosmos e afirme, em suas próprias palavras, que, quando adormecer, os mais elevados poderes do cosmos serão sua proteção constante. Imagine a energia brilhante de origem cósmica fundindo-se com suas próprias energias, saturando-o plenamente e fortalecendo-o no âmbito mental, físico e espiritual.

Etapa 4. Sono. Transfira sua atenção para a cena que você visualizou na Etapa 1, percebendo novamente detalhes como cor, forma e movimento. Continue a focalizar a cena até chegar o sono, o que costuma levar alguns minutos.

Etapa 5. Fortalecimento ao Despertar. Ao despertar do sono, sinta novamente a brilhante energia cósmica no centro do cosmos fundindo-se com seu próprio sistema energético para protegê-lo e fortalecê-lo plenamente. Afirme: *Estou fortalecido, sintonizado e equilibrado. Estou em unidade com a fonte cósmica de pura energia. Estou seguro e protegido. Tenho força para realizar minhas metas mais elevadas.*

Este procedimento, embora estruturado para proteger o sistema energético e impedir a perda de energia associada com o vampirismo psíquico, é igualmente eficiente quando aplicado a outras metas de fortalecimento pessoal. A Etapa 2 pode ser modificada facilmente para incluir objetivos como o retardamento do processo de envelhecimento, melhoria do bem-estar, aumento da criatividade e da capacidade de concentração e memorização, e para assegurar o sucesso profissional, apenas para mencionar algumas das possibilidades. Para ser eficaz a longo prazo, o procedimento deve ser praticado pelo menos duas vezes por semana.

Além da proteção durante o sono, tenho usado pessoalmente o Procedimento de Proteção do Sono para acelerar o aprendizado de alguma nova língua e para assegurar o sucesso de importantes negócios e empreendimentos pessoais. Também tenho visto que o procedimento é bastante eficaz na promoção da saúde e da aptidão física. Numa linha completamente diferente, um talentoso estudante de teatro usou o procedimento para melhorar seu talento como ator. Disse, "O Procedimento me ajudou a me tornar mais autoconfiante e a aperfeiçoar meu desempenho". Outra estudante usou o procedimento para entrar numa faculdade. Agora, trabalhando no emprego desejado, ela recorda, "O procedimento me ajudou a definir melhor minhas metas e a transformá-las literalmente em realidade".

O Papel da Hipnose

A hipnose é um estado de transe no qual aumenta a receptividade à sugestão. Como estado alterado de consciência, a hipnose existe numa realidade contínua, que vai desde um estado muito suave de receptividade a um estado muito profundo, semelhante a um transe, às vezes chamado de estado sonambúlico. Embora qualquer um possa ser hipnotizado, o grau de suscetibilidade varia de pessoa para pessoa. A motivação e a capacidade de concentrar-se e de formar imagens mentais propiciam o estado de transe. A intenção firme de entrar no estado de transe é crucial para o processo de indução e o sucesso na realização das metas desejadas para essa experiência de transe.

Na maioria das aplicações de fortalecimento, inclusive metas relacionadas com o vampirismo psíquico, a auto-hipnose é preferível à hipnose induzida por um profissional treinado. Quando autoinduzido, o estado de transe fica sob o controle pleno da pessoa hipnotizada. Embora os procedimentos sejam distintos no caso da auto-hipnose, toda hipnose pode ser vista como uma auto-hipnose, pois, se a pessoa não estiver receptiva, o estado de transe nunca acontece.

Em qualquer aplicação, o nível preferido de hipnose depende da natureza do objetivo declarado. Percebi que um estado de transe suave a moderado é suficiente para a maioria dos propósitos de autoaperfeiçoamento; contudo, é necessário um nível mais profundo para certas metas, inclusive regressão a vidas passadas ou de idade, bem como para sondagens mais profundas do subconsciente. Na maioria dos casos, o estado de transe profundo exige medidas de segurança apropriadas, geralmente incorporadas ao procedimento de indução. Mais adiante, vamos apresentar estratégias detalhadas de autoindução, bem como técnicas eficientes de aprofundamento, que podem ser usadas com facilidade e sem muita prática para se chegar ao nível de hipnose desejado.

A hipnose leva em conta o vasto poder do subconsciente como reservatório de todas as nossas experiências passadas e que hoje não estão disponíveis em nossa percepção consciente. Somos a totalidade de nossas experiências, seja de nossas vidas passadas, seja de nossa existência na realidade desencarnada entre vidas. Mesmo quando saímos do alcance da consciência, nosso passado continua a influenciar nosso presente, inclusive nossos anseios, interesses e realizações pessoais. Por meio da auto-hipnose, podemos descobrir nosso passado pessoal e sua relevância para nosso crescimento pessoal. Podemos enriquecer nossa vida com novos lampejos intuitivos e com o poder para vencer qualquer força que poderia prejudicar nosso crescimento. Podemos resgatar essas experiências de vidas passadas que são tão importantes para nosso presente, inclusive aquelas experiências que se relacionam com o vampirismo psíquico em suas diversas formas. Quando não os conhecemos, os problemas não resolvidos em outras vidas e nossa dolorosa bagagem kármica podem nos incomodar e, em certas situações, até retardar nosso progresso; quando nós os conhecemos, porém, podem nos motivar a resolvê-los, aprendendo e crescendo graças a eles.

Além de ser um depósito de experiências e realizações passadas, o subconsciente é um poderoso repositório de potenciais não desenvolvidos. A auto-hipnose é um dos mais poderosos instrumentos conhecidos para descobrir os recursos do subconsciente e para ativá-los visando à realização de nossas metas pessoais, inclusive aquelas relacionadas com o vampirismo psíquico. Graças à auto-hipnose, podemos vasculhar essa ampla região e descobrir novas possibilidades de crescimento e de realização pessoal. Como veremos mais adiante, podemos usar a auto-hipnose para fortalecer nosso sistema energético interno, ativar nossas defesas contra vampiros e energizar uma nova espiral ascendente de crescimento pessoal.

Ainda demonstrando o poder potencial da hipnose, temos um amplo conjunto de evidências sugerindo que ela pode produzir instantaneamente habilidades totalmente novas e bastante desenvolvidas, um fenômeno conhecido como *hipnoprodução*. Como exemplos, temos a fluência imediata em áreas como ciência e matemática. Fui testemunha pessoal da ação dessa espantosa função da hipnose.

Enquanto se achava no estado de regresso a uma vida anterior, uma estudante sem nenhum conhecimento de óperas recitou, letra por letra, certas passagens da ópera de Beethoven *Fidelio*, em alemão, uma língua que ela não havia estudado. Com o prosseguimento da regressão, ela se identificou como Lilli Lehmann, uma soprano alemã que nasceu em 1848 e conquistou fama tanto na ópera como em concertos. Noutro exemplo notável da hipnoprodução, um estudante de medicina demonstrou, durante uma regressão a vidas passadas, uma incomum combinação de conhecimentos em quatro áreas aparentemente desconexas – serralharia, medicina, temas militares e botânica. Falando numa mistura de francês e inglês, ele se identificou como Noel Nicholas, mas não apresentou muitas outras informações pessoais durante o estado de transe.

Após a sessão, nossas pesquisas revelaram que Noel Nicholas, nascido em 1746, foi um médico francês que fora, por incrível que pareça, aprendiz de serralheiro. Depois de servir como cirurgião militar na França e nos Estados Unidos, aposentou-se em 1795 e criou um jardim botânico em Reims, explicando assim o notável conhecimento apresentado por aquele estudante em quatro áreas durante sua regressão. Além disso, a experiência da regressão ajudou a explicar seu atual interesse pela medicina – aparentemente, trazido de uma vida anterior. Em vista do espantoso poder do estado de transe para resgatar conhecimentos de um passado distante, não é de surpreender que a hipnose tenha paulatinamente ganhado aceitação como um dos mais eficientes instrumentos de fortalecimento pessoal, incluindo-se aí sua utilidade na proteção psíquica.

Quase sempre, o vampirismo psíquico envolve processos subconscientes. Por meio da auto-hipnose, podemos sondar o subconsciente e descobrir fatores ocultos que são relevantes para o vampirismo psíquico. A auto-hipnose pode, por exemplo, identificar conflitos subconscientes e experiências reprimidas que consomem nossas energias e sobrecarregam nosso sistema energético, aumentando nossa vulnerabilidade ao vampirismo psíquico. A conscientização resultante costuma ser suficiente para aumentar nosso poder de rechaçar o vampirismo psíquico em qualquer de suas formas. A autoconscientização é, com efeito, um de nossos mais poderosos recursos contra vampiros.

Os efeitos potencialmente fortalecedores da auto-hipnose podem ser estendidos e enriquecidos por meio de sugestão pós-hipnótica. Um simples ato de ativação pós-hipnótica – um gesto, uma imagem sutil ou um pensamento – apresentado durante a hipnose pode ser usado mais tarde para ativar instantaneamente todos os efeitos da experiência de transe. Veja, por exemplo, ativadores pós-hipnóticos como o simples erguer de um dedo do pé ou um toque na têmpora, capazes de ativar imediatamente nossas defesas subconscientes, de erguer um campo de força à nossa volta e de liberar um novo suprimento de energia para repelir vampiros.

Como os ataques de vampiros psíquicos podem ocorrer sem aviso prévio, pode haver uma grave perda de energia e até danos a nosso sistema energético antes de percebermos que está acontecendo um ataque. Ter um sistema de defesa subconsciente sempre armado e com forças para repelir automaticamente um ataque inesperado pode proporcionar uma proteção contínua contra o vampirismo psíquico. Felizmente, esse sistema existe. Centralizado no subconsciente, ele consiste em poderosos mecanismos de proteção e defesa que trabalham em nosso benefício. Embora o sistema funcione espontaneamente, até certo ponto, é receptivo à nossa intervenção consciente. Por meio da auto-hipnose, podemos fortalecer o sistema e deixar seus mecanismos num estado de prontidão que assegura uma proteção contínua e eficiente contra o vampirismo psíquico. Nossos recursos de fortalecimento do subconsciente se enriquecem sempre que nos tornamos conscientes deles. Eles ficam ainda mais poderosos quando nos tornamos seus parceiros e colaboradores conscientes.

Procedimento de Proteção e Hipnoliberação

O Procedimento de Proteção e Hipnoliberação utiliza a auto-hipnose para liberar nossos recursos subconscientes de crescimento, com ênfase nas funções que nos protegem e nos defendem contra o vampirismo psíquico. Esse procedimento abrangente identifica as diversas formas de vampirismo psíquico – inclusive o individual, em grupo e parasitário – como fenômenos disseminados que geralmente prejudicam nosso crescimento e interrompem nosso progresso. Na mesma medida, ele reconhece nossa capacidade de enfrentar o vampirismo psíquico e de reverter seus efeitos debilitantes. Ele enfatiza a capacidade da hipnose para sondar as vastas regiões subconscientes da mente e para descobrir novas inspirações e possibilidades de crescimento. Graças às imagens de vidas passadas – uma forma de regressão bastante permissiva –, ele traz ao presente relevantes experiências de vidas passadas e as integra numa espiral abrangente de crescimento que não conhece limites. Ele organiza nossos recursos, tanto conscientes quanto subconscientes, numa poderosa estrutura que é mais do que suficiente para derrotar o vampirismo psíquico ou qualquer outra ameaça ao nosso bem-estar.

Desenvolvido em nosso laboratório, o procedimento usa uma técnica de vanguarda de autoindução conhecida como técnica EM/RC,* que combina movimentos dos olhos e contagem regressiva. Embora tenha sido idealizado principalmente para combater as diversas formas de vampirismo psíquico, o procedimento é flexível e pode ser adaptado para atender a quase todas as necessidades de fortalecimento pessoal. O procedimento todo exige aproximadamente uma hora, durante o qual não pode haver distração alguma. Eis o procedimento.

Etapa 1. Formulação de Metas. Inicie o procedimento sentando-se numa posição confortável e relaxada, com as mãos repousando dos lados e sem cruzar as pernas, para não interromper a circulação. Durante alguns momentos, formule claramente suas metas de fortalecimento,

* Sigla em inglês de "eye movement/reverse counting" (N. do T.).

focalizando particularmente aquelas relacionadas com o vampirismo psíquico. Entre outros exemplos, temos (1) fortalecer seu sistema energético para enfrentar e derrotar o vampirismo psíquico, (2) descobrir importantes informações, inclusive experiências em vidas passadas, relevantes para a questão do vampirismo psíquico, e (3) iniciar uma poderosa espiral ascendente de crescimento. Formule suas metas de maneira específica e afirme sua intenção de realizá-las. Sempre que possível, use imagens para dar substância às metas formuladas.

Etapa 2. Estratégia de Indução de Transe por Movimentos dos Olhos/Contagem Invertida. Quando se sentir mais confortável e relaxado, feche os olhos e dê-se permissão para entrar no estado de transe. Visualize-se envolvido numa poderosa esfera de energia brilhante enquanto afirma: *Estou protegido e seguro enquanto me preparo para entrar no estado de transe. Durante toda esta experiência, serei orientado por meu eu superior e pelo cosmos superior.* Ainda de olhos fechados, afirme: *Fazendo uma lenta contagem regressiva a partir de 20, enquanto movo meus olhos de um lado para outro a cada número, vou aprofundar cada vez mais minha hipnose. Vou me manter com pleno controle durante a experiência do transe. Posso sair da hipnose a qualquer momento, simplesmente decidindo fazê-lo.* De olhos ainda fechados, comece o transe movendo seus olhos (sem virar a cabeça), primeiro para a esquerda ao contar 20, depois para a direita ao contar 19, novamente para a esquerda ao contar 18, e assim por diante. Acompanhe cada movimento lateral dos olhos com uma contagem regressiva até chegar ao 1. Quando chegar ao 1, deixe os olhos voltarem ao normal. Caso deseje chegar ao estado de transe antes de chegar ao um, pare a contagem e passe para a etapa seguinte.

Etapa 3. Aprofundando o Transe. Você pode aprofundar o transe conforme necessitar, valendo-se de qualquer um destes procedimentos: (1) faça novamente uma lenta contagem regressiva, intercalada com sugestões de sonolência e profundidade; (2) use sugestões para induzir e depois remover sensações como torpor ou formigamento em áreas selecionadas do corpo, inclusive a mão ou o dedo; e (3) visualize cenas pacíficas da natureza, como um lago, praia ou campina tranquila, acompanhadas pela sugestão de relaxamento e sonolência.

Etapa 4. Aplicações Fortalecedoras. Ainda no estado de transe, afirme sua intenção de experimentar a região expansiva de seu subconsciente e seus ricos recursos. Visualize sua presença consciente nessa vasta região como uma energia luminosa. Ao experimentar essa sua espaçosa região interior, deixe que as imagens e impressões se desenvolvam, um processo que, no início, pode ser parecido com um sonho. Afirme que as experiências emergentes são parte integral de seu ser; e, como tal, são relevantes para suas metas atuais.

Etapa 5. Imagens de Vidas Passadas. Lembre-se de que suas experiências em vidas passadas são importantes para seu crescimento atual, e dê-se permissão para que elas se desenvolvam com suavidade e clareza em sua mente. Caso surja alguma imagem sombria ou ameaçadora, ilumine-a com a luz de sua presença em vez de tentar eliminá-la. Pense em cada imagem como fonte de conhecimento e revelações, e permita que ela se integre ao seu ser total. Afirme: *Estou plenamente sintonizado e equilibrado na região subconsciente do meu ser.*

Etapa 6. Proteção Psíquica e Outras Metas. Sonde regiões de escuridão subconsciente e ilumine-as com energias luminosas. Ilumine qualquer área com resíduos sombrios, inclusive fobias e outros estados de ansiedade que se nutrem de suas energias, e faça com que se tornem fontes de lampejos intuitivos e de compreensão, e não pesos que impeçam seu progresso. Crie imagens luminosas de suas metas e deixe-as registradas no seu subconsciente. Para a proteção contra vampirismo psíquico ou qualquer outra ameaça a seu bem-estar, visualize energias luminosas permeando as regiões mais profundas de seu ser, e irradiando-se para fora, envolvendo-o completamente com um escudo de energia brilhante. Para outras metas, visualize-as da maneira mais detalhada possível e afirme-as como seu destino pessoal.

Etapa 7. Sugestão Pós-hipnótica. Una as mãos num gesto que simboliza proteção, sintonia e equilíbrio. Afirme que, com a simples união das mãos, você pode ativar, a qualquer momento, os plenos efeitos fortalecedores da experiência de transe.

Etapa 8. Conclusão. Saia da hipnose fazendo a contagem direta de 1 até 5, intercalada com sugestões de tornar-se alerta e desperto. Ao chegar ao 5, abra os olhos e reserve alguns momentos para refletir sobre a experiência de transe.

Imagens claras de experiências em vidas passadas costumam aparecer na Etapa 5 deste procedimento. Podem ocorrer como *flashbacks* instantâneos ou como imagens ou impressões muito detalhadas e contínuas de eventos passados. Seja qual for a natureza da manifestação, a catarse e a iluminação resultantes podem ser profundas. Num exemplo notável do poder terapêutico desse procedimento, um engenheiro descobriu numa vida passada a fonte de sua insônia parasitária, algo que, durante anos, drenou suas energias e afetou seu desempenho profissional. Na Etapa 5 do procedimento, ele teve impressões de uma vida passada bastante remota, inclusive com imagens nítidas de si mesmo adormecendo enquanto montava guarda em seu posto na montanha. Despertado pelo ataque inimigo à sua aldeia aos pés da montanha, ele testemunhou horrorizado a total aniquilação de sua tribo. A experiência de regressão revelou-lhe a fonte subconsciente de sua insônia – ou seja, dormir durante sua ronda de vigilância numa vida passada – e permitiu-lhe resolver a culpa associada a ela. Graças à revelação trazida pela experiência, ele superou rapidamente seu problema de insônia e reverteu os efeitos debilitantes que ela exercia em sua vida.

Projeção Astral

A projeção astral, também conhecida como experiência fora do corpo (EFC em português ou OBE em inglês), viagem astral ou viagem da alma, é a experiência de estar num local espacial fora do corpo físico, com a percepção consciente intacta. Como estado alterado, a projeção astral baseia-se no conceito dual da natureza humana. Ela valida a existência de um corpo astral ou extrabiológico com a capacidade de se desprender do corpo físico e de orientar a percepção para realidades espaciais independentemente da fisiologia.

Como manifestação do duplo etérico ou não biológico do corpo físico, a projeção astral – talvez mais do que qualquer outra experiência humana – proporciona evidências claras e convincentes de sobrevivência da identidade e da percepção conscientes após a morte corporal. Como entidade energética indestrutível, o corpo astral, no estado projetado, permanece ligado ao corpo físico por meio de um sistema de suporte de vida que às vezes é chamado de cordão de prata. Somente na morte esse cordão é cortado, com o que o corpo astral é libertado para experimentar, em toda a sua plenitude, o estado desencarnado de crescimento continuado. (Como comentário adicional, esta perspectiva encontra uma interessante confirmação numa referência bíblica que assegura que o cordão de prata, quando "solto", liberta o corpo físico para que este volte ao pó e o espírito volte a Deus, que o criou. Eclesiastes 11:6-7.) A morte, segundo essa óptica, é apenas um portal para outra rica dimensão na qual a consciência permanece intacta. Com efeito, relatos de experiências astrais, inclusive a experiência de quase morte (EQM), sugerem que a consciência não apenas continua no reino astral, como se aguça e se enriquece com novas revelações e conhecimentos.

A projeção astral, quer espontânea, quer induzida voluntariamente, remove as limitações físicas da percepção e nos liberta para experimentarmos realidades distantes de maneira bem direta e marcante. Num nível muito elementar, podemos viajar em forma astral para outros locais geográficos, inclusive regiões remotas do planeta, e interagir com outras pessoas através de grandes distâncias espaciais. Há algumas evidências a sugerir que podemos viajar fora do corpo e visitar planetas distantes e outros sistemas estelares.

Como a projeção astral é, basicamente, um fenômeno extrabiológico, não deve nos surpreender o fato de a dimensão espiritual ser especialmente receptiva às nossas incursões fora do corpo. Na verdade, são tão comuns as interações fora do corpo com essa dimensão que às vezes a projeção astral é chamada de "estrada majestosa" para o reino espiritual. Com a projeção astral, podemos interagir com o outro lado da realidade e experimentar literalmente como será nosso destino futuro. Do mesmo modo, podemos descobrir do lado de lá guias espirituais e especialistas em crescimento que estão dispostos e prontos para enriquecer nossa vida no aqui e agora com novas inspirações e poder.

Embora a projeção astral possa ser induzida voluntariamente com procedimentos graduais, muitas de nossas experiências fora do corpo ocorrem espontaneamente, ou seja, sem esforço de nossa parte. Entre exemplos comuns, temos as "experiências oníricas" nos quais voamos ou flutuamos sem esforço no ar, observando claramente do alto o terreno abaixo de nós. O "sonho lúcido", em particular, parece ter inegáveis elementos da projeção astral.

A hipnose e certos elementos meditativos, com suas mudanças na fisiologia, parecem levar a viagens astrais espontâneas. Sensações como sair do corpo, ser levado por uma corrente de energia e flutuar livremente no espaço costumam acompanhar esses estados alterados. Uma estudante que participou de nossa pesquisa permanente sobre hipnose experimentou consistentemente viagens fora do corpo, que ela descreveu como um "velejar até a lua e entre as estrelas" durante os níveis mais profundos da hipnose. Ela descreveu com minuciosos detalhes outros planetas conforme eram vistos à distância durante suas excursões fora do corpo.

Noutra linha, a projeção astral espontânea costuma ocorrer durante acidentes perigosos ou situações em que acidentes quase ocorreram: nessas situações, o evento é visto à distância e às vezes percebido em câmara lenta. Isso ficou ilustrado no caso de um estudante de direito que sofreu graves ferimentos num acidente automobilístico. Com o impacto, ele saiu do corpo e viu a cena do acidente de cima, momento no qual não sentiu nenhuma dor ou desconforto. Segundo seu relato, nessa breve experiência fora do corpo ele sentiu a presença de um guia que depois ficou com ele durante seu período de recuperação, que durou várias semanas. Sua interação com a presença reconfortante, segundo acredita, acelerou sua plena recuperação.

Relatos de experiências de quase morte costumam incluir viagem astral, geralmente com a presença de um guia espiritual ou anjo da guarda. Durante essas experiências profundas, são comuns interações bastante significativas com parentes ou amigos que já foram para o lado de lá. Graças às visitas fora do corpo ao reino desencarnado, podemos vislumbrar as incomparáveis oportunidades de crescimento que aguardam por nós quando finalmente deixarmos esta dimensão e formos para o lado da luz.

A projeção astral é especialmente relevante para o vampirismo psíquico, pois introduz dimensões totalmente novas de fortalecimento pessoal. Graças à projeção astral, podemos interagir com o universo superior e valermo-nos de seus abundantes recursos. Na verdade, todos os recursos de fortalecimento do universo superior, inclusive guias e mestres espirituais, estão prontamente disponíveis para nós por meio da viagem astral. Podemos experimentar planos cósmicos especializados com poderes superiores a qualquer coisa que tenhamos pensado ou imaginado anteriormente. Podemos ter acesso a energias cósmicas em sua forma mais pura, que nos isolarão e protegerão mental, física e espiritualmente. Podemos combater e derrotar qualquer força opressora, inclusive o mais intenso ataque de vampirismo psíquico. Com todo o poder do universo às nossas ordens, nada está além de nosso alcance.

Viagem Cósmica Astral

A Viagem Cósmica Astral destina-se especialmente a induzir o estado fora do corpo, e depois, por meio da viagem astral, a acessar planos superiores de poder cósmico. O procedimento reconhece a importância crítica da intenção (ou vontade) deliberada do eu superior para se soltar do corpo físico e mover-se no astral. Quando combinada com imagens e afirmações fortalecedoras, a intenção deliberada torna-se o veículo essencial para que a viagem astral atinja qualquer destino no universo.

A Viagem Cósmica Astral reconhece nossa capacidade, como seres de origem cósmica, para experimentar a percepção de um destino distante e não vislumbrado, e para viajar diretamente até ele. Usando esse procedimento, a viagem astral pode nos levar instantaneamente do ponto A até o ponto B, ou pode seguir uma rota lenta e indireta. Podemos experimentar uma realidade física distante, que pode variar de um local específico do planeta até outro planeta do espaço exterior, ou podemos transcender o reino físico e experimentar, em primeira mão, uma dimensão cósmica ou espiritual de incrível beleza e poder ilimitado.

Graças à Viagem Cósmica Astral, podemos interagir com qualquer dos múltiplos planos da dimensão cósmica, dependendo de nossas necessidades de fortalecimento pessoal. A cor do plano cósmico proporciona um índice conveniente de seus poderes específicos. Nossos estudos sobre a aura humana mostraram que a interação com um plano cósmico específico energiza a aura humana com a cor (e o poder) especial desse plano. Portanto, não é de surpreender que, após a Viagem Cósmica Astral, a aura não só assume um novo brilho, como também uma nova infusão da cor que caracteriza o plano cósmico visitado durante a viagem astral.

Planos cósmicos de cor púrpura são particularmente relevantes para o vampirismo psíquico – significam não apenas a proteção psíquica como também a compreensão espiritual. Banhar-se na energia do plano púrpura fortalece o corpo astral com um poder protetor, e energiza a consciência com novos lampejos intuitivos importantes. A viagem astral a esse plano é recomendada como atividade fortalecedora para indivíduos ou grupos que procuram proteção psíquica e força espiritual.

Planos cósmicos de cor verde representam bem-estar mental, físico e espiritual. As energias do plano verde são particularmente eficientes no reparo de danos causados ao sistema energético pelo vampirismo psíquico individual. Esse plano também é recomendado para o combate ao vampirismo parasitário, especialmente fobias parasitárias. Um funcionário de uma faculdade tinha medo de voar, e descobriu que banhar-se de energia nesse plano astral antes de uma viagem aérea reduzia seu medo, a ponto de permitir-lhe viajar com razoável conforto. Com o uso repetido da Viagem Cósmica Astral, ele superou definitivamente o medo de voar.

Planos cósmicos amarelos estão associados com a sabedoria e o sucesso. A interação com o plano amarelo e o mergulho em suas energias são especialmente recomendados para aqueles que interagem regularmente com um grande número de pessoas. Além de sua eficácia como repelente do vampirismo psíquico, um banho nas energias desse plano pode estimular o funcionamento intelectual e aumentar a eficácia do trabalho com outras pessoas. Muitos de meus estudantes usam este procedimento para melhorar o desempenho nas provas e aumentar suas notas médias. Um antigo estudante que conseguiu ser eleito deputado atribuiu seu sucesso, em grande parte, às suas interações regulares com o plano amarelo.

Planos de cor azul estão associados com a paz, o equilíbrio e a sintonia. A interação com as energias do plano azul é recomendada para todos que viajam para o reino cósmico. Viagens regulares a esse plano reduzem drasticamente a ansiedade e aumentam a autoestima. As energias desse plano são especialmente eficazes no combate ao vampirismo psíquico e no fortalecimento do sistema energético interno. Viagens repetidas ao plano azul podem induzir uma poderosa sensação de bem-estar e acabam desarmando os mecanismos parasitários que se nutrem do sistema energético.

Para a Viagem Cósmica Astral, a seleção de um plano ou combinação específica de planos pode ser espontânea ou premeditada, dependendo dos objetivos de fortalecimento. Quando os planos coloridos ficam visíveis no estado astral, o plano mais brilhante ou que parece pedir sua interação é o plano a ser escolhido no momento. Essa primeira interação, porém, pode ser enriquecida por meio de interações adicionais com outros planos selecionados. Eis o procedimento, que exige um ambiente confortável, sem distrações ou interrupções.

Etapa 1. Preparação. Relaxe e produza um estado silencioso de bem-estar, respirando profundamente algumas vezes e limpando a mente de todo pensamento ativo. De olhos fechados, visualize uma névoa luminosa que envolve lentamente o seu corpo e o permeia plenamente, fazendo com que seus músculos, articulações e tendões fiquem cada vez mais relaxados. Pense na névoa como uma energia cósmica dotada de poder para fortalecê-lo e protegê-lo mental, física e espiritualmente. Perceba a maravilhosa sensação de paz e bem-estar no seu íntimo. Afirme sua intenção de viajar para fora do corpo até o reino astral, invocando a proteção dessa dimensão. Nesse ponto, pode ser que você queira chamar um guia cósmico conhecido para acompanhá-lo durante sua jornada astral até o universo superior.

Etapa 2. Indução Fora do corpo. Comece o processo de indução fora do corpo afirmando mentalmente sua intenção de viajar para fora do corpo e ir até o reino cósmico, com seus recursos abundantes e múltiplos planos de poder. Concentre-se na parte astral de seu ser – a parte destinada a sobreviver à sua transição para o outro lado. Sinta sua essência espiritual e tenha a sensação de se mover livremente como se você fosse separado e livre do seu corpo. (Neste ponto, alguns viajantes astrais imaginam sua forma desencarnada, ou seja, livre de seu corpo físico.) Nesse estágio, você pode facilitar o processo de saída do corpo valendo-se de imagens relevantes. Por exemplo, você pode se imaginar percorrendo a trilha de uma floresta, entrando e saindo da sombra de grandes árvores. Ao perceber o complexo mosaico de luzes e sombras sobre o chão da floresta, pense nas sombras como a realidade física e nas luzes como a realidade espiritual. Finalmente, saia das sombras da floresta e vá até um lugar com luzes brilhantes, percebendo sua sensação de liberdade e a separação de seu corpo físico, que repousa distante dali. Com a floresta e suas sombras para trás, sinta a luminosa energia astral que emana do universo superior e o envolve plenamente. Sinta-se como se fosse uma aparição, destacado do mundo físico e subindo suavemente. Dê-se tempo suficiente para que a percepção do estado fora do corpo se desenvolva; depois, lembre-se de que você pode viajar à vontade através do universo para interagir com seus diversos planos, extraindo forças deles.

Etapa 3. Viagem Astral. Enquanto sonda o reino cósmico, perceba os diversos planos coloridos até que um desses planos, particularmente brilhante, chame sua atenção. Focalize apenas esse plano e deixe-se ser atraído para ele. Quando estiver nesse plano, relaxe até ser banhado plenamente por sua energia colorida. Sinta as abundantes energias desse plano fundindo-se com seu próprio sistema energético para criar uma esfera envolvente de isolamento, suficiente para protegê-lo de qualquer essência ou entidade vampiresca. Permita-se ficar totalmente mergulhado no poder especial desse plano. Após completar a interação, dê-se permissão para visitar outros planos e sentir seus poderes especiais. (Nota: Nesse ponto, quase todos os viajantes astrais têm consciência de uma presença espiritual que guia suas interações entre os diversos planos cósmicos.)

Etapa 4. O Retorno. Tendo concluído a interação cósmica, dirija sua atenção para o lugar luminoso perto da floresta onde começou sua viagem fora do corpo. Dê-se permissão para retornar a esse lugar, e, de lá, para a floresta, com sua mescla de luzes e sombras. Finalmente, regresse a seu corpo físico em seu ambiente familiar e perceba a sensação emergente de harmonia astral e física após religar-se de forma espontânea com seu corpo.

Etapa 5. Conclusão. Para concluir o procedimento, concentre-se em sua respiração e sinta novamente a maravilhosa paz e harmonia que permeiam o seu íntimo. Reveja brevemente sua excursão até o universo superior e sinta-se envolvido na radiante esfera protetora de energia cósmica. Afirme: *Estou envolvido por uma poderosa energia cósmica e mergulhado nela. Estou totalmente protegido e seguro. Posso repelir à vontade a ameaça do vampirismo psíquico, simplesmente imaginando-me envolvido por uma esfera protetora de luminosa energia cósmica.*

Uma das principais vantagens da Viagem Cósmica Astral sobre outros procedimentos fora do corpo é sua versatilidade. Graças a esse procedimento, você pode experimentar os vastos efeitos fortalecedores do estado fora do corpo, independentemente de uma viagem astral; mas, se visitar planos cósmicos específicos, pode ter acesso a relevantes recursos cósmicos e concentrar-se em suas necessidades, as quais, para nossos propósitos, incluem a proteção psíquica.

Além de sua importância para o vampirismo psíquico, a Viagem Cósmica Astral é uma excelente estratégia para aliviar a depressão e fortalecer a autoconfiança. Ela pode reduzir o stress e reverter o desgaste causado por ele, promovendo uma sensação de segurança e bem-estar. Também é uma estratégia muito útil para eliminar hábitos indesejados. É uma das melhores formas conhecidas para controlar dores crônicas e obter sua cura. Felizmente, os efeitos fortalecedores são tanto imediatos quanto duradouros.

Em meu atendimento clínico, uso rotineiramente a Viagem Cósmica Astral, especialmente para conduzir pacientes ansiosos ao brilho pacífico do plano azul. Meus pacientes costumam comentar que, se conseguiram deixar o corpo físico para visitarem outra dimensão, sem dúvida podem assumir o comando de qualquer situação que ameace subjugá-los. Essa observação sensata, por si só, fortalece a pessoa – produz expectativas positivas que tendem a se realizar.

Embora a Viagem Cósmica Astral seja de fácil aprendizado e costume dar bons resultados, é importante observar que ainda não se aperfeiçoou uma técnica estruturada de indução para fora do corpo que seja apropriada para qualquer pessoa. Como na hipnose, os estilos de resposta e os níveis de suscetibilidade para a projeção astral diferem de pessoa para pessoa. Uma técnica que funciona para um indivíduo talvez não funcione para todos. Se preferir outra técnica de indução para excursões fora do corpo, você pode perceber que sua eficiência aumenta caso incorpore certos aspectos da Viagem Cósmica Astral.

Embora os céticos venham, há anos, alegando que as experiências fora do corpo são ilusórias ou simples produto de imaginações férteis, há uma pilha de evidências a embasar o fenômeno como um estado alterado de consciência válido, no qual ocorrem de fato experiências astrais. Em nossos estudos controlados em laboratório, mudanças fisiológicas específicas – inclusive pulsação, padrões de EEG, pressão arterial, resposta galvânica da pele e padrões de eletrofotografia – foram percebidas no momento da projeção astral, e permaneceram durante o estado fora do corpo. Além disso, a combinação dessas mudanças foi exclusiva do estado fora do corpo – não foi constatada em nenhum outro estado alterado de consciência. Endossando ainda mais a validade da viagem astral, temos os casos documentados de observações muito específicas feitas fora do corpo que dificilmente seriam explicadas de outra maneira. Entre os exemplos mais notáveis, temos um experimento muito bem controlado que realizamos em nosso laboratório: nele, as pessoas viajaram para fora do corpo e foram até um edifício distante do campus, onde deveriam observar uma pintura que nunca tinham visto antes. Ao regressarem ao laboratório, descreveram, com detalhes surpreendentes, os elementos essenciais da pintura. Para mais detalhes desse experimento, ver meu livro *Astral Projection and Psychic Empowerment*.

Embora a projeção astral seja uma das mais nobres formas de expressão humana, sem dúvida pode ser mal orientada. A causa para que se deseje fazê-la, por exemplo, pode ser questionável, como entrar na privacidade alheia; ou pior, usar a viagem astral para obter poder ou controle sobre terceiros. Uma das principais preocupações em nossos estudos do vampirismo psíquico foi saber se o estado fora do corpo podia ser usado por vampiros psíquicos como veículo de ataque. Embora as evidências a favor do vampirismo psíquico individual no plano astral sejam limitadas, é concebível que esse fenômeno possa ocorrer. Muitos dos vampiros psíquicos mais avançados que encontramos em nossos estudos admitem que são hábeis viajantes fora do corpo, e alguns admitem que usam essa técnica para satisfazer suas necessidades vampirescas.

As evidências também são limitadas e muito subjetivas no que se refere às interações vampirescas envolvendo desencarnados. É provável que os hábitos dos vampiros psíquicos não cessem subitamente apenas porque a pessoa passou para o lado de lá. Decorre disso que o vampirismo psíquico entre vampiros desencarnados e vítimas encarnadas – que poderíamos chamar de vampirismo desencarnado-sobre-encarnado – pode prosseguir, especialmente quando desencarnados pouco evoluídos e presos à matéria estão isolados dos recursos de crescimento cósmico do outro lado. Felizmente, as estratégias de proteção contra vampiros apresentadas neste livro se aplicam a qualquer caso. Seja qual for a forma de vampirismo ou a natureza da ameaça e as dimensões envolvidas, temos agora o conhecimento e o poder para encontrá-lo e derrotá-lo.

Embora as interações com vampiros psíquicos possam ocorrer entre a dimensão encarnada e a desencarnada, é importante observar que a maioria das interações entre tais dimensões não se relaciona com vampiros, sendo, na verdade, positiva e produtiva. Quase sem exceção, somos fortalecidos graças às nossas interações com desencarnados, e eles, por sua vez, se fortalecem graças às suas interações conosco. Certas estratégias interdimensionais foram, na verdade, desenvolvidas para facilitar interações de fortalecimento com o reino desencarnado e para promover a libertação de desencarnados pouco desenvolvidos.

Para mais informações sobre o tema, ver *Psychic Empowerment*; *Astral Projection and Psychic Empowerment* e *Aura Energy for Health, Healing and Balance*.

Resumo

Neste capítulo, examinamos três estados alterados críticos: o sono, a auto-hipnose e a projeção astral – com ênfase na importância de cada um para o vampirismo psíquico. Juntos, esses estados alterados são importantes para nosso estudo do vampirismo psíquico porque aumentam nossa capacidade de repelir esse fenômeno potencialmente destrutivo, e ativam diversos recursos de crescimento interior. O Procedimento de Proteção do Sono, por exemplo, pode ser usado para proporcionar proteção durante o sono e também na vigília. Também pode ser aplicado a diversas outras metas de fortalecimento pessoal. Do mesmo modo, o Procedimento de Proteção e Hipnoliberação pode nos proteger e nos defender do vampirismo psíquico em suas diversas formas, liberando uma série de recursos subconscientes de crescimento. Com frequência, emergem imagens significativas de vidas passadas durante a hipnose, com profundos efeitos de catarse e aprendizado. Finalmente, a Viagem Cósmica Astral é um procedimento fora do corpo muito flexível e versátil, com possibilidades de fortalecimento que vão da proteção psíquica até o controle da dor.

Embora ainda seja necessário estudar melhor os estados alterados, as evidências atuais são claras: Quanto melhor compreendermos os estados alterados e sua relevância, melhor será a compreensão acerca de nós mesmos e da natureza de nossa existência. Dominando as estratégias apresentadas neste capítulo, podemos nos elevar mais, enriquecendo ainda nossa qualidade de vida. Ficamos fortes para realizar nossas metas mais elevadas e para atingir um novo nível de crescimento e de realização pessoal.

CAPÍTULO 8

PROTEÇÃO PSÍQUICA E INSTRUMENTOS DE FORTALECIMENTO

NUMEROSOS OBJETOS TANGÍVEIS, bem como os procedimentos estruturados que os utilizam, estão disponíveis hoje como instrumentos de fortalecimento e proteção pessoal contra o vampirismo psíquico. O uso de objetos tangíveis como instrumentos psíquicos leva em conta pelo menos duas possibilidades interessantes. Primeiro, os efeitos do instrumento podem decorrer basicamente de fatores psicológicos. Por exemplo, nossa confiança no instrumento e as associações que fazemos com ele poderiam gerar uma forte expectativa, ou seja, um efeito placebo. Como resultado, certas faculdades mentais latentes, com o poder de influenciar as funções tanto da mente como do corpo, poderiam ser ativadas. Segundo essa óptica, o instrumento, sendo inerte, só é eficiente quando o incorporamos em nosso sistema de crenças, de onde se deduz que é a crença, e não o instrumento, que tem o poder.

Uma segunda possibilidade enfatiza que certos objetos tangíveis funcionam como instrumentos de fortalecimento por causa de suas características intrínsecas. Os efeitos diretos de fortalecimento desses instrumentos estão em sua natureza essencial ou em suas propriedades estruturais, e não em nossa percepção ou nas associações que fazemos com ele. Para citar um exemplo, certos instrumentos, como o cristal de quartzo, costumam ser considerados fortalecedores por causa de sua capacidade natural de influenciar diretamente o sistema energético humano. Mas se a simples presença desses instrumentos pode nos fortalecer, também é possível programá-los para atingirmos metas muito mais específicas, como o equilíbrio, a sintonia e a proteção do sistema energético humano. Outros instrumentos, como a pirâmide, embora não pareçam receptivos à programação humana, são considerados receptores ou geradores de energia, com o poder de dispersá-la. Os efeitos fortalecedores desses instrumentos dependeriam basicamente de sua presença física ou de sua proximidade. Portanto, eles podem ser eficientes mesmo que não estejamos conscientes de sua presença. Mas outros instrumentos tangíveis, entre os quais as varinhas ou forquilhas divinatórias e o pêndulo, são considerados sensíveis e responsivos a influências humanas ou a certas condições externas. Graças às suas respostas sob condições apropriadamente controladas, podemos obter informações importantes, que de outro modo não ficariam disponíveis para nós.

Minha abordagem no uso de instrumentos psíquicos incorpora cada uma dessas possibilidades, enfatizando que a eficácia de qualquer instrumento pode ser aumentada graças a nossas interações com ele. Interações que, de certo modo, nos vinculam ao instrumento podem gerar um efeito sinérgico, reforçando tanto o poder do instrumento como o poder da mente. Até instrumentos que não têm poder intrínseco algum podem se tornar catalisadores que ativam os poderes da mente graças a procedimentos apropriados de fortalecimento.

Entre os instrumentos particularmente notáveis por seu potencial de fortalecimento psíquico, temos o cristal de quartzo, a pirâmide e a bola de cristal. Na discussão a seguir, vamos explorar cada um desses instrumentos e sua importância no vampirismo psíquico.

O Cristal de Quartzo

O cristal de quartzo é o instrumento de fortalecimento psíquico ideal, principalmente em virtude de sua incomum receptividade à programação humana. Há evidências que mostram que o cristal, devidamente programado e usado ou mantido perto do corpo físico, pode fortalecer o sistema energético humano e desviar espontaneamente ataques de vampiros dirigidos contra ele. O cristal é particularmente eficiente em situações envolvendo uma exposição prolongada ao vampirismo psíquico, como aquela que às vezes é encontrada no ambiente de trabalho.

Quando programado e utilizado apropriadamente, o cristal pode gerar um escudo protetor em torno da pessoa, tornando inócuo qualquer ataque de vampiros. Após uma tentativa de ataque de vampiro, sabe-se que o cristal sofre uma verdadeira mudança estrutural, como uma mancha escura temporária ou uma inclusão em seu interior. Nessa situação, considera-se que o cristal "sofreu um ataque de vampiro", e que por isso protegeu o sistema energético da vítima de uma perda de energia, bem como da possibilidade de sérios danos ao sistema.

Procedimento da Proteção do Cristal

O Procedimento da Proteção do Cristal usa o cristal para energizar e proteger o sistema energético humano. O procedimento guia o processo de seleção, de programação e de aplicação. Ele incorpora o cristal numa interação dinâmica que inclui componentes mentais e físicos. O procedimento pode ser usado num cristal que você já tenha, ou num cristal novo, escolhido dentre vários. Eis o procedimento.

Etapa 1. Seleção do Cristal. Comece declarando, em suas próprias palavras, sua meta ao usar o cristal, em seu esforço para fortalecer e proteger seu sistema energético. Enquanto pensa em sua meta declarada, escolha um cristal que pareça adequado às suas necessidades. Ao escolher um cristal dentre vários, passe lentamente a mão, com a palma para baixo, sobre os cristais, e perceba aquele que parece se destacar do conjunto. Segure brevemente o cristal na mão e sinta sua interação com ele. Se o cristal escolhido parecer inadequado para suas necessidades, ponha-o de volta e repita o processo de seleção até encontrar um cristal adequado.

Etapa 2. Programação do Cristal. Programar o cristal selecionado é um processo em duas fases, que inclui tanto a desprogramação (também chamada de "limpeza") como a instalação de um novo programa. Para desprogramar o cristal, basta deixá-lo brevemente imerso num filete de água fria, esfregando-o suavemente; depois, ponha-o numa toalha para secar. Para instalar um novo programa, segure o cristal na palma da mão e convide-o, com suas próprias palavras, para tornar-se seu companheiro de fortalecimento, e depois afirme sua meta: *Minha meta é fortalecer e proteger meu sistema energético. Juntos, vamos realizar essa meta. Nossa interação vai me dar forças para neutralizar e vencer o vampirismo psíquico, qualquer que seja sua forma ou estratégia.* (Nesse ponto, você pode programar o cristal para outras metas pessoais, bastando para isso declarar suas metas e convidar o cristal para trabalhar com você nessa realização; no entanto, o mesmo cristal não deve ser programado com mais do que três metas que, de preferência, devem estar relacionadas entre si.) Para salvar o programa, basta dizer: *Por favor, fique.*

Etapa 3. Aplicação do Cristal. Uma vez programado, o cristal costuma funcionar melhor se estiver bem perto do corpo físico, podendo para isso ser usado como ornamento ou ser levado em seu bolso, pasta ou bolsa. Você pode enriquecer as funções do cristal esfregando-o periodicamente enquanto afirma suas metas. Para a proteção durante o sono, o cristal pode ser posto numa mesa de cabeceira ou penteadeira.

Além de sua eficácia na proteção contra o vampirismo individual, o cristal pode ser um poderoso instrumento quando usado para combater o vampirismo parasitário. Para essa finalidade, a Etapa 2 do procedimento apresentado acima pode ser expandida, incluindo-se metas e afirmações específicas relacionadas com a condição parasitária, como fobias, obsessões, compulsões e ansiedade generalizada. Para o tratamento de fobias, o cristal pode ser programado para promover um processo de dessensibilização e para estabelecer novas associações que eliminem a fobia e a substituam por um calmo e pacífico estado de bem-estar. Para condições obsessivo-compulsivas, o cristal pode ser programado para interromper a interação debilitante entre pensamento e comportamento, substituindo-a por comportamentos e processos mentais totalmente novos. No caso de ansiedade generalizada, o cristal pode ser programado para facilitar o relaxamento e induzir a sensação de segurança e de autoconfiança. Como já foi comentado anteriormente neste livro, as condições do vampirismo parasitário costumam ter natureza desenvolvimentista – geralmente, se estendem até a infância e, em alguns casos, atingem vidas passadas. Por isso, não deve nos surpreender o fato de que sua superação exige perseverança e determinação. Felizmente, a simples declaração de suas metas e a afirmação, com suas próprias palavras, de sua intenção de trabalhar juntamente com o cristal como parceiro de fortalecimento tende a dar início a uma interação energética que pode levar ao sucesso absoluto.

Como psicólogo, percebi desde cedo, em minha atividade clínica, que quase todos, independentemente de idade e de formação pessoal, são receptivos ao cristal como instrumento de fortalecimento. Estudantes universitários parecem particularmente receptivos ao uso do cristal para diversas metas de fortalecimento. Minha abordagem no uso do cristal com estudantes consiste em primeiro levá-los a formular metas relevantes e depois orientá-los pessoalmente a selecionar, programar e usar o cristal, sempre com o estudante no centro do processo.

Embora seja aplicável a diversas metas, o cristal programado tem sido bastante eficaz no combate ao vampirismo psíquico. Vítimas de fato e em potencial do vampirismo psíquico, bem como os próprios vampiros psíquicos, têm neutralizado com sucesso o vampirismo e revertido seus efeitos com a proteção e o fortalecimento do sistema energético interno. A cada aplicação, o cristal programado parece assumir mais do que um papel de apoio – ele restaura ativamente mecanismos energéticos deficientes, sintoniza o sistema energético e libera energias de crescimento totalmente novas.

Há um número considerável de evidências a sugerir que o cristal, um elemento da natureza, pode funcionar por períodos mais longos de tempo e por distâncias maiores quando outros elementos da natureza são incorporados ao processo de programação. Uma antiga aluna disse que programou cristais para diversas finalidades, mas em vez de usá-los junto ao corpo ou mantê-los por perto, colocou-os numa fonte, no centro de sua horta de ervas. Ela acredita que as energias da fonte e das plantas trabalharam juntas para amplificar e ajudar a concentrar as energias dos cristais. Esse procedimento modificado, segundo disse ela, ajudou-a a concluir um curso de MBA, a passar num exame de licenciamento profissional, a obter um ótimo emprego e, recentemente, a encontrar o amor de sua vida. Numa linha diferente, o imaginativo diretor-presidente de uma indústria muito bem posicionada disse que costuma programar cristais para ajudá-lo a fechar contratos e a atingir outras metas importantes para a empresa. Logo após programar o cristal, ele o coloca na base do mastro da bandeira da empresa, que, segundo acredita, serve de antena amplificadora do poder do cristal e espalha suas energias programadas.

Percebi que a inclusão de uma árvore de grande porte como complemento da programação do cristal parece aumentar sua eficácia, não só para a proteção psíquica como para diversos outros propósitos. Uso rotineiramente a programação de cristais valendo-me de um carvalho muito antigo e "amigo dos cristais" para proteção psíquica ou quando me defronto com situações pessoais complicadas. Meu procedimento consiste inicialmente na programação de dois cristais usando o Procedimento da Proteção do Cristal; depois, com o primeiro cristal perto de mim, enfio o segundo cristal sob a terra na base da árvore gigante. Finalmente, com as mãos apoiadas no tronco da árvore, peço à arvore para amplificar e espalhar as energias do cristal. Deixo o cristal na base da árvore para promover uma interação contínua entre a árvore e o cristal. Nos vinte anos em que venho usando repetidamente esse procedimento, a interação entre árvore e cristal nunca falhou – na verdade, geralmente superou minhas maiores expectativas.

Percebi que a programação de cristais envolvendo uma árvore é especialmente eficiente em atividades coletivas. É útil para motivar grupos durante a organização de esforços coletivos, levando-os a se concentrarem nas metas desejadas. Como exemplo, um evento de levantamento de verbas para pesquisa parapsicológica realizado pela Parapsychology Foundation na Athens State University na década de 1980 teve um resultado significativo graças à programação de cristais, combinada com um magnífico tulipeiro do campus que, segundo se acredita, é a árvore mais velha do estado. Tendo formulado suas metas para obtenção de verbas, a comissão, com cinco membros, programou ao mesmo tempo dois cristais para fortalecer seus esforços para angariar fundos. Depois, a comissão enterrou a pouca profundidade um dos cristais programados sob a base do tulipeiro, e, com as mãos levemente apoiadas na árvore, convidou-a a ser uma parceira no evento. Com um cristal programado situado sob a árvore, o outro foi exposto com destaque sob uma redoma de cristal no escritório central da Fundação durante todo o projeto. Por conta do foco e da eficiência, a Fundação disponibilizou diversas bolsas de estudo, criou um laboratório de pesquisas e patrocinou dezenas de estudos de laboratório, incluindo vários dentre os mencionados neste livro.

Por causa de seu importante papel energético no projeto de verbas da Parapsychology Foundation, o magnífico tulipeiro do campus é conhecido hoje como Hércules. Situada diante do histórico Founders Hall, do qual os alunos assistiram à batalha de Athens durante a Guerra Civil, a majestosa árvore tem sido usada ao longo dos anos por estudantes e moradores da cidade para diversas metas pessoais. Muitos estudantes a têm usado para passar nas provas de admissão a diversos programas de difícil acesso. Um estudante que simplesmente colocou as mãos na árvore e convidou-a a ser sua "parceira poderosa" conseguiu entrar na faculdade de medicina que desejava e hoje é membro do corpo docente da faculdade. Um estudante de administração atribui seu sucesso no mundo financeiro à programação de um cristal associado à árvore. Ex-alunos costumam voltar ao campus só para interagir com a frondosa árvore, que lhes serve de fonte de inspiração e de poder (ver Figura 9, a seguir).

Um comentário à parte: o Founders Hall é um interessante pano de fundo para o belo tulipeiro. Construído logo após a fundação da universidade, em 1822, a impressionante estrutura neoclássica é palco de uma aparição recorrente que, segundo se acredita, teria sido um soldado da Guerra Civil, morto na sangrenta batalha de Athens. Conhecido como o Perseguidor Noturno, a aparição costuma ser vista perto de uma janela que dá para a árvore ou perambulando pelos salões do edifício histórico.

Atualmente, meu uso dos cristais como instrumentos de fortalecimento concentra-se na promoção de pesquisa e desenvolvimento do Parapsychology Research Institute, uma organização sem fins lucrativos localizada no norte do Alabama. Para isso, cada membro da diretoria do instituto se aliou ao esforço de fortalecimento, programando um cristal e colocando-o na base de uma grande faia, situada numa floresta antiga, apenas para amplificar as energias do cristal e espalhá-las pelo mundo.

Em suma, é possível para qualquer indivíduo, grupo ou organização beneficiar-se de procedimentos que usam o cristal como um dos mais poderosos instrumentos psíquicos da natureza. Complementar o cristal, sempre que possível, com outros elementos da natureza, parece aumentar visivelmente seu potencial de fortalecimento.

A Pirâmide

Atrás apenas do cristal em popularidade como instrumento de fortalecimento, temos a pirâmide, ou, para ser mais exato, uma pequena réplica da Grande Pirâmide. Para fins de fortalecimento, a réplica da pirâmide pode ser de qualquer tamanho ou material – vidro, madeira, cristal, mármore, etc. – desde que

Figura 9. Tulipeiro histórico, Athens State University

suas dimensões reduzidas sejam proporcionais às da Grande Pirâmide. Segundo se acredita, orientar a pirâmide para que um lado fique alinhado com um dos quatro pontos cardeais aumenta sua eficácia como instrumento de fortalecimento. No entanto, depois de se estabelecer um relacionamento fortalecedor com a pirâmide, mudanças em sua orientação – ou até um novo posicionamento – não parecem afetar o poder da pirâmide.

Meu interesse pela pirâmide como instrumento psíquico começou cedo, por volta dos 7 anos, quando tive uma aula sobre o Antigo Egito na escola primária. Sem nunca ter estudado o assunto, percebi que já possuía conhecimentos profundos sobre a história e a cultura egípcias. Conhecia intuitivamente as dinastias e feitos arquitetônicos daquele país, inclusive templos parcialmente construídos nas paredes de penhascos, com salões e santuários escavados na rocha. Eu tinha informações bastante detalhadas sobre as pirâmides, inclusive a Grande Pirâmide e a antiga Pirâmide em Degraus de Zoser. Estava familiarizado com antigos rituais egípcios, inclusive – mas não apenas – aqueles idealizados para dotar de vida estátuas e retratos dos mortos caso o corpo fosse destruído, uma prática considerada essencial para o bem-estar da alma. Incrível, mas desenrolavam-se em minha mente, como um filme, cenas em que eu mesmo participava ativamente desses antigos rituais.

Essa experiência precoce me serviu de evidência, convencendo-me de que eu tinha uma conexão pessoal com o Antigo Egito, uma conexão que foi confirmada muitos anos depois por meio de regressão a vidas passadas, na qual eu recuperei informações muito detalhadas sobre minhas experiências em vidas passadas no Egito. O conteúdo dos relatos durante a regressão foi analisado por diversos historiadores, inclusive um professor universitário cuja especialidade era a história egípcia, e viram que não havia discrepâncias.

Meu interesse pela cultura egípcia inspirou diversos estudos controlados em laboratório, destinados a investigar a importância do modelo de pirâmide como instrumento de fortalecimento. Tal como muitos outros pesquisadores descobriram, meu trabalho confirmou o potencial de fortalecimento da pirâmide. O pequeno modelo de pirâmide, com suas proporções exatas, conseguiu manter muitos dos alegados poderes da Grande Pirâmide, a partir da qual foi feito. Foi percebido que, graças à sua simples presença, o modelo da pirâmide é especialmente eficiente no fortalecimento e proteção do sistema energético humano, efeitos que ficaram particularmente evidentes em fotos da aura e na observação direta da aura, antes e depois da exposição ao modelo da pirâmide. Seja um gerador de novas energias, seja um canal para energias cósmicas do mais elevado grau, fica claro que a pirâmide é uma força crítica, com possibilidades muito abrangentes.

Tão profundo quanto os aparentes poderes intrínsecos da pirâmide é seu papel coadjuvante quando incorporada a estratégias de fortalecimento estruturado. A pirâmide pode ser integrada com facilidade em procedimentos destinados a promover a realização de uma gama aparentemente ilimitada de metas pessoais. Embora a pirâmide não seja essencialmente receptiva a programações, é um colaborador firme e confiável para a realização de nossos esforços. Mesmo que seja vista apenas como um objeto ou símbolo inerte, a pirâmide pode ser um lembrete visível de nosso compromisso e determinação para cumprir nossas metas.

Procedimento de Fortalecimento com a Pirâmide

A pirâmide é especialmente importante no caso do vampirismo psíquico, pois tem a capacidade singular de fortalecer o sistema energético interno ligando-o à mais elevada fonte cósmica de energia. Ela pode ser uma excelente proteção da ameaça externa do vampirismo psíquico, erguendo uma poderosa e impenetrável esfera de energia ao redor do corpo. Em virtude de seus poderosos efeitos sobre o sistema energético interno, a pirâmide pode fortalecer os recursos de resistência necessários para combater o vampirismo parasitário. Quando aplicada adequadamente, a pirâmide pode aliviar a ansiedade e outras condições que são os principais nutrientes do vampirismo parasitário. O Procedimento de Fortalecimento com a Pirâmide visa realizar cada uma dessas importantes metas. O procedimento, apresentado a seguir, exige um ambiente silencioso e confortável, e a presença física de um modelo de pirâmide.

Etapa 1. Seleção da Pirâmide. Para este procedimento, a pirâmide pode ser de qualquer material, mas deve ser pequena o suficiente para que possa repousar confortavelmente na palma da mão.

Etapa 2. Declaração de Metas. Sente-se numa posição confortável e, com a pirâmide apoiada sobre a base na palma de uma das mãos, formule suas metas, definindo-as como resultados específicos. Embora a simples presença da pirâmide possa conferir novas forças a seu sistema energético, a declaração específica de suas metas promove uma interação efetiva com a pirâmide, reforçando sua capacidade espontânea.

Etapa 3. Infusão de Energia. Enquanto concentra sua atenção na pirâmide, ainda apoiada na palma da mão, sinta as energias cálidas que emanam da base da pirâmide. Coloque a outra mão sobre a pirâmide e sinta o formigamento causado pela energia que emana do ápice da pirâmide. Permita que as energias da pirâmide se espalhem pelas mãos e passem delas para todo o seu corpo.

Etapa 4. Infusão de Energia Cósmica. Deitado, coloque a pirâmide sobre o centro de energia situado na região do plexo solar. Com os olhos fechados e as mãos repousando confortavelmente dos lados, visualize um canal ligando o ápice da pirâmide ao luminoso centro de energia do universo. Visualize o canal de conexão brilhando com uma poderosa energia cósmica. Permita que a energia cósmica luminosa que entra na pirâmide passe para seu centro interno de energia, e que, de lá, sature todo o seu ser. Visualize o brilho da energia cósmica envolvendo-o plenamente.

Etapa 5. Afirmação. Enquanto continua a sentir o fluxo de energia cósmica em seu interior, afirme: *Estou mergulhado no brilho da energia cósmica, que me envolve. Estou plenamente sintonizado, equilibrado e protegido.* Em suas próprias palavras, afirme que suas metas, declaradas na Etapa 2, fazem parte do seu destino.

Etapa 6. Conclusão. Retorne à posição sentada e, com a pirâmide apoiada novamente na palma da mão, coloque a outra mão sobre a pirâmide, tal como na Etapa 3. Como antes, perceba as energias da pirâmide permeando suas mãos e depois todo o seu corpo. Pense na pirâmide como um vínculo infalível com uma fonte cósmica de possibilidades ilimitadas. Afirme que, com a simples observação da pirâmide, ou, na sua ausência, sua simples visualização mental, você também ficará plenamente fortalecido e apto a conquistar qualquer meta e repelir qualquer ameaça ao seu bem-estar.

Embora a simples visualização da pirâmide seja um ato efetivo de fortalecimento, é recomendável manter a pirâmide por perto e interagir periodicamente com ela. Costumo levar sempre no bolso ou na pasta uma pequena pirâmide de cristal que seguro de vez em quando nas mãos, um gesto discreto mas bastante eficiente, que me deixa alerta e concentrado. Costumo exibir a pirâmide em tardes de autógrafos e circulo com ela durante eventos para ilustrar seus efeitos fortalecedores. Talvez sua importância arquetípica faça com que quase todos vejam na pirâmide um instrumento com potencial para fortalecimento.

A Bola de Cristal

Símbolo universal de harmonia e iluminação interior, a bola de cristal é igualmente importante como objeto de beleza e instrumento de poder. É importante para nosso estudo do vampirismo psíquico porque oferece mais uma alternativa para acessarmos as fontes ocultas de proteção e poder psíquico.

A simples contemplação da bola de cristal, independentemente de procedimentos estruturados, pode expandir a consciência e estimular uma série de processos mentais. Pode ativar nossas faculdades psíquicas, especialmente a *precognição* (a PES de eventos futuros) e a *clarividência* (a PES de realidades atuais), proporcionando assim importantes lampejos intuitivos e novas soluções para situações problemáticas. Um estudante de direito, por exemplo, que contemplava uma bola de cristal, teve a forte sensação precognitiva de que seu pai seria acometido de uma grave doença. No dia seguinte, seu pai foi hospitalizado com um ataque cardíaco. Numa linha totalmente diferente, durante uma experiência com a bola de cristal, um professor universitário teve imagens clarividentes detalhadas de uma propriedade à beira de um lago, que ele adquiriu tempos depois. Em virtude de sua importância psíquica, incorporo rotineiramente a observação da bola de cristal em meus seminários dirigidos para o desenvolvimento de habilidades psíquicas.

A eficiência da observação do cristal no estímulo de nossas faculdades psíquicas indica outras aplicações de fortalecimento importantes, como sua utilidade no combate ao vampirismo psíquico. Mesmo quando praticada independentemente de procedimentos em etapas, a contemplação do cristal é, ao mesmo tempo, relaxante e fortalecedora. Mas quando incorporada numa abordagem estruturada, seus efeitos aumentam visivelmente. Ela pode reforçar o sistema energético interno e ligá-lo à mais elevada fonte de energia cósmica. O resultado é um sistema energético fortalecido, plenamente funcional e protegido contra qualquer ameaça de vampirismo psíquico.

A contemplação estruturada da bola de cristal é especialmente útil como exercício de fortalecimento de grupo. Ela pode ativar poderes coletivos adormecidos, unindo as energias do grupo e direcionando-as para as metas designadas. Como instrumento de fortalecimento de grupo, a bola de cristal pode funcionar como canal visível que liga o grupo a planos astrais de poder cósmico. Por meio da bola de cristal, o grupo pode ter acesso a um estoque ilimitado de energia em sua forma mais poderosa.

O Globo de Poder

O uso do Globo de Poder destina-se especialmente a grupos que buscam proteção e fortalecimento psíquicos. O procedimento pode ser adaptado facilmente a grupos de qualquer tamanho. Está idealizado para exercitar as energias coletivas do grupo, em primeiro lugar, e, em segundo, para fortalecer o grupo todo e cada um de seus membros.

Neste procedimento, a bola de cristal é vista basicamente como um instrumento de facilitação. Concentrando a atenção na região interior da bola de cristal, o grupo mescla e harmoniza suas energias, que, por sua vez, se espalham pelo grupo. Como as outras estratégias de fortalecimento que discutimos, a ação combinada do grupo e a união de suas energias são sinérgicas – a energia total que volta para o grupo é maior do que a soma das energias individuais dos membros do grupo. As pessoas que formam o grupo são energizadas e fortalecidas, primeiro pelo exercício dos mecanismos de envio e de recepção do sistema energético interno, e segundo pela interação com o grupo e pela contribuição para o processo geral do grupo.

Em vez de fomentar o conformismo, o Globo de Poder realça as diferenças individuais. O procedimento, bastante flexível, reconhece a singularidade e o valor incomparável de cada pessoa. A diversidade dentro do grupo é considerada um recurso de fortalecimento. O efeito sinérgico do procedimento aumenta acentuadamente em função das diferenças de características pessoais entre participantes, como realizações, orientações, histórico cultural, estilo de vida e até nível energético. O potencial de grandiosidade e de realização de cada pessoa é a peça central deste procedimento tão inclusivo.

Como estratégia de proteção contra vampiros, o Globo de Poder organiza e expande as energias do grupo para repelir coletivamente o vampirismo psíquico em suas diversas manifestações. Ataques de vampiros contra o grupo, quer de dentro dele, quer de fora, são prontamente neutralizados pelas poderosas energias geradas pelo procedimento. Vampiros surfistas são repelidos e afastados pela esfera de energia de mão única, erguida para envolver o grupo. Graças a esse procedimento, os participantes do grupo podem descobrir os recursos protetores necessários para repelir qualquer ameaça de vampirismo psíquico em nível pessoal. Vítimas de vampirismo parasitário podem experimentar o apoio do grupo, tão necessário para que possam controlar e superar os processos internos que esgotam seus recursos energéticos. O procedimento pode repor energias perdidas, fortalecer o sistema energético interno e romper de uma vez o círculo vicioso do vampirismo psíquico.

Num sentido bem mais amplo, o Globo de Poder pode ser usado numa escala global para fortalecer e enriquecer o planeta. Uma vez gerada, a energia de fortalecimento nunca é perdida. Ela busca seu alvo e realiza a tarefa para a qual foi criada. Curar o planeta, limpar o ambiente e promover a harmonia global não estão aquém do poder de grupos que focalizam suas energias coletivamente. A dedicação leva à ação. Quando um número suficiente de pessoas ao redor do planeta dedicar suas energias a metas planetárias específicas, as mudanças acontecerão. O futuro do planeta pode muito bem depender das energias combinadas de grandes números de indivíduos que se dedicam a tornar o mundo um lugar melhor para eles mesmos e para as gerações vindouras. O Globo de Poder pode ajudar a realizar essa importante meta. Embora tenha sido idealizado para uso em grupos, o procedimento também pode ser adaptado para uso individual.

Eis o procedimento, que requer uma bola de cristal, de preferência com uma bolha no centro para facilitar a contemplação.

Etapa 1. O Cenário da Contemplação. O procedimento é apropriado como estratégia de fortalecimento e proteção para grupos de qualquer tamanho ou tipo. Ele pode, porém, ser usado para muitas outras metas. Em grupos pequenos, geralmente a bola de cristal é posta numa mesa no centro do grupo, que pode se sentar em círculo ao redor dela. No caso de grupos maiores, a bola costuma ficar numa posição levemente elevada na frente do grupo, para facilitar sua contemplação. Seja qual for o tamanho do grupo, a bola de cristal deve ficar claramente visível para todos os participantes.

Etapa 2. Aquecimento da Contemplação e Visualização. O propósito desta etapa é exercitar as habilidades de contemplação e visualização. Juntos, os membros do grupo focalizam sua atenção na região interior da bola de cristal. Se a bola tiver uma bolha no centro, a atenção deve ser dirigida para o interior da bolha. Após alguns momentos de contemplação descontraída, os membros do grupo exercitam sua habilidade de visualização, fechando os olhos e imaginando a bola de cristal. Depois disso, voltam à contemplação, intercalada com a visualização.

Etapa 3. Irradiação de Energia. Nesta etapa, o grupo exercita seus poderes de irradiação de energia. Juntos, os membros do grupo esfregam vigorosamente as mãos, palma contra palma, para gerar a sensação de energia; depois, com as palmas voltadas para a bola de cristal, imaginam em conjunto feixes de energia luminosa saindo de suas mãos e envolvendo a bola de cristal com um poderoso acúmulo de energia coletiva.

Etapa 4. Conexão Cósmica. Com as mãos novamente numa posição confortável, o grupo retoma a contemplação da bola de cristal durante alguns momentos. Depois, com os olhos fechados, o grupo visualiza a bola de cristal como uma réplica luminosa do centro energético do universo. Após alguns instantes de visualização, retoma-se a contemplação, e quase sempre o grupo percebe um brilho radiante de energia envolvendo a bola de cristal.

Etapa 5. Recepção de Energia. Com as mãos voltadas novamente para a bola de cristal, o grupo visualiza radiantes fluxos de energia emanando da bola de cristal e passando para as palmas. Nesse ponto, é normal sentir-se sensações vibrantes nas palmas, pois a energia entra por elas e depois se espalha pelo corpo, infundindo-o plenamente com novas energias.

Etapa 6. Globos de Energia. Com as mãos relaxadas e os olhos fechados, o grupo visualiza um brilhante globo de energia protetora envolvendo cada membro do grupo. Depois, coletivamente, visualizam um reluzente globo de energia envolvendo o grupo todo.

Etapa 7. Afirmação de Poder. Enquanto a imagem dos brilhantes globos pessoais de energia dentro do globo maior continua, o grupo afirma os poderosos efeitos fortalecedores do procedimento. As metas do grupo são declaradas, não apenas como possibilidades, mas como realidades emergentes. Nesse momento, os membros do grupo podem querer especificar metas pessoais e afirmar seu poder de realizá-las.

Etapa 8. Fortalecimento Global. Para fortalecer o planeta, o grupo visualiza a Terra e depois, com as mãos voltadas novamente para fora, espalha energias em todas as direções, visando infundi-las totalmente. Áreas específicas do planeta podem ser alvo de uma carga especial de energia. Depois, o grupo visualiza coletivamente o planeta envolvido por uma energia luminosa, e infundido por ela.

Etapa 9. Gesto de Fortalecimento. O grupo afirma coletivamente seu poder de ativar os efeitos plenos do procedimento simplesmente contemplando a bola de cristal, ou, na ausência desta, com sua simples visualização.

O gesto de fortalecimento explicado acima pode ser usado sempre que necessário; no entanto, o procedimento completo deve ser praticado periodicamente para maximizar a eficiência do gesto.

O Globo de Poder pode ser adaptado facilmente para focalizar as energias do grupo sobre um indivíduo específico. Um membro do grupo que esteja com algum problema premente, por exemplo, pode, mediante solicitação, tornar-se um receptor voluntário de energia coletiva. Para esse fim, o voluntário costuma ficar sentado no centro ou na frente do grupo. Membros do grupo enviam suas energias esfregando as palmas das mãos e depois voltando-as como mecanismos de irradiação para o receptor. Energias curativas e terapêuticas são particularmente receptivas a esse procedimento adaptado. Após a orientação adequada do grupo, geralmente uso o procedimento em terapias de grupos para tratamento de depressão e de ansiedade com resultados muito positivos e duradouros. Além disso, o procedimento tem sido eficaz como técnica de motivação e apoio em programas de controle de peso.

Instrumentos Naturais de Fortalecimento

Nosso ambiente natural está repleto de coisas que podem ser usadas como instrumentos de proteção e de fortalecimento da mais alta qualidade. Nossas vidas podem ser enriquecidas com a simples percepção maior da beleza e magnificência da natureza, desde nosso ambiente mais próximo até o mais remoto sistema estelar. Mas quando buscamos propositadamente os recursos de fortalecimento da natureza, descobrimos possibilidades muito maiores do que poderíamos supor ou conceber.

As infinitas possibilidades de fortalecimento encontradas nas cenas e sons da natureza são especialmente importantes no caso do vampirismo psíquico. Eles nos ligam não apenas àquilo que está perto de nós, mas também a coisas que estão muito além da esfera da realidade percebível. Experimentar, por exemplo, a maravilhosa serenidade de um pôr do sol, a excitação de uma chuvarada de verão ou os inúmeros sons de um riacho eleva o espírito a um novo nível de percepção e compreensão de nosso lugar no universo. Com a percepção mais acurada de nosso ambiente natural, podemos ficar mais equilibrados e sintonizados, interior e exteriormente.

Quando interagimos com a natureza, experimentamos a energia em sua forma mais pura e poderosa. Nosso sistema energético interno fica revitalizado e totalmente renovado. Funções deficientes são restauradas a seus níveis normais de eficiência; sistemas energéticos enfraquecidos por ataques de vampiros são reforçados e energizados; mecanismos parasitários internos, que drenam nossos recursos internos, são desarmados e eliminados; e sistemas vulneráveis se fortalecem e ficam protegidos por novas defesas psíquicas. Eis alguns exemplos de instrumentos cósmicos da natureza e de formas de usá-los.

Árvores. Uma das criações mais majestosas da natureza, as árvores funcionam como antenas vivas que o planeta abre para o universo. Basta apoiar suas mãos sobre uma árvore e afirmá-la como sua conexão com o universo para fortalecer seu sistema energético interno e ativar suas funções fortalecedoras.

Florestas Antigas. As florestas são ricos depósitos de energia vital. Como símbolos de permanência e de poder, florestas antigas são particularmente fortalecedoras. Sistemas energéticos danificados pelo vampirismo psíquico são especialmente receptivos às energias de cura coletivas que permeiam as florestas. Basta caminhar por uma trilha dentro de uma floresta e sentir a combinação de poder e paz da floresta para ter contato com a energia da floresta e do universo superior.

Campo Aberto. Para muitos de nós, o campo aberto, com sua gama de imagens e sons, evoca um estado de paz e de liberdade superior a qualquer outro lugar. Sua amplidão dá a sensação de liberdade, seus sons nos inspiram e suas energias nos animam. Uma caminhada contemplativa pelo campo pode nos ligar tanto ao eu superior como ao universo superior.

Mares, Lagos e Rios. Os mares, lagos e rios manifestam o constante fluxo de energia vital pelo universo. Reconhecendo seu poder perene e dirigindo as palmas de suas mãos para eles, você pode experimentar uma nova infusão de energia vital permeando e protegendo todo o seu ser.

Montanhas. As majestosas montanhas da Terra lembram-nos de nosso potencial para erguermo-nos acima do ordinário e atingirmos um plano superior de crescimento e realização pessoal. A simples percepção de sua maravilhosa presença é, em si, uma fonte de inspiração e de renovação.

O Universo. Nada revela melhor a beleza e o esplendor de nossa existência quanto o universo visível, com seus bilhões de sistemas estelares. E nada nos fortalece mais do que ficarmos sintonizados com a força cósmica criadora que o permeia.

Resumo

Instrumentos psíquicos são objetos tangíveis com imensa relevância para nosso fortalecimento pessoal. Seja naturalmente fortalecedor, ou essencialmente inerte, cada instrumento é um valioso recurso, com potencial para enriquecer nossa vida. Dentre os instrumentos psíquicos com importância específica para o vampirismo psíquico, temos o cristal de quartzo, a pirâmide e a bola de cristal. Acrescente a elas a abundância de instrumentos encontrados em nosso ambiente natural e teremos uma gama quase inesgotável de objetos aguardando nossa interação.

Cada instrumento discutido neste capítulo é único em seu design e função – o cristal de quartzo em sua receptividade à programação, a pirâmide em sua capacidade de fortalecimento direto, a bola de cristal em seu papel de fortalecimento e a própria natureza com sua ilimitada gama de possibilidades. Equipados com os instrumentos de crescimento e de proteção psíquica, podemos ser proativos e firmes em nosso combate ao vampirismo psíquico. Quando aplicados apropriadamente, os instrumentos psíquicos criam uma armadura capaz de desviar os dardos do vampirismo psíquico, qualquer que seja a sua origem. Além disso, porém, ajudam-nos a realizar uma gama ilimitada de metas pessoais, ligando-nos a fontes totalmente novas de crescimento e iluminação.

CAPÍTULO 9

PLANO DE PROTEÇÃO PSÍQUICA DE SETE DIAS

NESTE LIVRO, procurei chegar a um equilíbrio viável entre conceitos lógicos e aplicações práticas. Ambos estão inextricavelmente ligados – voam para o céu com a mesma asa. O Plano de Proteção Psíquica de Sete Dias transforma princípios comprovados em procedimentos passo a passo que nos protegem do vampirismo psíquico e promovem o crescimento pessoal. O plano começa com estratégias básicas que focalizam o sistema energético interno, e termina com estratégias que nos ligam à fonte cósmica de energia em sua forma mais pura e elevada.

O plano é orientado consistentemente para o crescimento. Ele não considera o crescimento pessoal um destino, mas um modo de viajar. O plano abre as portas para novo crescimento, e, pelo crescimento, para a grandiosidade. Ele identifica metas específicas relacionadas com o vampirismo psíquico, e depois apresenta estratégias, algumas extraídas de capítulos anteriores, destinados a realizá-las. O primeiro dia do plano focaliza maneiras de promover um sistema energético interno que atenda a nossas necessidades energéticas mentais, físicas e espirituais. No segundo dia, o plano apresenta duas estratégias que fortalecem e equilibram a aura, protegendo-a também de qualquer força estranha, inclusive do vampirismo psíquico. No terceiro dia, o plano detalha estratégias destinadas a prevenir ou rechaçar o vampirismo parasitário. O quarto dia examina recursos de crescimento subconscientes e os libera, fortalecendo e protegendo o sistema energético interno do vampirismo psíquico. O quinto dia, que é crítico nesse plano, introduz a viagem astral como veículo para acessarmos poderes e planos cósmicos superiores. No sexto dia, introduzimos o cristal de quartzo como instrumento psíquico de fortalecimento e proteção. O último dia do plano focaliza a natureza e formas de usar nosso ambiente natural como recurso de crescimento e enriquecimento.

O plano é amplo e flexível. Você pode revisá-lo e incluir outras metas pessoais, ou pode querer complementá-lo com outros procedimentos encontrados neste livro. Qualquer que seja a sua abordagem, porém, é essencial que você esteja, desde o início, firmemente comprometido com sua realização completa. Concluído, o plano pode traduzir em realidades as suas aspirações. Pode iniciá-lo numa espiral de crescimento e de realização pessoal completamente nova.

Primeiro Dia

Meta: Promover um sistema energético interno plenamente funcional, atendendo a necessidades energéticas mentais, físicas e espirituais.

O primeiro dia de nosso plano introduz duas técnicas destinadas a fortalecer o sistema energético interno. O Aperto de Mãos do Poder visa reparar os danos causados ao sistema, revitalizar seu mecanismo e abrir novos caminhos de energia. O Procedimento de Ativação Energética introduz técnicas mentais e físicas que não apenas reforçam as funções do sistema, como promovem o desenvolvimento contínuo do próprio sistema. Esses dois procedimentos são eficazes para equilibrar e sintonizar o sistema energético com o universo superior.

O Aperto de Mãos do Poder

Etapa 1. Varredura do corpo. Relaxe e, enquanto respira lenta e ritmicamente, faça uma varredura mental em seu corpo, começando pela cabeça e descendo, fazendo breves pausas nas áreas de tensão. Visualize a tensão como uma bruma sombria e sua consciência presente com um brilho luminoso. Permita que o brilho da consciência afaste a bruma sombria e substitua-a por uma nova energia radiante, luminosa. Dê tempo suficiente para que o brilho de sua consciência permeie plenamente o seu corpo físico.

Etapa 2. Foco. Focalize a percepção consciente em seu plexo solar, e pense nessa região como seu centro de controle de energia. Visualize sua consciência presente nesse centro como uma força luminosa e intensa, que ativa e fortalece todo seu sistema energético.

Etapa 3. Autoinfusão. Enquanto você se mantém conscientemente centrado, visualize caminhos de energia estendendo-se para fora de seu centro de controle interno. Agora, você pode identificar caminhos bloqueados e abri-los para liberar um fluxo totalmente novo de energia vital. Você pode substituir caminhos antigos e que não funcionam mais por novos e reluzentes caminhos de energia. Permita que o poderoso fluxo de energia ilumine seu ser total, por dentro e por fora.

Etapa 4. Infusão cósmica. Vire suas mãos para cima e sinta feixes radiantes de pura energia cósmica entrando pelas palmas, espalhando-se depois para dentro, banhando e energizando cada parte de seu ser. Sinta a vibrante energia cósmica fluindo por seu sistema energético, saturando-o totalmente com luminosa energia cósmica.

Etapa 5. Sintonia e equilíbrio. Junte suas mãos como símbolo de sua unidade com o universo. Afirme: *Agora, estou totalmente equilibrado e sintonizado com o universo superior.* Você pode usar o aperto de mãos à vontade para ativar os efeitos fortalecedores do procedimento como um todo.

Você pode usar o discreto gesto de aperto de mãos em quase todas as ocasiões em que queira se proteger da invasão de alguma força negativa. Ele pode promover a clareza mental e aumentar sua eficiência e senso de controle sobre as situações. Recomenda-se a prática regular do gesto durante todos os sete dias do plano.

Procedimento de Ativação Energética

Esta técnica reforça as funções existentes do sistema energético interno e promove o desenvolvimento contínuo do próprio sistema.

Etapa 1. O Centro Interior de Energia. Lembre-se, você é uma entidade vital permanente, com um poderoso centro de energia dentro de você. Com os olhos fechados, visualize esse centro como o núcleo vibrante e luminoso de seu ser, com o poder de gerar e distribuir energia mental, física e espiritual. Pense em si mesmo, bem como em seu centro energético interior, como uma criação cósmica em constante evolução.

Etapa 2. O Poder da Consciência. Focalize sua consciência no brilhante núcleo de energia situado em seu plexo solar. Permita que as energias de sua percepção consciente se fundam suavemente com seu núcleo de energia interior e ativem seus poderes, gerando novas e abundantes energias. Sinta a força vibrante da energia acumulando-se em seu plexo solar e irradiando lentamente novas energias para cada célula e fibra de seu corpo.

Etapa 3. Toque de Energização. Coloque as pontas dos dedos das duas mãos sobre o núcleo de energia, na região de seu plexo solar, para estimular ainda mais o fluxo equilibrado de energia revitalizante ao longo do corpo. Mantendo esse toque, perceba a sensação de formigamento nas pontas dos dedos, uma manifestação da energia vital que flui de seu sistema central de energia e permeia todo o seu ser.

Etapa 4. Afirmação de Fortalecimento. Afirme: *Agora, tenho força em minha mente, corpo e espírito. Estou energizado, protegido e seguro. Estou forte para repelir o vampirismo psíquico ou qualquer outra ameaça a meu bem-estar.* Você pode acrescentar, em suas próprias palavras, outras afirmações específicas e relacionadas com suas metas pessoais ou sua presente situação de vida.

Etapa 5. Gesto de Fortalecimento. Quando desejar, use o toque energizador apresentado na Etapa 3 para ativar instantaneamente todos os efeitos de fortalecimento desse procedimento.

Com a prática regular deste procedimento, e a aplicação do gesto de toque fortalecedor sempre que for preciso, as vítimas de vampiros psíquicos descobrem seu poder de repelir ataques sobre seu sistema energético; e vampiros psíquicos descobrem sua capacidade de gerar a energia de que precisam para atender às suas próprias necessidades energéticas, tornando assim desnecessário o vampirismo. Este procedimento é particularmente recomendado para parceiros em relacionamentos com histórico de vampirismo psíquico.

Segundo Dia

Meta: Fortalecer e equilibrar a aura, protegendo-a contra qualquer força estranha, inclusive do vampirismo psíquico.

O segundo dia introduz duas técnicas importantes relacionadas com a aura humana. A Massagem de Autoproteção da Aura destina-se a exercitar todo o sistema da aura e a ativar seus poderes internos de defesa. Este procedimento ativa o núcleo central da aura, eleva o nível geral de energia da aura e gera um padrão de frequência que repele efetivamente o vampirismo psíquico em qualquer de suas formas. O Procedimento de Entrelaçamento dos Dedos ergue um poderoso escudo exterior de energia luminosa em torno da aura, além de equilibrar e sintonizar o núcleo interno da aura com a fonte mais elevada de energia cósmica.

Massagem de Autoproteção da Aura

Etapa 1. Massagem no Sentido Horário. Em posição confortável, sentado ou reclinado, com as mãos repousando confortavelmente nas laterais do corpo, reserve alguns instantes para visualizar a aura que envolve seu corpo físico e o luminoso e energético núcleo da aura situado no seu plexo solar. Posicione a mão direita, com a palma para baixo, alguns centímetros acima do seu plexo solar e comece a massagear sua aura naquela região com pequenos movimentos circulares no sentido horário. Amplie gradualmente a massagem circular da aura, abrangendo uma região cada vez maior do corpo em torno do plexo solar. Sinta a energia circulando no sentido horário, primeiro em torno do plexo solar, depois expandindo-se e incluindo o tórax e a parte de baixo do abdômen. Após alguns momentos de massagem no sentido horário, repouse a mão ao lado do corpo e continue a sentir a energia circulando pela região central do corpo.

Etapa 2. Massagem no Sentido Anti-Horário. Com a mão direita repousando confortavelmente ao seu lado, posicione a mão esquerda, com a palma para baixo, alguns centímetros acima do seu plexo solar e inverta a massagem no sentido horário, induzindo um movimento anti-horário na aura. Comece a massagem nessa região com pequenos movimentos circulares no sentido anti-horário. Tal como na massagem no sentido horário, amplie gradualmente a massagem no sentido anti-horário, abrangendo uma região cada vez maior do corpo em torno do plexo solar. Sinta a energia circulando no sentido anti-horário, primeiro em torno do plexo solar, depois expandindo-se e incluindo o tórax e a parte de baixo do abdômen. Após alguns momentos de massagem no sentido anti-horário, repouse a mão ao lado do corpo e continue a sentir a energia circulando pela região central do corpo.

Etapa 3. Repita a Massagem. Exercite ainda mais o sistema da aura repetindo as etapas 1 e 2 descritas acima. Durante a massagem, pense no núcleo interno de sua aura como um poderoso gerador de energia. Perceba a energia acumulando-se na região central da aura e se espalhando por toda a sua aura, envolvendo seu corpo com um poderoso escudo de renovada energia luminosa.

Etapa 4. **Equilíbrio e Sintonia.** Para equilibrar e sintonizar as novas energias da aura, feche os olhos e toque as têmporas com as pontas dos dedos das duas mãos, sentindo uma vibrante energia permeando todo o seu ser.

Etapa 5. **Afirmação Energética.** Afirme, com suas próprias palavras, os poderes fortalecedores deste exercício. Diga, por exemplo, *Estou totalmente energizado e fortalecido. O âmago de meu ser está equilibrado e sintonizado. Estou envolvido por um poderoso escudo de energia. Estou protegido e seguro.*

Etapa 6. **Gesto de Energização.** Afirme, com suas próprias palavras, sua capacidade de ativar instantaneamente os efeitos fortalecedores do procedimento completo, fechando os olhos e tocando as têmporas com as pontas dos dedos e visualizando um escudo exterior de energia luminosa envolvendo toda a sua aura.

Além de proteger a aura, este procedimento é muito útil para reparar danos causados à aura por algum ataque de vampiro psíquico, mesmo quando não se conhece a localização específica do dano à aura. Com a prática periódica do procedimento completo, você pode usar o conveniente gesto de energização sempre que precisar para ativar os efeitos plenos do procedimento de fortalecimento.

Procedimento de Entrelaçamento dos Dedos

Etapa 1. **Relaxamento Cognitivo.** Encontre um lugar confortável e reserve alguns momentos para relaxar mentalmente o seu corpo, começando pelos músculos da testa e depois descendo lentamente. Enquanto faz a varredura descendente do corpo, permita que cada fibra e tendão fiquem soltos e moles. Visualize a tensão deixando seu corpo como uma névoa que se ergue lentamente e depois desaparece.

Etapa 2. **Entrelaçamento dos Dedos.** Una a ponta do polegar e do dedo médio de cada mão formando dois círculos e depois una as mãos, formando dois círculos entrelaçados.

Etapa 3. Afirmação. Mantenha a posição dos dedos entrelaçados enquanto afirma: *Estou totalmente envolvido por uma poderosa energia. Estou equilibrado interiormente e plenamente sintonizado com o universo superior. Estou protegido, seguro e isolado de qualquer mal.*

Etapa 4. Infusão Cósmica. Relaxe suas mãos e, com as palmas das mãos para cima, visualize raios luminosos de energia pura saindo do universo superior e entrando pelas palmas de suas mãos, permeando todo o seu ser. Afirme: *Sou um com o universo. Todo o poder do universo está disponível para mim.* Especifique suas metas pessoais e afirme que terá sucesso em sua realização.

Etapa 5. Gesto de Entrelaçamento dos Dedos. Com suas próprias palavras, afirme que, apenas com o entrelaçamento de dedos como gesto ativador, você pode trazer instantaneamente os efeitos fortalecedores do procedimento completo, a qualquer momento.

Você pode usar o Gesto de Entrelaçamento dos Dedos à vontade para proteger a aura contra algum ataque de vampiro psíquico ou para interromper no mesmo instante um ataque em andamento.

Terceiro Dia

Meta: Prevenir ou rechaçar o vampirismo parasitário, adquirindo técnicas que extinguem seus sintomas e ativam um estado de fortalecimento interior.

Três procedimentos passo a passo, relacionados com o vampirismo psíquico, são usados no terceiro dia. Com a Reação de Redução do Stress, você pode eliminar o stress negativo, um importante sintoma do vampirismo parasitário, e substituí-lo por um estado protegido e seguro. Graças ao Corredor do Poder, você pode combater tendências ao vampirismo parasitário e ativar seu potencial de crescimento e proteção. Com a Estratégia de Substituição Energética, você pode enfrentar ansiedades parasitárias como fobias, obsessões e compulsões, substituindo-as por um estado fortalecido de bem-estar.

Reação de Redução do Stress

Etapa 1. Silêncio Mental. De olhos fechados, respire lenta e profundamente enquanto limpa a mente de pensamentos ativos. Mergulhe dentro de si e encontre um lugar silencioso e tranquilo dentro de você. Reserve um bom tempo para investigar seu eu interior até encontrar esse lugar especial. Você vai identificá-lo quando o encontrar.

Etapa 2. Acomodando-se. Depois de encontrar esse local silencioso, acomode-se nele e dê-se permissão para tornar-se parte dele. Visualize sua presença nesse espaço como uma forma luminosa com a capacidade de iluminar todo o seu ser. Deixe que o brilho de sua presença se espalhe lentamente pelo seu ser, até se sentir plenamente tomado pela paz e tranquilidade.

Etapa 3. Relaxamento Físico. A partir desse local de quietude interior, percorra mentalmente seu corpo físico, começando pela cabeça e descendo. Faça uma breve pausa em qualquer área de tensão e relaxe-a, respirando profundamente e depois expirando lentamente. Visualize a área tornando-se iluminada por uma energia brilhante.

Etapa 4. Equilíbrio e Sintonia Cósmica. Sinta a parte cósmica de seu ser expandindo-se e conectando-o ao universo superior. Visualize feixes radiantes emanando do mais íntimo de seu ser e se estendendo até o infinito. Sinta-se equilibrado com tudo o que existe, desde o mais íntimo centro de seu ser até os mais remotos confins do universo.

Etapa 5. Afirmações de Fortalecimento. Enquanto permanece em seu lugar silencioso e íntimo, afirme: *Estou equilibrado e sintonizado com o universo. A paz flui suavemente por todo o meu ser. Estou bem, protegido e seguro.*

Etapa 6. Gesto de União da Ponta dos Dedos. Antes de abrir os olhos, junte as mãos – pontas dos dedos contra pontas dos dedos – num gesto simbólico de poder e paz interior.

Este procedimento é recomendado como exercício diário durante o restante do plano de sete dias. Depois de praticar bastante o procedimento completo, você pode usar quando desejar o simples gesto de união da ponta dos dedos para gerar um estado relaxado e pacífico de equilíbrio e sintonia.

Corredor do Poder

Etapa 1. Imagens Pacíficas. Encontre um lugar confortável e tranquilo, e, de olhos fechados, gere a imagem mental de uma cena particularmente pacífica. Como exemplo, pode ser um céu azul com nuvens brancas e fofas; um mar calmo, com um navio no horizonte; um lago sereno ao pôr do sol, com aves aquáticas à distância; ou a silhueta de uma árvore contra um pôr do sol brilhante – citando apenas algumas possibilidades. Dê um tempo suficiente para que a imagem se forme de maneira nítida em sua mente.

Etapa 2. Corredor do Poder. Mergulhe interiormente e visualize o cerne do seu ser como um amplo corredor, com áreas iluminadas e áreas escuras. Pense na luz como elevação pessoal e nas sombras, como potenciais não desenvolvidos ou inibidores de crescimento, como conflitos, medos e assim por diante. Veja portas em cada lado do corredor e pense nelas como portais para novo crescimento e elevação. Imagine que cada porta tem uma cor radiante e cada cor representa certos recursos especializados de crescimento. Imagine que o amarelo representa o crescimento e o desenvolvimento mental; o azul representa a serenidade e o bem-estar; o verde representa a cura e o equilíbrio; o violeta, a força e a iluminação espirituais; o rosa, a motivação e o sucesso; e o laranja, a percepção interior e a autorrealização. Neste ponto, você pode visualizar outras portas coloridas, que representem outros recursos de crescimento. No final do corredor, visualize uma porta branca luminosa, representando os ilimitados recursos do universo superior.

Etapa 3. Portas do Crescimento. Visualize-se entrando no corredor interno do seu ser com luzes, sombras e portas dos dois lados. Selecione espontaneamente a porta da cor que mais o atrai, abra-a e deixe que novas e abundantes energias de crescimento fluam pelo corredor, como se fossem uma névoa luminosa, iluminando-o com nova e brilhante coloração. Faça com que todas as sombras e áreas escuras desapareçam e uma cor luminosa e brilhante permeie o corredor. Abra as outras portas coloridas à vontade e deixe que suas energias fluam pelo corredor, iluminando-o e permeando seu eu interior com essas novas energias.

Etapa 4. A Porta Cósmica. Dirija sua atenção para a radiante porta branca no final do corredor e sinta-se atraído para ela. Ao chegar à porta, abra-a e deixe o fluxo de brilhante luz cósmica preencher o corredor com a mais pura forma de energia. Deixe que o fluxo de energia cósmica siga seu curso, até que o corredor de todo o seu ser fique saturado de luminosa energia cósmica.

Etapa 5. Afirmação. Com o corredor de seu ser energizado e repleto de luz cósmica, você está pronto para sair do corredor, dirigindo sua atenção para a cena pacífica que visualizou no início deste procedimento.

Afirme: *Agora, estou forte e posso atingir novos níveis de crescimento e realização. Tenho todos os recursos necessários para atingir minhas metas mais elevadas.*

Etapa 6. Triângulo do Poder. Faça um triângulo com as mãos, unindo as pontas dos polegares para formar a base do triângulo e as pontas dos indicadores para formar seu ápice. Imagine que os três lados do triângulo representam os três componentes do seu ser – a mente, o corpo e o espírito. Afirme: *Mentalmente, fisicamente e espiritualmente, estou agora plenamente fortalecido, equilibrado e sintonizado. Nada pode me derrotar na minha busca pelo crescimento e pela grandiosidade.*

Você pode usar o Triângulo do Poder a qualquer momento após o procedimento como um gesto que reativa os efeitos fortalecedores do procedimento completo.

Estratégia de Substituição Energética

Etapa 1. Foco Sensorial. Focalize sua atenção sobre suas respostas sensoriais – visão, olfato, paladar, tato e audição.

Etapa 2. Visão Controlada. Primeiro, observe seu ambiente físico, percebendo características como cor, forma, movimento e assim por diante. Depois, olhando para a frente e sem deslocar seu foco, expanda sua visão periférica até seus limites. Perceba, por alguns instantes, o limite esquerdo de sua visão periférica sem sair de seu foco frontal; depois, perceba, por alguns instantes, o limite direito de sua visão periférica, também sem sair de seu foco frontal. Finalmente, deixe sua visão voltar ao normal e perceba a maravilhosa sensação de bem-estar e de quietude interior. Dê-se permissão para experimentar ao máximo essa quietude interior.

Etapa 3. Toque Circular. Una as palmas das mãos e esfregue-as suavemente uma contra a outra, sentindo uma energia cálida acumulando-se entre elas. Separe as palmas e use a ponta do indicador direito para formar lentamente um círculo na palma da mão esquerda. Visualize o círculo e perceba a sensação sedosa ao traçar lentamente o círculo diversas vezes com a ponta do indicador direito. Continue a desenhar o círculo enquanto afirma: *Agora, estou em pleno comando de minha vida. Estou energizado, protegido e seguro. Estou plenamente fortalecido.*

Etapa 4. Gesto de Fortalecimento. Afirme, com suas próprias palavras, seu poder de usar o Toque Circular (Etapa 3) a qualquer momento como um gesto que ativa instantaneamente os efeitos fortalecedores do procedimento completo.

Você pode usar o toque circular à vontade, como poderosa estratégia de energização e proteção, especialmente em situações que envolvem fobias e reações obsessivo-compulsivas.

Quarto Dia

Meta: Liberar recursos subconscientes de crescimento que podem fortalecer e proteger o sistema energético interno contra o vampirismo psíquico.

No quarto dia, são introduzidos dois procedimentos idealizados para se ter acesso e liberar recursos subconscientes necessários para confrontar e vencer com sucesso o vampirismo psíquico. O Procedimento de Proteção e Hipnoliberação utiliza a auto-hipnose para sondar as vastas regiões subconscientes da mente e para descobrir novas possibilidades de discernimento e crescimento, com ênfase em funções que nos protegem e nos defendem do vampirismo psíquico. O Procedimento de Proteção do Sono coloca nossos recursos subconscientes num estado de prontidão, visando repelir qualquer tentativa de vampirismo psíquico durante o sono, promovendo, ao mesmo tempo, um sono pacífico e rejuvenescedor, e bons sonhos. O procedimento requer aproximadamente uma hora, na qual não pode haver absolutamente nenhuma distração.

Procedimento de Proteção e Hipnoliberação

Etapa 1. Formulação de Metas. Inicie o procedimento sentando-se numa posição confortável e relaxada, com as mãos repousando dos lados e sem cruzar as pernas, para não interromper a circulação. Durante alguns momentos, formule claramente suas metas de fortalecimento, focalizando particularmente aquelas relacionadas com o vampirismo psíquico. Entre outros exemplos, temos (1) fortalecer seu sistema energético para enfrentar e derrotar o vampirismo psíquico, (2) descobrir importantes informações, inclusive experiências em vidas passadas, relevantes para a questão do vampirismo psíquico, e (3) iniciar uma poderosa espiral ascendente de crescimento. Formule suas metas de maneira específica e afirme sua intenção de realizá-las. Sempre que possível, use imagens para dar substância às metas formuladas.

Etapa 2. Estratégia de Indução de Transe por Movimentos dos Olhos/Contagem Invertida. Quando se sentir mais confortável e relaxado, feche os olhos e dê-se permissão para entrar no estado de transe. Visualize-se envolvido numa poderosa esfera de energia brilhante enquanto afirma: *Estou protegido e seguro enquanto me preparo para entrar no estado de transe. Durante toda esta experiência, serei orientado por meu eu superior e pelo cosmos superior.* Ainda de olhos fechados, afirme: *Fazendo uma lenta contagem regressiva a partir de 20, enquanto movo meus olhos de um lado para outro a cada número, vou aprofundar cada vez mais minha hipnose. Vou me manter com pleno controle durante a experiência do transe. Posso sair da hipnose a qualquer momento, simplesmente decidindo fazê-lo.* De olhos ainda fechados, comece o transe movendo seus olhos (sem virar a cabeça), primeiro para a esquerda ao contar 20, depois para a direita ao contar 19, novamente para a esquerda ao contar 18, e assim por diante. Acompanhe cada movimento lateral dos olhos com uma contagem regressiva até chegar ao 1. Quando chegar ao 1, deixe os olhos voltarem ao normal. Caso deseje chegar ao estado de transe antes de chegar ao um, pare a contagem e passe para a etapa seguinte.

Etapa 3. Aprofundando o Transe. Você pode aprofundar o transe conforme necessitar, valendo-se de qualquer um destes procedimentos: (1) faça novamente uma lenta contagem regressiva, intercalada com sugestões de sonolência e profundidade; (2) use sugestões para induzir e depois remover sensações como torpor ou formigamento em áreas selecionadas do corpo, inclusive a mão ou o dedo; e (3) visualize cenas pacíficas da natureza, como um lago, praia ou campina tranquila, acompanhadas pela sugestão de relaxamento e sonolência.

Etapa 4. Aplicações Fortalecedoras. Ainda no estado de transe, afirme sua intenção de experimentar a região expansiva de seu subconsciente e seus ricos recursos. Visualize sua presença consciente nessa vasta região como uma energia luminosa. Ao experimentar essa sua espaçosa região interior, deixe que as imagens e impressões se desenvolvam, um processo que, no início, pode ser parecido com um sonho. Afirme que as experiências emergentes são parte integral de seu ser; e, como tal, são relevantes para suas metas atuais.

Etapa 5. Imagens de Vidas Passadas. Lembre-se de que suas experiências em vidas passadas são importantes para seu crescimento atual, e dê-se permissão para que elas se desenvolvam com suavidade e clareza em sua mente. Caso surja alguma imagem sombria ou ameaçadora, ilumine-a com a luz de sua presença em vez de tentar eliminá-la. Pense em cada imagem como fonte de conhecimento e revelações, e permita que ela se integre ao seu ser total. Afirme: *Estou plenamente sintonizado e equilibrado na região subconsciente do meu ser.*

Etapa 6. Proteção Psíquica e Outras Metas. Sonde regiões de escuridão subconsciente e ilumine-as com energias luminosas. Ilumine qualquer área com resíduos sombrios, inclusive fobias e outros estados de ansiedade que se nutrem de suas energias, e faça com que se tornem fontes de discernimento e compreensão, e não pesos que impeçam seu progresso. Crie imagens luminosas de suas metas e deixe-as registradas no seu subconsciente. Para a proteção contra vampirismo psíquico ou qualquer outra ameaça a seu bem-estar, visualize energias luminosas permeando as regiões mais profundas de seu ser, e irradiando-se para fora, envolvendo-o completamente com um escudo de energia brilhante. Para outras metas, visualize-as da maneira mais detalhada possível e afirme-as como seu destino pessoal.

Etapa 7. Sugestão Pós-hipnótica. Una as mãos num gesto que simboliza proteção, sintonia e equilíbrio. Afirme que, com a simples união das mãos, você pode ativar, a qualquer momento, os plenos efeitos fortalecedores da experiência de transe.

Etapa 8. Conclusão. Saia da hipnose fazendo a contagem direta de 1 até 5, intercalada com sugestões de tornar-se alerta e desperto. Ao chegar ao 5, abra os olhos e reserve alguns momentos para refletir sobre a experiência de transe.

Procedimento de Proteção do Sono

Etapa 1. Visualização Pré-sono. Pouco antes de adormecer, limpe a mente de todos os pensamentos e permita que imagens pacíficas entrem e saiam de modo espontâneo de sua mente. Escolha uma imagem particularmente agradável, como uma cena natural, uma paisagem ao pôr do sol, aves marinhas voando ou um veleiro à luz da lua. Dê-se alguns momentos para focalizar toda a sua atenção na imagem, observando detalhes como cores, formas e movimento. Preste atenção na serenidade que essa imagem evoca.

Etapa 2. Formulação de Metas. À medida que for ficando sonolento, desvie a atenção para a região do plexo solar, centro de seu sistema energético interno. Sinta esse centro de energia no núcleo mais íntimo do seu ser. Sinta a energia vibrante que emana desse centro inundando seu corpo e envolvendo o seu ser total com um poderoso escudo protetor. Afirme, em suas próprias palavras, que, quando dormir, você estará protegido e seguro de qualquer ameaça de vampirismo psíquico. Visualize seu subconsciente como uma vasta região de luz interior, com o poder de repelir instantaneamente as forças sombrias do vampirismo. Afirme que qualquer tentativa de invasão de vampiros psíquicos será rechaçada decisivamente com uma energia brilhante e luminosa, que a irá afastar imediatamente. Nesse ponto, talvez você queira formular outras metas e afirmar sua capacidade e intenção de realizá-las.

Etapa 3. Proteção Cósmica. Sinta sua conexão com o centro luminoso do cosmos e afirme, em suas próprias palavras, que, quando adormecer, os mais elevados poderes do cosmos serão sua proteção constante. Imagine a energia brilhante de origem cósmica fundindo-se com suas próprias energias, saturando-o plenamente e fortalecendo-o no âmbito mental, físico e espiritual.

Etapa 4. Sono. Transfira sua atenção para a cena que você visualizou na Etapa 1, percebendo novamente detalhes como cor, forma e movimento. Continue a focalizar a cena até chegar o sono, o que costuma levar alguns minutos.

Etapa 5. Fortalecimento ao Despertar. Ao despertar do sono, sinta novamente a brilhante energia cósmica no centro do cosmos fundindo-se com seu próprio sistema energético para protegê-lo e fortalecê-lo plenamente. Afirme: *Estou fortalecido, sintonizado e equilibrado. Estou em unidade com a fonte cósmica de pura energia. Estou seguro e protegido. Tenho força para realizar minhas metas mais elevadas.*

Nota: Para que a eficiência seja mais duradoura, este procedimento deve ser praticado pelo menos duas vezes por semana.

Quinto Dia

Meta: Ter acesso a planos cósmicos de poder mais elevados por meio da viagem astral.

Neste dia, introduzimos a Viagem Cósmica Astral, um procedimento destinado especificamente a induzir o estado fora do corpo, e depois, pela viagem astral, a se ter acesso a planos cósmicos superiores de poder. Este é um ponto importantíssimo de nosso plano de sete dias. Mesmo sem nenhuma prática anterior em projeção astral, você pode experimentar, com este procedimento flexível, os efeitos fortalecedores e expansivos do estado fora do corpo. Visitando planos cósmicos selecionados, você pode ter acesso a recursos cósmicos especializados e focalizá-los na proteção psíquica, bem como noutras metas específicas. A Viagem Cósmica Astral exige um ambiente confortável, sem distrações ou interrupções.

Viagem Cósmica Astral

Etapa 1. Preparação. Relaxe e produza um estado silencioso de bem-estar, respirando profundamente algumas vezes e limpando a mente de todo pensamento ativo. De olhos fechados, visualize uma névoa luminosa que envolve lentamente o seu corpo e o permeia plenamente, fazendo com que seus músculos, articulações e tendões fiquem cada vez mais relaxados. Pense na névoa como uma energia cósmica dotada de poder para fortalecê-lo e protegê-lo mental, física e espiritualmente. Perceba a maravilhosa sensação de paz e bem-estar no seu íntimo. Afirme sua intenção de viajar para fora do corpo até o reino astral, invocando a proteção dessa dimensão. Nesse ponto, pode ser que você queira chamar um guia cósmico conhecido para acompanhá-lo durante sua jornada astral até o universo superior.

Etapa 2. Indução Fora do Corpo. Comece o processo de indução fora do corpo afirmando mentalmente sua intenção de viajar para fora do corpo e ir até o reino cósmico, com seus recursos abundantes e múltiplos planos de poder. Concentre-se na parte astral de seu ser – a parte destinada a sobreviver à sua transição para o outro lado. Sinta sua essência espiritual e tenha a sensação de se mover livremente como se você fosse separado e livre do seu corpo. (Neste ponto, alguns viajantes astrais imaginam sua forma desencarnada, ou seja, livre de seu corpo físico.) Nesse estágio, você pode facilitar o processo de saída do corpo valendo-se de imagens relevantes. Por exemplo, você pode se imaginar percorrendo a trilha de uma floresta, entrando e saindo da sombra de grandes árvores. Ao perceber o complexo mosaico de luzes e sombras sobre o chão da floresta, pense nas sombras como a realidade física e nas luzes como a realidade espiritual.

Finalmente, saia das sombras da floresta e vá até um lugar com luzes brilhantes, percebendo sua sensação de liberdade e a separação de seu corpo físico, que repousa distante dali. Com a floresta e suas sombras para trás, sinta a luminosa energia astral que emana do universo superior e o envolve plenamente. Sinta-se como se fosse uma aparição, destacado do mundo físico e subindo suavemente. Dê-se tempo suficiente para que a percepção do estado fora do corpo se desenvolva; depois, lembre-se de que você pode viajar à vontade através do universo para interagir com seus diversos planos, extraindo forças deles.

Etapa 3. Viagem Astral. Enquanto sonda o reino cósmico, perceba os diversos planos coloridos até que um desses planos, particularmente brilhante, chame sua atenção. Focalize apenas esse plano e deixe-se ser atraído para ele. Quando estiver nesse plano, relaxe até ser banhado plenamente por sua energia colorida. Sinta as abundantes energias desse plano fundindo-se com seu próprio sistema energético para criar uma esfera envolvente de isolamento, suficiente para protegê-lo de qualquer essência ou entidade vampiresca. Permita-se ficar totalmente mergulhado no poder especial desse plano. Após completar a interação, dê-se permissão para visitar outros planos e sentir seus poderes especiais. (Nota: Nesse ponto, quase todos os viajantes astrais têm consciência de uma presença espiritual que guia suas interações entre os diversos planos cósmicos.)

Etapa 4. O Retorno. Tendo concluído a interação cósmica, dirija sua atenção para o lugar luminoso perto da floresta onde começou sua viagem fora do corpo. Dê-se permissão para retornar a esse lugar, e, de lá, para a floresta, com sua mescla de luzes e sombras. Finalmente, regresse a seu corpo físico em seu ambiente familiar e perceba a sensação emergente de harmonia astral e física após religar-se de forma espontânea com seu corpo.

Etapa 5. Conclusão. Para concluir o procedimento, concentre-se em sua respiração e sinta novamente a maravilhosa paz e harmonia que permeiam o seu íntimo. Reveja brevemente sua excursão até o universo superior e sinta-se envolvido na radiante esfera protetora de energia cósmica. Afirme: *Estou envolvido por uma poderosa energia cósmica e mergulhado nela. Estou totalmente protegido e seguro. Posso repelir à vontade a ameaça do vampirismo psíquico, simplesmente imaginando-me envolvido por uma esfera protetora de luminosa energia cósmica.*

Este procedimento é flexível e pode ser facilmente modificado para acomodar outras técnicas fora do corpo. Com a prática, você verá que entrar no estado fora do corpo e viajar para destinos específicos fica cada vez mais fácil e gratificante.

Sexto Dia

Metas: Desenvolver a habilidade de programar e usar o cristal de quartzo como instrumento de energização e de proteção.

O sexto dia de nosso plano envolve um dos mais poderosos instrumentos conhecidos para fortalecimento – o cristal de quartzo. Felizmente, o cristal é muito receptivo à programação e pode ser usado para uma gama de metas quase ilimitadas. Naturalmente, nosso uso do instrumento focaliza sua capacidade de nos fortalecer e proteger contra o vampirismo psíquico. Da maneira como é apresentado, o Procedimento da Proteção do Cristal orienta o processo de seleção, de programação e de aplicação. O procedimento pode ser usado com um cristal que você já possui ou com um cristal escolhido para esse fim.

Procedimento da Proteção do Cristal

Etapa 1. Seleção do Cristal. Comece declarando, em suas próprias palavras, sua meta ao usar o cristal, em seu esforço para fortalecer e proteger seu sistema energético. Enquanto pensa em sua meta declarada, escolha um cristal que pareça adequado às suas necessidades. Ao escolher um cristal dentre vários, passe lentamente a mão, com a palma para baixo, sobre os cristais, e perceba aquele que parece se destacar do conjunto. Segure brevemente o cristal na mão e sinta sua interação com ele. Se o cristal escolhido parecer inadequado para suas necessidades, ponha-o de volta e repita o processo de seleção até encontrar um cristal adequado.

Etapa 2. Programação do Cristal. Programar o cristal selecionado é um processo em duas fases, que inclui tanto a desprogramação (também chamada de "limpeza") como a instalação de um novo programa. Para desprogramar o cristal, basta deixá-lo brevemente imerso num filete de água fria, esfregando-o suavemente; depois, ponha-o numa toalha para secar. Para instalar um novo programa, segure o cristal na palma da mão e convide-o, com suas próprias palavras, para tornar-se seu companheiro de fortalecimento, e depois afirme sua meta: *Minha meta é fortalecer e proteger meu sistema energético. Juntos, vamos realizar essa meta. Nossa interação vai me dar forças para neutralizar e vencer o vampirismo psíquico, qualquer que seja sua forma ou estratégia.* (Nesse ponto, você pode programar o cristal para outras metas pessoais, bastando para isso declarar suas metas e convidar o cristal para trabalhar com você nessa realização; no entanto, o mesmo cristal não deve ser programado com mais do que três metas que, de preferência, devem estar relacionadas entre si.) Para salvar o programa, basta dizer: *Por favor, fique.*

Etapa 3. Aplicação do Cristal. Uma vez programado, o cristal costuma funcionar melhor se estiver bem perto do corpo físico, podendo para isso ser usado como ornamento ou ser levado em seu bolso, pasta ou bolsa. Você pode enriquecer as funções do cristal esfregando-o periodicamente enquanto afirma suas metas. Para a proteção durante o sono, o cristal pode ser posto numa mesa de cabeceira ou penteadeira.

Além de sua importância para o vampirismo psíquico, o procedimento pode ser facilmente modificado e usado para a realização de outras metas pessoais.

Sétimo Dia

Meta: Experimentar as ilimitadas possibilidades de fortalecimento do ambiente natural.

O último dia de nosso plano de sete dias celebra a força cósmica criativa que sustenta nossa existência no universo, introduzindo três procedimentos simples que incorporam três agentes da natureza: terra, árvores e estrelas. Em nenhum outro lugar são maiores as manifestações do poder cósmico do que em nosso ambiente natural. Interagindo com os elementos da natureza, você pode se conectar com o universo e experimentar a energia em sua forma mais pura e poderosa. Você pode estimular novo crescimento e enriquecer sua vida com novas possibilidades de sucesso e de realização pessoal. Você pode restaurar e revitalizar seu sistema energético interno. Você pode ficar equilibrado, sintonizado e protegido contra todas as formas de vampirismo psíquico. Eis as estratégias que podem ligá-lo aos ilimitados recursos de fortalecimento do universo superior.

Procedimento de Interação com a Terra

A camada superior da terra, na qual crescem as plantas, é crucial para a vida vegetal e para nossa própria existência física; é um recurso para nosso crescimento total. Em sua forma mais simples, o Procedimento de Interação com a Terra consiste em se colher um punhado de terra, espremendo-a suavemente entre as mãos, sentindo sua energia de sustentação da vida. Depois, deixando a terra escorrer pelos dedos, afirme que as energias de seu ser estão se fundindo com as abundantes energias da terra a fim de equilibrá-lo e de sintonizá-lo plenamente com o universo superior. Paz de espírito, sensação de bem-estar e segurança emocional sempre fazem parte dos benefícios resultantes desse procedimento. Como comentário à parte, costumo incorporar este procedimento em minha prática clínica como componente de uma abordagem terapêutica que chamo de Terapia da Terra, que reconhece os efeitos fortalecedores e terapêuticos do trabalho com o solo, especialmente no plantio e cultivo de plantas.

Procedimento de Interação com uma Árvore

Para iniciar este procedimento, escolha uma árvore que seja particularmente atraente para você. Uma árvore que pareça chamar sua atenção e convidá-lo para sua interação é uma excelente escolha para esse procedimento. Depois de escolher uma árvore, coloque as mãos em seu tronco e sinta sua energia. Pense na árvore como uma antena viva que conecta seu sistema energético ao universo superior. Com os olhos fechados, sinta a infusão de energia cósmica, primeiro nas palmas e depois em seu ser total. Finalize o exercício com uma simples expressão de gratidão.

Procedimento de Interação com uma Estrela

Graças a este procedimento, você pode descobrir a lei da realização plena que o liga às estrelas. Comece contemplando o céu noturno e escolhendo uma estrela em particular. Focalize toda sua atenção sobre a estrela escolhida enquanto observa sua posição no céu e seu senso de conexão com ela. Após alguns momentos de contemplação, atribua um nome à estrela – qualquer nome que lhe vier à mente. Pense na estrela como uma criação cósmica e seu contrato com o universo superior. Chame a estrela pelo nome e afirme-a como sua parceira cósmica. Vire as palmas das mãos para cima e sinta as energias redundantes da estrela permeando as palmas de suas mãos e fluindo por todo o seu ser – fortalecendo, protegendo e conectando você com a grande estrela humana em seu interior.

Resumo

Equipado com as estratégias apresentadas neste plano, bem como outras encontradas neste livro, você terá os instrumentos e habilidades essenciais para se proteger do vampirismo psíquico ou de qualquer outra ameaça a seu bem-estar. Além disso, você terá todos os recursos de que necessita para seu contínuo crescimento e enriquecimento. Agora você pode agir de maneira decisiva para atingir suas metas pessoais e realizar seus potenciais mais elevados.

CAPÍTULO 10

CONCLUSÃO

O VAMPIRISMO PSÍQUICO está ativo e próspero no mundo atual. Embora sua existência abranja muitos séculos, ele nunca esteve tão disseminado, nem seus efeitos tão profundos. Seja individual, em grupo, parasitário ou global, o vampirismo psíquico tem um ônus pesado – exige energia, e, como vimos em alguns casos, destrói vidas. Em nível pessoal, desperdiça nossas energias e interrompe nosso crescimento. Em nível global, pode literalmente drenar o planeta de seus recursos de sobrevivência. Decorre daí que uma de nossas principais prioridades deve ser a de encontrar meios de prevenir o vampirismo psíquico, ou, se ele já existe, de combatê-lo com sucesso.

Este livro aborda o estudo do vampirismo psíquico sob uma óptica mais ampla. Qualquer um que viva à custa de outros, que são vítimas, pode ser visto como vampiro psíquico. Qualquer grupo ou organização que explore seres humanos atende aos critérios de vampirismo psíquico. O abuso de direitos humanos, a "limpeza étnica", o tráfico de narcóticos e o crime organizado têm nítidas marcas do vampirismo psíquico em escala alarmante. A poluição inescrupulosa do ambiente, a falta de consideração por espécies ameaçadas e a exploração de nossos recursos naturais são alguns exemplos de vampirismo global que afetam a todos, e, em alguns casos, colocam literalmente em risco o futuro do planeta. Além desses, há a ampla categoria do vampirismo parasitário, cuja vítima é o próprio agente.

Embora minha abordagem do tema seja ampla, ela identifica com precisão os conceitos e a dinâmica por trás do fenômeno. Depois, desenvolve estratégias, agora disponíveis para todos, para enfrentar e derrotar a ameaça do vampirismo psíquico em qualquer de suas formas. Portanto, podemos descobrir novamente nossa paisagem interior e o poder que há dentro de nós. E – o que é igualmente importante – podemos descobrir a paisagem cósmica e nos sintonizarmos com as energias vitais que mantêm nossa existência, passada, presente e futura. Uma vez interconectados e sintonizados, temos acesso a todos os recursos de que precisamos, seja em nós mesmos, seja no reino cósmico exterior. Desse modo, podemos atingir nosso destino mais elevado de crescimento e de grandiosidade – a meta suprema das estratégias e conceitos apresentados neste livro.

Em última análise, nosso crescimento pessoal é um processo contínuo, que exige envolvimento de nosso ser total. Os princípios cardeais apresentados a seguir, depois de gravados na consciência, podem enriquecer esse processo infindável:

- Aceite-se. Reconheça seus talentos e admita suas limitações. Encontre maneiras de usar seus pontos fortes para compensar suas fraquezas.
- Pinte um quadro maior de sua existência. Descubra o rico escopo de seus interesses, sentimentos e habilidades. Encontre formas de experimentar a infinita força vital, tanto em si mesmo quanto no universo superior.
- Traga à superfície as partes de seu eu interior com as quais você se sente pouco à vontade. Confronte-as e resolva-as por meio do autoentendimento, e não da autocondenação.
- Aceite os fantasmas de seu passado, inclusive aqueles que estão nas sombras de suas vidas passadas. Depois disso, você verá que não os teme mais.
- Substitua o medo pela fé. Segundo Santo Agostinho, "Fé é acreditar naquilo que você ainda não vê; a recompensa por esta fé é ver aquilo em que você acredita". A fé é uma carruagem alada que o liga à força cósmica invisível por trás de seu raciocínio. Graças à fé, você pode voar sobre qualquer obstáculo e superar qualquer ameaça.
- Renuncie à autodestruição, ao desprezo, ao ódio e à subestimação de si mesmo. Esses são vampiros mórbidos, de capa e espada, que podem nos estrangular e sufocar.

- Seja realista (e tolerante) quanto ao que cobra de si mesmo e ao que espera dos outros. O crescimento pessoal é imperfeito, desigual, incompleto, às vezes lento e espantoso. A cobrança da perfeição extrema não é celestial. Ela mune de flechas o arsenal vampiresco da culpa.
- Envolva-se com a ajuda ao próximo. Cada ato de bondade, de compaixão e de generosidade fortalece, não apenas os outros, mas também nós mesmos.
- Mantenha-se conectado de forma produtiva. O mundo é diversificado, mas interconectado e mutuamente interdependente. Banindo o vampirismo psíquico que nos entrava, podemos nos aproximar da conexão produtiva, da tolerância, do envolvimento e da individualidade universal.

GLOSSÁRIO

Aperto de Mãos do Poder. Procedimento destinado a fortalecer, reparar e proteger o sistema energético humano, abrindo novos caminhos de energia.

ativador pós-hipnótico. Gesto apresentado durante a hipnose que pode depois ser usado para ativar instantaneamente os efeitos do transe.

aura. Fenômeno energético externo que envolve todos os seres vivos. Ver *aura humana.*

aura humana. Campo energético externo do corpo humano, que, conforme se acredita, seria uma manifestação do núcleo central do sistema energético interno.

auto-hipnose. Estado de transe autoinduzido no qual aumenta a receptividade à sugestão.

clarividência. Percepção psíquica de realidades distantes no espaço. Ver *percepção extrassensorial.*

complexo de Édipo. Em psicanálise, a atração do menino pela mãe.

complexo de Electra. Na psicanálise, é a atração que a filha sente pelo pai.

congruência cósmica. Estado no qual o sistema energético interno é levado a um estado de congruência com o sistema energético cósmico. Ver *Estratégia de Ativação das Antenas.*

Corredor do Poder. Estratégia idealizada para combater tendências ao vampirismo parasitário e para ativar o potencial de proteção e de resistência do eu.

despersonalização. Sensação de se estar isolado da própria mente e corpo. Ver *vampirismo parasitário.*

EFC. Ver *projeção astral.*

efeito branco. Ilusão de óptica associada à observação da aura, na qual um brilho envolvendo o corpo físico precede o surgimento da aura visível. Ver *Procedimento de Observação Periférica.*

efeito halo. Um anel externo de energia que envolve a aura humana.

Escala VP de Autoclassificação. Teste objetivo, destinado a medir tendências ao vampirismo parasitário.

espiritualidade teísta. Postura segundo a qual os seres humanos têm um espírito eterno e de que Deus se comunica com eles mediante canais espirituais.

Estratégia de Ativação das Antenas. Procedimento destinado a levar o sistema energético interno a um estado de completa congruência com o sistema cósmico externo.

Estratégia de Substituição Energética. Estratégia idealizada para localizar e substituir agentes vampíricos parasitários por um estado fortalecido de bem-estar.

experiência fora do corpo. Ver *projeção astral.*

fenômeno da aglomeração luminosa. Aglomeração de energia muito luminosa que ocorre na aura, dentro da área de atividade normal.

fenômeno da imagem remota. Pequeno ponto de energia luminosa que ocorre fora da faixa normal de atividade da aura.

fenômeno da sombra-vampiro. Região exterior sombria que envolve a aura, acompanhada de tentáculos anormalmente longos, que se estendem além dos limites normais da aura.

fotografia da aura. Qualquer procedimento que fotografe a aura. Ver *fotografia Kirlian.*

fotografia Kirlian. Processo eletrofotográfico destinado a registrar a aura.

genótipo biológico. A constituição genética de cada indivíduo.

genótipo cósmico. Constituição cósmica única a cada indivíduo, imutável de uma vida para outra e também depois.

Globo de Poder. Versátil procedimento em grupo que usa a bola de cristal como instrumento de fortalecimento e de proteção de indivíduos e de grupos, bem como para o fortalecimento do planeta.

Guia de Entrevista sobre Interações. Questionário destinado a medir a frequência de interações vampirescas.

hipnoprodução. Estado de transe no qual emergem habilidades totalmente novas e bem desenvolvidas.

hipnose. Estado de transe no qual aumenta a receptividade à sugestão.

infiltração vampiresca. Atividade organizada e coletiva, na qual um subgrupo de vampiros psíquicos se posiciona estrategicamente num grupo para extrair energia deste.

manobra vampiresca preliminar. Estratégia comum usada por vampiros psíquicos individuais ao iniciar um ataque.

Massagem de Autoproteção da Aura. Procedimento idealizado para exercitar a aura e ativar seus poderes internos de defesa.

Orientação e Treinamento Áurico. Programa usado na terapia de casais para promover a solução de problemas e o domínio de estratégias apropriadas de intervenção e de proteção da aura.

percepção extrassensorial (PES). Percepção que se dá independentemente de mecanismos ou processos sensoriais.

perspectiva do fortalecimento psíquico. Abordagem positiva que leva em conta o incomparável valor de cada ser humano como uma entidade vital dotada de ilimitadas possibilidades de crescimento, mudança e realização pessoal.

PES. Ver *percepção extrassensorial*.

potencial de defesa energética. Capacidade do sistema energético interno de repelir qualquer força invasora, inclusive o vampirismo psíquico.

precognição. A PES de eventos futuros.

preliminares de vampiro. Procedimento preliminar que os vampiros costumam usar para reduzir a resistência da vítima escolhida.

Procedimento da Cor Cósmica. Procedimento idealizado para energizar toda a aura, aplicando massas concentradas de energia cósmica colorida a áreas específicas.

Procedimento da Proteção do Cristal. Procedimento que usa o cristal de quartzo para fortalecer e proteger o sistema energético humano.

Procedimento de Ativação Energética. Procedimento destinado a promover um sistema energético interno plenamente funcional, atendendo a necessidades mentais, físicas e espirituais.

Procedimento de Entrelaçamento dos Dedos. Procedimento de proteção da aura idealizado para se erguer um escudo de energia em torno de toda a aura. Ver *efeito halo*.

Procedimento de Fortalecimento de Grupo. Procedimento em grupo destinado a organizar as energias de um grupo, infundindo-o com nova energia e protegendo-o do vampirismo psíquico e de outras influências debilitantes.

Procedimento de Fortalecimento Global. Atividade em grupo idealizada para gerar energia suficiente para fortalecer o planeta e repelir as forças do vampirismo global.

Procedimento de Interação com a Terra. Um procedimento que usa interações com o solo como recurso de fortalecimento pessoal.

Procedimento de Interação com uma Árvore. Procedimento que usa a interação com uma árvore selecionada como estratégia de fortalecimento pessoal.

Procedimento de Interação com uma Estrela. Procedimento que usa interações com uma estrela selecionada, como estratégia de fortalecimento pessoal.

Procedimento de Liberação da Aura. Procedimento idealizado para energizar a aura contraída, substituindo a descoloração e pontos escuros por energia luminosa.

Procedimento de Observação da Aura da Mão. Procedimento idealizado para a observação da própria aura.

Procedimento de Observação Periférica. Procedimento para observação da aura. Ver *efeito branco.*

Procedimento de Proteção Cósmica. Procedimento idealizado para equilibrar, sintonizar e conectar a aura ao universo por meio da intervenção da mente sobre a aura.

Procedimento de Proteção do Sono. Procedimento destinado a promover sonhos e um sono pacífico e rejuvenescedor, colocando em estado de prontidão recursos subconscientes antivampirescos.

Procedimento de Proteção e Hipnoliberação. Procedimento de auto-hipnose destinado a liberar recursos subconscientes de crescimento.

Procedimento do Fortalecimento com a Pirâmide. Procedimento multifuncional que usa a pirâmide para proteger e fortalecer o sistema energético interno.

projeção astral. A experiência de se estar num local do espaço situado fora do corpo físico, com a consciência intacta. Também conhecida como experiência fora do corpo (EFC), viagem astral ou viagem da alma.

Questionário Interativo IIR. Teste idealizado para medir a tendência ao vampirismo psíquico individual no relacionamento com um parceiro específico.

Questionário Interativo IR. Teste idealizado para medir a tendência ao vampirismo psíquico individual nos relacionamentos com as pessoas em geral.

Reação de Redução do Stress. Procedimento proativo destinado a eliminar o stress negativo, substituindo-o por percepções positivas.

realidade contínua. Fenômeno no qual relacionamentos significativos em vidas passadas continuam após a morte e ressurgem em vidas futuras.

regressão a vidas passadas. Procedimento hipnótico no qual a pessoa experimenta eventos passados, ocorridos em suas existências anteriores. Ver *regressão de idade.*

regressão de idade. Procedimento hipnótico no qual a pessoa vivencia eventos passados relacionados com a vida atual.

relacionamento abusivo. Relacionamento de casais, no qual um dos parceiros, o ofensor, ignora os sentimentos, direitos e desejos do parceiro ofendido.

relacionamento arranjado. Relacionamento formado entre parceiros presos a certos fatores situacionais, como conveniência ou finanças.

relacionamento codependente. Relacionamento de casais no qual os dois parceiros dependem um do outro.

relacionamento competitivo. Relacionamento a dois formado geralmente com base nas necessidades egoístas dos parceiros em busca de sucesso, reconhecimento, status e dinheiro.

relacionamento dependente. Relacionamento no qual um dos membros do casal é emocionalmente inseguro e excessivamente dependente do outro.

Relacionamento Perfeito. Relacionamento a dois no qual os parceiros negam que a relação tenha falhas.

sistema energético cósmico. Sistema energético que existe em todo o universo conhecido, e mais além dele.

sistema energético interno. O sistema energético que existe dentro de cada um.

surfe vampiresco. Fenômeno no qual vampiros psíquicos experientes sondam um grupo e retiram pequenas quantidades de energia de um grande número de pessoas.

técnica EM/RC. Procedimento de indução de transe usando certas técnicas de movimentação do olho e de contagem regressiva.

telepatia. Comunicação entre mentes. Ver *percepção extrassensorial.*

vampirismo acadêmico. Vampirismo psíquico organizado, encontrado no ambiente acadêmico. Ver *vampirismo organizacional.*

vampirismo global. Vampirismo psíquico numa escala maciça, global.

vampirismo parasitário. Forma interna de vampirismo psíquico voltada contra a própria pessoa.

vampirismo psíquico em grupo. Forma coletiva de vampirismo psíquico que costuma ser encontrada em grupos informais e em organizações e instituições estruturadas.

vampirismo psíquico individual. Qualquer forma de vampirismo psíquico entre duas pessoas, uma sendo o vampiro psíquico e a outra a vítima.

vampirismo psíquico organizacional. Fenômeno no qual o vampirismo psíquico fica tão acentuado que toda uma organização ou instituição adquire sérias características vampirescas.

vampirismo psíquico. Condição e prática do vampiro psíquico, bem como os conceitos associados a diversas formas desse fenômeno.

vampiro. Criatura das trevas que sai da tumba à noite para sugar o sangue dos vivos.

vampiro ambivalente. O vampiro inexperiente que procura se libertar do vampirismo, mas que depende do apoio da energia dos demais.

vampiro antissocial. Vampiro psíquico com extenso histórico de desconsideração ou violação dos direitos alheios.

vampiro do ciberespaço. Vampiro socializado e experiente, que usa a internet como instrumento vampiresco.

vampiro esquizoide. Vampiro psíquico que costuma ser retraído e pouco à vontade socialmente, exceto durante o episódio vampiresco.

vampiro narcisista. Vampiro psíquico com senso grandioso de importância pessoal e necessidade de atenção e admiração.

vampiro paranoico. Vampiro psíquico que suspeita e desconfia de todos.

vampiro socializado. Um vampiro psíquico versado socialmente, que, na superfície, parece ser confiável, amistoso, cooperativo e responsável.

vampiro viciado. O vampiro psíquico que costuma se dedicar a reviver episódios antigos de vampirismo e a planejar futuras conquistas.

Viagem Cósmica Astral. Procedimento destinado a induzir o estado fora do corpo, para depois, por meio de viagem astral, ter-se acesso a planos cósmicos de poder mais elevados.

vida pré-encarnada. Existência antes da primeira encarnação do indivíduo.

LEITURA SUGERIDA

Anderson, E. (1990). *Streetwise: Race, Class, and Change in an Urban Community*. Chicago: University of Chicago Press.

Ajzen, L., e M. Fishbein. (1980). *Understanding Attitudes and Predicting Social Behavior*. Englewood Cliffs, N.J.: Prentice-Hall.

Buss, D. (1994). *The Evolution of Desire*. Nova York, N.Y.: Basic Books.

Cialdini, R. (1993). *Influence, Science and Practice*, 3ª ed. Nova York, N.Y.: HarperCollins.

Cumes, D. (1999). *The Spirit of Healing*. St. Paul, Minn.: Llewellyn.

Damasio, A. (1999). *The Feeling of What Happens: Body and Emotion in the Making of Consciousness*. San Diego, Calif.: Harcourt Brace.

Donald, M. (1991). *Origins of the Modern Mind*. Cambridge, Mass.: Harvard University Press.

Eimer, B., e A. Freeman. *Pain Management Psychotherapy: A Practical Guide*. Londres: Wiley.

Erdelys, M. H. (1996). *The Recovery of Unconscious Memories*. Chicago: University of Chicago Press.

Farley, J. (1992). *Sociology*. Englewood Cliffs, N.J.: Prentice-Hall.

Freedy, J. R., e S. E. Hobfoll. (orgs.). (1995). *Traumatic Stress*. Nova York, N.Y.: Plenum.

Finley, G. (1999). *Design Your Destiny: Shape Your Future in 12 Easy Steps*. St. Paul, Minn.: Llewellyn.

Handy, C. (1994). *The Age of Paradox*. Cambridge, Mass.: Harvard Business School Press.

Herman, J. (1992). *Trauma and Recovery*. Nova York, N.Y.: Basic Books.

Kagan, J. (2000). *Three Seductive Ideas*. Cambridge, Mass.: Harvard University Press.

Klubertans, G. (1955). *Introduction to the Philosophy of Being*. Nova York, N. Y.: Appleton-Century-Crofts.

Liebman, J. (1946). *Peace of Mind*. Nova York, N.Y.: Simon & Schuster.

Loehle, C. (1996). *Thinking Strategically*. Nova York, N.Y.: Cambridge University Press.

Madanes, C. (1990). *Sex, Love, and Violence*. Nova York, N.Y.: Norton.

Nucho, A. O. (1995). *Spontaneous Creative Imagery: Problem Solving and Life Enhancing Skills*. Springfield, Ill.: Thomas.

______. (1988). *Stress Management: The Quest for Zest*. Springfield, Ill.: Thomas.

Ogilvie, R., e J. Harsh (orgs.). (1994). *Sleep Onset: Normal and Abnormal Processes*. Washington, D.C.: American Psychological Association.

Ornstein, R. (1992). *The Evolution of Consciousness*. Englewood Cliffs, N.J.: Prentice Hall.

Paulson, G. L. (1999). *Energy Focused Meditation: Body, Mind, Spirit*. St. Paul, Minn.: Llewellyn.

Pinker, S. (1999). *How the Mind Works*. Nova York, N.Y.: Norton.

Richards, S., e A. Bergin. (2000). *A Spiritual Strategy for Counseling and Psychotherapy*. Washington, D.C.: American Psychological Association.

Rieber, R. W. (1997). *Manufacturing Stress: Psychopathy in Everyday Life*. Nova York, N.Y.: Plenum.

Rose, N. (1996). *Inventing Ourselves*. Nova York, N.Y.: Cambridge University Press.

Segal, N. L., G. E. Weisfeld, e C. C. Weisfeld (orgs.). (1997). *Uniting Psychology and Biology*. Washington, D.C.: American Psychological Association.

Seligman, M. (1990). *Learned Optimism*. Nova York, N.Y.: Alfred A. Knopf.

Slate, J. H. (2001). *Rejuvenation: Strategies for Living Younger, Longer and Better*. St. Paul, Minn.: Llewellyn.

______. (1999). *Aura Energy for Health, Healing and Balance*. St. Paul, Minn.: Llewellyn. [*Energia da Aura: para Saúde, a Cura e o Equilíbrio*, Editora Pensamento, SP, 2000.]

______. (1998). *Astral Projection and Psychic Empowerment: Techniques for Mastering the Out-of-body Experience*. St. Paul, Minn.: Llewellyn.

______. (1996). *Psychic Empowerment for Health and Fitness*. St. Paul, Minn.: Llewellyn.

______. (1995). *Psychic Empowerment: A Seven-day Plan for Self Development*. St. Paul, Minn.: Llewellyn.

Tannen, D. (1994). *Gender and Discourse*. Nova York, N.Y.: Oxford.

Welch, P. (1999). *The Energy Body Connection: The Healing Experience of Self-embodiment*. St. Paul, Minn.: Llewellyn.

Wilson, C. (1999). *After Life; Survival of the Soul*. St. Paul, Minn.: Llewellyn.

Young, G. D. (1997). *Adult Development, Therapy, and Culture: A Postmodern Synthesis*. Nova York, N.Y.: Plenum.